Karl-Heinz Ohlig
Haben wir drei Götter?

topos taschenbücher, Band 866
Eine Produktion des Lahn-Verlags

Karl-Heinz Ohlig

Haben wir drei Götter?

Vom Vater Jesu zum „Mysterium" der Dreifaltigkeit

topos taschenbücher

Verlagsgemeinschaft topos plus
Butzon & Bercker, Kevelaer
Don Bosco, München
Echter, Würzburg
Lahn-Verlag, Kevelaer
Matthias Grünewald Verlag, Ostfildern
Paulusverlag, Freiburg (Schweiz)
Verlag Friedrich Pustet, Regensburg
Tyrolia, Innsbruck

Eine Initiative der Verlagsgruppe engagement

Bibliografische Information der Deutschen Nationalbibliothek
Die Deutsche Nationalbibliothek verzeichnet diese Publikation in der Deutschen Nationalbibliografie; detaillierte bibliografische Daten sind im Internet über http://dnb.d-nb.de abrufbar.

Einband- und Reihengestaltung | Finken & Bumiller, Stuttgart
Satz | SATZstudio Josef Pieper, Bedburg-Hau
Herstellung | Friedrich Pustet, Regensburg
Printed in Germany

ISBN: 978-3-8367-0866-1
www.topos-taschenbuecher.de

Inhalt

Vorwort zur erweiterten und aktualisierten Neuauflage

Immer wieder wird in den christlichen Kirchen die These wiederholt, dass der Glaube an den trinitarischen (dreifaltigen oder dreieinen) Gott – Vater, Sohn und Heiliger Geist – zum Kern des Christentums gehöre. Besonders häufig wird sie verwendet im Dialog mit der jüdischen Religion und dem Islam, den beiden anderen monotheistischen Religionen. Diese vertreten einen „unitarischen" Monotheismus: Gott ist ein Einziger, der in absoluter Einheit und Einfachheit (Nicht-Differenziertheit) der kreatürlichen Welt gegenübersteht.

In keiner Religion gibt es eine derart komplexe Theologiegeschichte wie im Christentum. Seit beinahe zweitausend Jahren wird der christliche Glauben immer neu reflektiert, rational analysiert, mit den „wissenschaftlichen" Möglichkeiten, die einer Epoche oder auch Einzelnen zur Verfügung stehen. Das Resultat ist eine Fülle von Interpretationen, Schulrichtungen und Bekenntnissen, die nicht selten auch zur Verselbstständigung in eigene Kirchentümer führten. Und aus christlichen Kontexten ist schließlich auch die europäische Aufklärung entstanden, die auch alle religiösen Traditionen historisch-kritisch untersuchen und mit dem Forum der Vernunft konfrontieren will.

Seit Beginn der Aufklärung haben auch die christlichen Theologien beachtliche Anstrengungen unternommen, diesem Anspruch gerecht zu werden, in der Überzeugung, dass anders das Christentum keine Zukunft hätte, außer in voraufgeklärten Gesellschaften und Gruppen, die es aber noch allerorten gibt, und nicht nur – aber dort besonders (z. B. Hinduismus, Islam) – in nichtchristlichen religiösen Traditionen.

Aber auch die Theologien seit der Aufklärung haben – ein beinahe unerklärlicher Umstand – bei dem doch zentralen Thema, wie der christliche Gott zu denken sei, einen blinden Fleck. Zwar gibt es eine Fülle durchaus zuverlässiger Darstellungen der trinitarischen Entwicklung in den verschiedenen Epochen sowie bei Theologen von der Antike bis heute. Aber diese bleiben stehen bei der – im Prinzip positivistischen – Darlegung der jeweiligen Auffassungen, die entweder als Vorgeschichte oder Nachwirkung der großkirchlichen Einigungsformeln des vierten und fünften Jahrhunderts aufgefasst und mit diesen in Bezug gesetzt werden.

Diese Untersuchungen weisen – pauschal gesagt – bisher drei Defizite auf: Zum einen hat die disziplinäre Trennung der Bibelwissenschaft von der Dogmatik/Systematik dazu geführt, dass die wechselseitige Kenntnis von Methoden und Ergebnissen recht schwach entwickelt ist. Zum anderen hat die eurozentrische Fokussierung der theologiegeschichtlichen Untersuchungen auf die Entwicklungen in der hellenistischen Antike rund um das Mittelmeer und danach in Europa dazu geführt, dass die Theologien des östlichen Christentums, vor allem syrischer Prägung, nicht einbezogen werden; dies scheint sich erst gegenwärtig ein wenig zu ändern. Und zum Dritten schließlich wurden die kritischen Fragen, die sich anhand der historischen Entwicklung für die christliche Gottesvorstellung ergeben, nur unzureichend gestellt.

Oder wie ist es möglich, den Satz von dem zentralen und unaufgebbaren Glauben an den trinitarischen Gott ohne Wenn und Aber zu formulieren, wenn eine wissenschaftliche Exegese aufzeigt, dass Jesus davon nichts wusste und sich von dem (unitarischen) Gott seiner jüdischen Religion gesandt sah, ebenso wenig sich selbst eine innergöttliche Funktion zuschrieb? Hat es keine Bedeutung, dass die synoptischen Evangelien nur den unitarischen Gott und eine heilsgeschichtliche Rolle Jesu kennen? Immerhin sind die historischen Anfänge des Christentums und seine frühe Ausbreitung ohne eine trinitarische Verkündigung erfolgt. Und dieses Gottesverständnis und diese Christologie werden auch noch später vertreten, im westlichen und – länger noch – im östlichen Christentum.

Die ersten trinitarischen Assoziationen kamen erst auf, als sich das Christentum, bald nach seiner Entstehung, in der hellenistischen Welt des Römischen Reichs ausbreitete. Dies brachte den Umbruch vom bisherigen jüdisch-judenchristlichen zum hellenistischen-hellenistisch-christlichen Denken, zunächst in der Christologie. Im Neuen Testament ist dieser neue Schritt greifbar – vom Philipperhymnus abgesehen, der älter ist – in seinen Spätschriften (johanneische Schriften, Deutero-Paulinen).

Bald setzte sich dieses Denken mehr und mehr durch, und es bildete sich die Vorstellung aus vom Sohn/Logos, später auch vom Heiligen Geist, als mindere göttliche Hypostasen. Diese Differenzierung der „eins“ in „zwei“ oder „drei“ war zunächst nur auf das Wirken des einen Gottes in der Heilsgeschichte („Ökonomie“) bezogen, wurden aber seit Origenes († um 254) zunehmend in das ewige Sein Gottes verlegt. Dann folgte schließlich das Bekenntnis zum Sohn „gleichen Wesens mit dem Vater“ (eine Binität) des Konzils von Nizäa im Jahre 325, erst in der zweiten Hälfte des vierten und im fünften Jahrhundert eine ausdrückliche Trinitätslehre, die auch den Heiligen Geist als ewige göttliche Hypostase sah. Diese gehörte dann, im Vokabular des Augustinus (drei Personen), zum Erbe der mittelalterlichen und neuzeitlichen europäischen Theologien. Seit dem Konzil von Seleukia-Ktesiphon im Jahre 410 hat auch die sich bildende großsyrische Kirche des Perserreichs das Symbol von Nizäa, später auch die weiterer Konzilien des Westens, akzeptiert – auch hier begann ein Prozess der Hellenisierung, wenn auch mit Einschränkungen. Allerdings hielten im Osten relevante Gruppen an ihrem tradierten Glauben an den unitarischen Gott und an der Ablehnung einer physischen Gottessohnschaft Jesu fest. Aus den Reihen dieser „Altgläubigen“ ist die koranische Bewegung entstanden.

Die historisch-kritische Herangehensweise an die Christentumsgeschichte zeigt also, dass die trinitarische Differenzierung in dem einen Gott nicht von Anfang an zur christlichen Verkündigung gehörte, sondern vielmehr auf den Einfluss des Hellenismus zurückgeht.

Diese Feststellung wirft die Frage auf, ob dann die Zeit vor der Etablierung der Trinitätsvorstellung als christlich defizitär beurteilt werden muss – was im Kontext des Christentums, das sich gänzlich auf die konstitutive Funktion Jesu stützt, recht problematisch wäre. Im Grundsatz aber sehen das nicht wenige Theologen auf diese Weise, wie z. B. auch Papst Benedikt XVI. / Josef Ratzinger. Er meinte in seiner Regensburger Rede vom 12. 9. 2006, dass „das kritisch gereinigte griechische Erbe wesentlich zum Christentum gehört", weswegen er Bestrebungen zur „Enthellenisierung" ablehnt; ähnlich in seinen Jesusbüchern. War das Christentum vor seiner umgreifenden Hellenisierung noch kein suffizientes Christentum, ein Christentum, das noch nicht zu seiner vollen Gestalt gefunden hatte?

Dabei sind die kulturgeschichtlichen Ursachen der Entstehung der trinitarischen Vorstellungen durchaus nachvollziehbar. Wenn hellenistisch denkende Menschen Christen wurden und somit den jüdisch-christlichen Glauben an den monotheistischen Gott, der in der Schöpfung, in der Heilsgeschichte und hier vor allem in Jesus gehandelt hat, annahmen, ergaben sich für sie Probleme: „Gott" war in ihrer Tradition der letzte Grund der Welt, einfach und unwandelbar (also nicht handlungsfähig). So erforderte die Rezeption des jüdisch-christlichen Monotheismus für „Griechen" eine Denkmöglichkeit, wie dieser Gott auch als Handelnder angenommen werden kann, ohne sich dabei zu verändern. Diese bot die Annahme einer (Binität) oder zweier (Trinität) göttlicher Hypostasen, die diese Aufgaben übernehmen konnten – als seine „Hände". So erweist sich die trinitarische Vorstellung als kulturbedingtes Implikat der Verbindung von jüdisch-christlicher und hellenistisch-christlicher Gottesvorstellung.

Wenn die Trinitätsvorstellung aber eine im griechischen (nicht im jüdischen oder syrischen) Denken wurzelnde und dort sogar eine für die Denkmöglichkeit eines Monotheismus notwendige Komplizierung darstellt: Gehört sie dann auch zu den Essentials des christlichen Glaubens, wenn die ihr zugrunde liegenden Probleme in gänzlich anderen kulturellen und epochalen Kontexten keine Bedeutung mehr haben?

Die vorliegende Studie zeichnet, in aller Kürze, den Gang der Entstehung des trinitarischen Dogmas nach. Ihre Absichten sind primär historisch. Das Wissen um die geschichtlichen Abläufe soll zu einem kritischen Verstehen der Zusammenhänge und Motive der eigenen christlichen Geschichte verhelfen.

Saarbrücken, November 2013, Karl-Heinz Ohlig

Vorwort

Die folgende Studie will darlegen, wie es dazu kam, dass mit dem einen Gott Israels und Vater Jesu im Lauf einiger Jahrhunderte trinitarische Vorstellungen verbunden werden konnten. Sie erhebt nicht den Anspruch, die gesamte Geschichte der Trinitätslehre wiederzugeben; sie beschränkt sich auf die Zeit von ihren Anfängen bis zur Festigung des zentralen Formelguts – im vierten Jahrhundert in der östlichen Kirche, z. Zt. der Frühscholastik in der westlichen Theologie.

Alle weiteren Entwürfe zum Thema Trinität basieren auf diesen terminologischen Einigungen, tragen also zu ihnen selbst nichts mehr bei, sondern interpretieren sie lediglich von je neuen Kontexten und höchstpersönlichen Auffassungen her. So interessant es sein mag, die genaueren trinitarischen Vorstellungen des *Thomas* von Aquin, *Luthers, Hegels* oder *Schleiermachers* kennenzulernen, so wenig bedeuten sie für die Trinitätsgeschichte selbst, deren Ergebnisse sie voraussetzen.

Ebenso wenig geht es innerhalb der hier verhandelten Zeitspanne um eine gründliche Analyse alles biblischen Materials oder der Trinitätskonzepte einzelner Theologen, etwa des *Justin, Origenes, Tertullian* oder *Augustinus.* Nur insofern werden sie herangezogen, als bei ihnen neue Schritte in Richtung auf die Fixierung der trinitarischen Formeln und der später normativen Motive festzustellen sind. Für weitere Nachfragen wird auf die zureichend vorliegende Fachliteratur verwiesen.

Der Weg zur Korrektur des dem Christentum mitgegebenen Monotheismus durch trinitarische Vorstellungen soll aber in der vorliegenden Untersuchung mittels Quellenmaterial so dokumentiert werden, dass der Leser den Gang der Entwicklung *nachvollziehen* und *sich selbst ein Urteil bilden* kann. Es geht nicht darum, den unzähligen Interpretationen noch eine weitere, die des Verfassers, hinzuzufügen. Die Geschichte selbst soll zu Wort kommen, sodass ihre einzelnen Stufen und die jeweiligen Motivationen sichtbar werden.

Der Lesbarkeit halber wird auf die Verwendung griechischer und lateinischer Originaltexte weithin verzichtet und für die deutsche Übertragung auf leicht zugängliche Editionen verwiesen, in denen ihrerseits wieder genauere Hinweise zu finden sind. Auch wird die Sekundärliteratur nur insoweit herangezogen, als sie unmittelbar zur Darlegung beiträgt; auf eine umfassende Diskussion mit der Fülle der Literatur wird verzichtet.

I. Einführung[1]

1. Ein latenter Tritheismus

„Trinität"[2] ist die Bezeichnung der in altchristlicher Zeit entwickelten Lehre von dem *einen* Gott, der zugleich „Vater", „Sohn" und „Geist" und somit triadisch ist – in drei Hypostasen oder Personen –, ohne durch diese Dreiheit seine Einheit und Einfachheit zu verlieren.

Das Neue Testament kennt noch keine trinitarischen Vorstellungen. Sie entwickelten sich vielmehr erst im Verlauf des zweiten christlichen Jahrhunderts, als ältere Raster aus dem Frühjudentum übernommen und – vor allem im Kontext einer Ausbildung der christologischen Zwei-Naturen-Lehre – vertieft wurden.

Den ersten „lehramtlichen" Meilenstein setzte das erste ökumenische Konzil von Nizäa im Jahr 325, das die Gleichwesentlichkeit des „Sohnes" mit dem Vater definierte; das zweite ökumenische Konzil, das erste von Konstantinopel im Jahr 381, sprach auch dem „Heiligen Geist" göttliche Würde zu.

Die noch heute verwendete begriffliche Umschreibung der Trinität stammt aus der zweiten Hälfte des vierten Jahrhunderts, als der Bischof und Theologe *Basilius* von Cäsarea die Formel von dem einen Wesen *(usía)* in drei Hypostasen schuf: Diese wurde einige Jahrzehnte später im Westen mit der Redewendung von einer *essentia* und drei *personae* übersetzt.

Seit den ersten großen Konzilien der christlichen Antike gilt das Bekenntnis zu dem einen trinitarischen Gott bzw. zu Gottvater, -sohn und -geist als zentraler oder gar *der* zentrale Glaubensartikel, die Trinität als die Mitte der Selbstoffenbarung Gottes, ihre Darlegung und Reflexion als die schwierigste Aufgabe der Theologie, die hier an die Grenzen dessen stoße, was man menschlicherseits denken und aussagen kann.

Kirchenamtliche Schreiber halten ihre Dokumente für besonders geglückt, wenn sie einen „trinitarischen" Aufbau haben, wie z. B. der von den deutschen Bischöfen herausgegebene Erwachsenenkatechismus[3] oder der Weltkatechismus.[4] Die Klage *Karl Rahners*, der Traktat über die Trinität komme, wenn er einmal in einer Dogmatik abgehandelt sei, später nicht mehr vor[5], scheint zumindest gegenwärtig nicht mehr zu gelten; eher muss man befürchten, dass eine Fülle von (meist hierfür ungeeigneten) Themenbereichen unmittelbar trinitarisch interpretiert wird – was nur möglich ist bei exzessiver und für die Identität des Christentums gefährlicher Spekulation.[6] Dann können die Familie, die Struktur des menschlichen Denkens oder der Psyche, sogar das kirchliche Amt trinitarisch konzipiert werden. *Gerhard Ebeling* nennt ein solches Vorgehen „eine logische Abstraktion von der Erfahrung, ein Sichentfernen von der Situation des angefochtenen Glaubens, ein gottvergessenes Durchspielen göttlicher Strukturen, eine Verwechslung der Vollkommenheit Gottes mit theologischer Perfektion“[7].

Auf eine seltsame Weise scheint der Kelch einer historischen Kritik ohne Folgen für das Trinitätsdogma vorbeigegangen zu sein. Wie zu Zeiten der Scholastik und der Orthodoxien aller Spielarten werden die altkirchlichen Begriffsbestimmungen behandelt, als seien sie nicht hinterfragbar, sondern einfach nur positiv zu „setzen“ und dann mit dem Verstand systematisch zu vertiefen. Noch nicht einmal die sattsam bekannten Ergebnisse der Exegese des Neuen Testaments seit der Aufklärungszeit können die Trinitätstheologen stutzig machen; im Gegenteil, sie interpretieren oft das Neue Testament von den späteren Dogmen her. Ähnlich scheinen die unzähligen und oft recht gründlichen Untersuchungen zur Geschichte der Ausbildung des trinitarischen Dogmas noch nicht einmal zu Fragen anzustoßen. Alle Entwicklungen, Sprünge, Brüche werden harmonisierend von den (scheinbar) mit Nizäa und dem Ersten Konzil von Konstantinopel, mit *Basilius* oder *Augustinus* feststehenden Resultaten her interpretiert.

Jedenfalls lässt sich beobachten, dass beinahe alle bekannteren Theologen des 20. Jahrhunderts und vor allem der neueren Zeit fraglos von dem Glaubenssatz ausgehen, der christliche

Gott sei *einer in drei Personen*. Sie unterscheiden sich untereinander darin, dass bei manchen eine gewisse Verlegenheit in Bezug auf die Zahl Drei zu spüren ist, während andere sie derart ungehemmt herausstellen, dass sachgerecht von einem – wenn auch innerhalb *eines* Wesens sich abspielenden –Tritheismus, von einem Dreigötterglauben, geredet werden müsste. Sie unterscheiden sich darüber hinaus in der Wahl der Kontexte für die „inhaltliche" Umschreibung dessen, was in der Trinitätslehre unter „Person" zu verstehen sei. So will z. B. *Karl Rahner* den trinitarischen scharf vom „modernen" Personbegriff abgrenzen und rekurriert stärker auf den – wegen seiner Formalität harmloseren – Subsistenzbegriff, der der spätantiken Theologie entstammt.[8] Der *Rahner'sche* Formulierungsvorschlag von „drei Subsistenzweisen" in Gott[9] versucht so das Missverständnis dreier „Iche" in Gott zu vermeiden, legt aber doch eine reale Dreiheit in Gott nahe; diese Konzeption ergibt sich auch als Resümee der sonstigen Theologie *Rahners,* vor allem dessen, was er speziell zu Vater, Sohn und Geist sagt.

Auch *Karl Barth* hat gewisse Reserven dem Personbegriff gegenüber und redet gelegentlich von drei Seinsweisen[10] des einen Gottes. So soll wenigstens die Schöpfung (nicht jedoch die Inkarnation) ein Werk der ganzen Trinität[11] sein. Dennoch aber geht er selbstverständlich von den altkirchlichen Formulierungen aus („Als der *Vater* erzeugt Gott von Ewigkeit sich selbst in seinem Sohn, und ist er mit seinem Sohn von Ewigkeit her auch der Ursprung seiner selbst im Heiligen Geiste"[12]), interpretiert von ihnen her neutestamentliche Texte und nimmt sogar auf sehr angreifbare Weise den Menschen Jesus in das ewige trinitarische Geschehen hinein.

Bernd Jochen Hilberath äußert in seinem Buch „Der dreieinige Gott und die Gemeinschaft der Menschen. Orientierungen zur christlichen Rede von Gott"[13] Probleme mit der Anwendung des Personbegriffs auf Gott. Wenn man Person im Sinne des *Boëthius* in der Trinitätslehre verwende, würde diese „der Gefahr des Tritheismus, des Drei-Götter-Glaubens"[14] ausgeliefert. Ebenso aber lehnt er das Reden von drei Erscheinungs- oder

Seinsweisen Gottes ab, weil man sich dann „in die andere Gefahr des Modalismus“ begebe.[15] Er selbst will vielmehr neuere Strömungen aufgreifen, denen zufolge „Person“ erst in der Begegnung mit dem „Du“ wird. „Der Mensch wird überhaupt erst Person in Gemeinschaft mit Person.“[16] Dies klingt sehr schön, aber es führt keineswegs weiter. Wie soll man bei Gott denken können, dass seine Personen erst „werden“? Dies ist ebenso aporetisch wie die umgekehrte Formulierung: Gott wird einer erst durch Gemeinschaft der zuvor gegebenen Personen.

Die relative trinitarische Mäßigung *Barths* und *Rahners* (aber auch *Gerhard Ebelings* oder *Wilfried Joests* u. a.) wird nicht von vielen befolgt. Für *Wolfhart Pannenberg* gibt es in Gott von Ewigkeit her ein „innergöttliches Gegenüber von Vater und Sohn“. „Das Wesen Gottes, wie es im Christusgeschehen offenbart ist, hat also in sich die Zweiheit, die Spannung und die Beziehung in Vater und Sohn“[17] (und wohl auch Geist); damit scheinen die Einheit und Einfachheit Gottes aufgegeben zu sein. *Jürgen Moltmann* sieht die Trinität sogar „aus dem Zusammenwirken der drei göttlichen Subjekte“ entstanden.[18] Hierbei werden die drei Subjekte in dem Buch „Trinität und Reich Gottes“ „als voneinander unterschiedene Bewusstseins-, Willens- und Aktzentren gedacht“[19]. Der Sache nach hält *Moltmann* dieses Konzept auch an Stellen durch, die maßvoller mit dem Personbegriff umzugehen scheinen.[20] Er stellt sich also Gott wohl mehr als eine additive Einheit dreier Subjekte vor.

In seiner Schrift „In der Geschichte des dreieinigen Gottes. Beiträge zur trinitarischen Theologie“ schreibt er: „Ich bin in meiner Trinitätstheologie von der biblischen Geschichte Christi ausgegangen und also von der Differenz und der Gemeinschaft der Subjekte: *Jesus,* dem messianischen Sohn, dem von ihm angerufenen *Abba-Gott* und dem *Hl. Geist,* der Jesus mit dem Vater verbindet und durch ihn zur Welt kommt. Geht man von der trinitarischen Geschichte der drei Subjekte aus, dann muss man nach der Einheit dieser drei Subjekte der Geschichte Christi fragen und muss sie trinitarisch, darf sie nicht monistisch [monotheistisch?, Verf.] fassen. Ich habe die Einheit Jesu des Sohnes mit dem Vater dann nach dem Johannesevangelium als eine *perichoretische Einheit* aufgefasst, d. h. als eine soziale Einheit von ‚Ich' und ‚Du' im ‚Wir' und ‚Uns', im wechselseitigen Geben und Nehmen und im mitteilenden wie teilnehmenden Leben. Der von Johannes Damascenus in die Trinitätslehre gebrachte Begriff Perichoresis, der *circuminsessio,* erfasst die Einigkeit der drei Personen am besten. Durch ihre wechselseitige Liebe existieren sie ineinander in vollendeter Empathie, sodass sie ganz eins sind. Im intensiven Austausch ihrer Energie durchdringen sie sich gegenseitig auf vollkommene Weise und teilen sich einander mit."[21]

Dass mit dieser Auffassung am Ende der Monotheismus aufgehoben ist, schreibt *Moltmann* selbst und wertet es – unverständlicherweise – positiv. Auch wenn man – als mildernden Umstand – sein Ziel berücksichtigt, im Sinne der feministischen Theologie Kritik am traditionell patriarchalischen Gottesbild zu üben, sind seine Formulierungen für Christen, die sich mit Juden und Muslimen zu den Monotheisten zählen, unerträglich. Er lobt z. B. „die orthodoxe dogmatische Tradition, die die Trinität ernst nahm und gegen jede Gefahr des Monotheismus verteidigte", und plädiert für „die radikale Absage an den stets patriarchalischen Monotheismus"[22]. Ähnlich behauptet er in einem anderen Buch: „Wo immer sich die Religion des Patriarchats durchsetzte, entstand religiös die Tendenz zum *Monotheismus* und politisch die Ausbildung der monarchischen Herrschaft."[23] Zumindest für die *Entstehung* des Monotheismus ist diese Behauptung unzutreffend; vielmehr gilt: Wo Patriarchat, da *Polytheismus* (und auch die *Monismen* der fernöstlichen Weltreligionen sind in patriarchalischen Gesellschaften gebildet worden); der *Monotheismus* ist in einem gesellschaftlichen Gebilde unter *Fremdherrschaft* entstanden (Juden im Exil unter babylonischer Herrschaft) und gepflegt worden (unter persischer, hellenistischer, dann römischer Herrschaft).

Von den heutigen Theologen ist *Jürgen Moltmann* – in bewusster Anlehnung an ihn auf katholischer Seite auch *Gisbert Greshake*[24] – der jeder Trinitätslehre innewohnenden Gefahr eines Tritheismus am stärksten erlegen („Monotheismus ist Häresie“, eine von *Luise Abramowski* zitierte Aussage *Moltmanns*).[25] Mit seiner bewusst anti-monotheistischen Polemik artikuliert er allerdings nur deutlich, was bei vielen Theologen – oft hinter einem verbalen Wust – nicht nur anderen, sondern auch sich selbst gegenüber verhüllt werden soll, nämlich die Gefährdung des Monotheismus. Solange an realer, tendenziell subjekthafter (oder modern: „personaler“) Dreiheit in Gott festgehalten wird, besteht die Gefahr des Verlustes des Monotheismus. Es hilft nichts, wenn man – wie es z. B. *Walter Kasper* versucht –, den Subjekt- oder Personbegriff in (begrifflicher) Anlehnung an *Augustinus* „relational“, d. h. (sachlich gegen *Augustinus)* in Bezogenheit auf das andere Subjekt[26], oder – so der Vorschlag *Regina Radlbeck-Ossmanns* – im Sinne „des dialogischen Personalismus“ verstehen will.[27] Solange hinter allen gescheiten Interpretationen und Einschränkungen eine dennoch real gedachte Dreiheit aufscheint, ist der Monotheismus – daran führt kein Weg vorbei – bedroht oder gar aufgegeben. Natürlich wird er bei den weitaus meisten Theologen verbal beibehalten, insofern sie sich mit Verve zu dem einen und sogar einfachen Gott bekennen. Was aber soll ein solches Bekenntnis noch beinhalten, wenn Vater, Sohn und Geist dennoch real unterschieden werden?

Die gängige Antwort auf solche Bedenken ist der Hinweis auf den *Geheimnischarakter* der Trinitätslehre. *Diese* Offenbarung Gottes über seine Wirklichkeit sei eben dem menschlichen Verstand unzugänglich, ein Mysterium im eigentlichen Sinn, und so sei das Paradox von Einheit und Dreiheit im Glauben und eben unverstanden anzunehmen; jeder Versuch einer zureichenden Erklärung sei in sich schon Hybris und Unglaube.

Wie aber, wenn der Blick auf die tatsächliche Geschichte des Trinitätsdogmas zeigen würde, dass die triadische Strukturierung des Gottesbegriffs eine durchaus menschliche und in allen ihren Etappen verstehbare und logische Kausalität in sich trüge? Wie denn, wenn nicht göttliche Offenbarung, sondern der eigentümliche Gang menschlicher Reflexionsgeschichte die trinitarische Konzeption hervorgebracht hätte? Jedenfalls sollte man sich hüten, den Topos Mysterium allzu früh in die Debatte einzuführen. Nicht jede Aporie ist Zeichen numinoser Unbegreiflichkeit.

2. Die Rezeption der Trinitätslehre in den außereuropäischen Kirchen

Auch die *Theologien außerhalb Europas* stehen in der Gefahr, sich allzu schnell die Aussagen der europäischen Trinitätslehre anzueignen, um mit den Mitteln dieses – auch von ihnen aufgrund der Missionsgeschichte für nicht hinterfragbar gehaltenen – Rasters ihre eigenen Anliegen zur Sprache zu bringen. In Lateinamerika, Asien und Afrika dient die trinitarische Begrifflichkeit dazu, eigene Vorstellungen zu begründen oder zu transportieren.

Die *Befreiungstheologie in Lateinamerika* sieht in der Trinität die christliche Normvorstellung von einer notwendigen gesellschaftlichen Solidarität ewig grundgelegt. In seinem Buch „Kleine Trinitätslehre“[28] fasst *Leonardo Boff* – er soll hier typologisch für die gesamte Richtung stehen, die natürlich durchaus noch Varianten kennt – die Auffassungen der Befreiungstheologie zusammen. Das erste der zehn Kapitel ist überschrieben: „Am Anfang steht die Gemeinschaft der Drei und nicht die Einsamkeit des Einen“. Die ersten Unterpunkte heißen: „1. Von der Einsamkeit des Einen zur Gemeinschaft der Drei, 2. Am Anfang ist Gemeinschaft“. Hier wird die Tendenz deutlich, die geforderte gesellschaftliche Solidarität im ewigen Sein Gottes zu begründen: Gott ist – was gut zur Befreiungstheologie und ihrer Hervorhebung des Gemeinschaftsgedankens passt – von Ewigkeit her eine solidarische Gemeinschaft dreier Subjekte. So schreibt *Boff*: „Wir glauben, dass Gott nicht Einsamkeit, sondern Gemeinschaft ist. Nicht die Eins ist das Erste, sondern die Drei. Zuerst kommt die Drei. Erst dann, aufgrund der engen Beziehung zwischen den Dreien, kommt die Eins – als Ausdruck der Einheit der Drei. An die Dreifaltigkeit glauben heißt, davon ausgehen, dass Wahrheit mit Gemeinschaft einhergeht und nicht mit Ausschluss, dass Konsens besser die Wahrheit zum Ausdruck bringt als Durchsetzen. […] Menschliches Leben ist nie bloß Leben, sondern immer Zusammenleben. […] Also sollten wir uns nicht scheuen, an die gemeinschaftliche Existenzweise Gottes zu glauben, an das dreieinige Wesen Gottes, der immer Gemeinschaft und Einheit von dreien ist."[29] Mit Sätzen wie diesen ließe sich jedes harmonische Pantheon eines Polytheismus begründen.

Im *indischen Christentum* werden gerade trinitarische Aussagen über Gott intensiv aufgegriffen. In ihnen erblickt man die stärkste Übereinstimmung zwischen der christlichen Lehre und der eigenen Tradition. Diese kannte ja eine Reihe triadischer Gottesvorstellungen. Hier ist z. B. die seit der Zeitenwende entfaltete hinduistische Lehre von einer *„Trimurti"* zu nennen, derzufolge *Gott eine Einheit aus Brahman, Vishnu und Shiva* ist. Wichtiger noch ist die indische theologische Tradition, die ohne Rückgriff auf Göttermythen auskommt. Ihr zufolge ist Gott nicht personal, sondern sachhaft gedacht; er ist erstes Prinzip und letzte Wirklichkeit der Welt, der sichtbare Kosmos ist „Leib Gottes", d. h. materielle Erscheinung des göttlichen Seins. Diese sachhaft-göttliche Wirklichkeit wurde in Indien seit alters her triadisch aufgefasst und mit der Formel „Saccidanandam" (aus „sat-cit-ananda": „sat" = Sein, „cit" = Gewusstsein, „ananda" = Wonne) umschrieben. D. h. in alter theologischer Tradition Indiens ist der sachhafte Seinsgrund von allem, „Gott", eine triadische Einheit von Sein, Gewusstsein und Wonne.

Diese alte Vorstellung wird von der christlich-indischen Theologie mit der christlichen Trinitätslehre verbunden oder sogar in eins gesetzt. Vater, Sohn, Geist erscheinen hier als die mythischen (weil „personalisierten") Formen des triadischen sachhaften Gottes. Diese Verbindung stellte erstmals *Keshab Chandra Sen* († 1884) her. Seitdem wird sie immer wieder aufgegriffen, zuletzt und vielleicht am profiliertesten durch den Jesuiten *Francis* X. *D'Sa* in seinem Artikel: „Gott – Person oder Prinzip? Gottesbegriff im Werden der indischen Theologie"[30].

Was hier in den Formeln zwar volle Übereinstimmung mit der europäisch-christlichen Tradition nahezulegen scheint, zielt doch in der Sache ein neues, ein anderes Gottesverständnis an. Das Problem scheint allerdings weniger in einem latenten Tritheismus zu liegen – die drei Versionen Gottes sind ja nur verschiedene Aspekte *unserer* Reflexion des *einen* göttlichen Seins –, sondern in einem grundlegend monistischen Denken Gottes.

Wieder anders sieht es in *Afrika* aus. In weitesten Teilen der dortigen Christentümer (aller Konfessionen) wird Theologie betrieben im Anschluss an die europäischen Mutterkirchen, Orden, Missionsgesellschaften, Konfessionen usf.; es handelt sich also um Reproduktionen europäisch-westlicher Theologie. Daneben aber findet sich eine immer mehr um sich greifende Besinnung auf die eigene religiöse Tradition, von deren Rastern her die christliche Lehre reflektiert und die Praxis afrikanisiert wird.

Für unsere Frage spielen nicht so sehr die von Stamm zu Stamm oft verschiedenen Ausprägungen der überirdischen Welt eine Rolle. In ihr stehen den Menschen am nächsten die verstorbenen *Ahnen,* die zunächst – meist fünf Generationen lang – noch als quasi Lebendige – man spricht von „Lebend-Toten“ in die Geschicke ihrer Nachkommen eingreifen. Nach dieser Phase werden sie zu *Geistern,* die gewissermaßen ihre Individualität verlieren und einen Zustand kollektiver Unsterblichkeit erreichen, in dem sie aber immer noch numinose Potenzen sind. Über ihnen steht meist (nicht in allen Stämmen) – evtl. neben Naturgeistern – eine mehr oder weniger große Anzahl von Göttern, und über allem gibt es den *einen* Gott, der alles geschaffen hat.

Die tragende Struktur dieses ganzen Systems wurde erstmals erkannt von einem belgischen Missionar namens *Placide Tempels,* der 1955 ein Buch mit dem Titel „Bantou-Filosofie“ veröffentlichte[31]; auf seine Thesen stützen sich so gut wie alle heutigen Theologen und Religionswissenschaftler. Nach ihm steht im Zentrum der schwarzafrikanischen Religiosität die Vorstellung von einer alles durchwaltenden *„force vitale“*, einer *vitalen*

Kraft, die biologisches und zugleich geistiges Leben aus sich hervorbringt. Der eine Schöpfergott ist in diesem Denken *Ursprung aller Lebenskraft,* die er über Götter und vor allem Ahnengeister an die Menschen und das ganze Universum weitergibt.

Diese Deuteraster werden in der christlichen Theologie auf die Trinität angewandt, so z. B. durch *Benezet Bujo:* „Der Vater, der eine unendliche Lebenskraft besitzt, zeugt den Sohn, und beide leben füreinander; sie leben so in einer großen und totalen vitalen Union, die diese Lebensgemeinschaft gegenseitig verstärkt: Die Lebenskraft, die vom Vater auf den Sohn ausgeht und diesen zeugt, kehrt von Letzterem zum Vater zurück. [...] Diese vitale Union, die zur Interaktion zwischen dem Vater und dem Sohn führt und so das Band zwischen diesen beiden konstituiert, ist nichts anderes als jene göttliche Kraft, die, weil innergöttlich, eine konkrete Gestalt ist und mit dem Heiligen Geist gleichgesetzt werden kann ..."[32]

Bujo meint – es ist ein alter Streitpunkt zwischen uns –, die afrikanischen vorchristlichen Gottesvorstellungen stellten unbezweifelbar einen *Monotheismus* dar.[33] Dies ist jedoch m. E. nicht der Fall. Zum Monotheismus gehört als Kern die Radikalisierung des personalen Gedankens bis hin zu dem Gott, der – wie Jahwe – in der hebräischen Sprache noch nicht einmal einen Gattungsnamen („Gott") hat, sondern nur mit Eigennamen angeredet wird.

Kern aber der afrikanischen Gottesvorstellung ist die „Lebenskraft", d. h. eine primär biologische, also *sachhafte* Kraft. Diese kann sich somit auch ohne Probleme plural diversifizieren, und es spricht auch nichts dagegen, sie in dem einen Gott selber noch einmal dynamisch zu spezifizieren; denn *Kräfte* kann man multipliziert denken, ohne dass Einheit aufgehoben wird (vgl. die pluriformen Gestaltungen der letztlich doch *einen* Natur); die Person Gottes aber kann nicht ohne Weiteres multipliziert werden, ohne dass ein Polytheismus entsteht.

Die Afrikanisierung europäisch-trinitarischer Vorstellungen, wie sie *Bujo* vorschlägt, führt deshalb auch *nicht zu einem Tritheismus* (obwohl es gelegentlich so klingen mag, wenn er zusätzlich Sprachmodelle aus der Befreiungstheologie verwendet); kennzeichnend ist vielmehr ein *latenter Monismus,* insofern der Versuch, Gott zu denken, unter der Leitidee einer sachhaften *force vitale* unternommen wird.

In asiatischen und afrikanischen Theologien wird also die trinitarische Formel mit viel Zustimmung, oft sogar mit Begeisterung, aufgegriffen. Hier wird allerdings die Dreiheit in grundlegend monistische Strukturen hinein aufgehoben, sodass *nicht die Dreiheit,* sondern der *un- oder transpersönliche* Gottesbegriff den Monotheismus problematisiert.

In Afrika scheint der Monismus allerdings nicht von einer so reflektierten und systematischen Art zu sein wie z. B. in Indien; er kann sich somit leichter – und unauffälliger – mit christlich-personalen Vorstellungen verbinden. Beim Überblick über die gegenwärtige Situation der theologischen trinitarischen Diskussion zeigt sich somit, dass *in der* – im weitesten Sinn – *„westlichen" und Befreiungstheologie der Monotheismus latent oder offen tritheistisch, in Asien und Afrika dagegen monistisch bedroht ist.*

3. Historisch-kritische Defizite

Alle Traditionen aber gehen ganz selbstverständlich aus von den altkirchlichen dogmatischen Formulierungen. Historisch-kritische Fragestellungen werden allenfalls in propädeutischen Bereichen aufgegriffen und nicht ernsthaft auf ihre Auswirkungen für ein Verständnis des trinitarischen Glaubens analysiert. Seltsamerweise wird kaum einmal gefragt, wie es denn dazu kommen konnte, dass sich der ererbte jüdische Monotheismus, den Jesus von Nazaret zweifellos teilte, im Christentum zu einer trinitarischen Auffassung verwandelte, wieso und mit welchem Recht das Christentum vom – angeblich doch normativen – Gottesverständnis Jesu und „der zwölf Apostel" abgewichen ist.

Zwar wird immer wieder beklagt, dass die Trinitätslehre – aufgrund ihrer Kompliziertheit – von den weitaus meisten

Christen nur sehr defizient zur Kenntnis genommen werde. Ein Teil der Christen lebe, ohne das Dogma zu bestreiten, so, als sei Gott unitarisch *einer*, die meisten aber seien wohl verkappte Tritheisten.[34] Zwar würden sie, daraufhin befragt, mit Leidenschaft ihren Glauben an den einen Gott hervorheben; in der Praxis aber wenden sie sich im Gebet, je nach Situation, an Vater, Sohn oder Geist wie an drei verschiedene Adressaten oder Subjekte.

Hierfür bieten auch die kirchlichen Liturgien aller Konfessionen zahlreiche Stützen, insofern sich ihre Gebete zwar meist an Gott, den Vater, richten, aber durchaus auch den Sohn oder den Geist ansprechen. Zwar wissen die Liturgiewissenschaftler, dass es sich hierbei um eine relativ späte Entwicklung handelt und erst allmählich das klassische Gebet zum Vater durch den Sohn im Heiligen Geist – so schließen jetzt noch alle auf altkirchliche Zeiten zurückgehenden Orationen der katholischen Messe – durch Gebete zu jeweils einer der drei Personen abgelöst wurde; aus diesem Wissen aber werden keine korrigierenden Konsequenzen gezogen.

Im Folgenden soll untersucht werden, wo die Wurzeln der trinitarischen Modifikation des Monotheismus zu suchen sind, welche Motive hierbei eine Rolle spielten, welche Entwicklungen und Umbrüche festgestellt werden können und was dies alles für ein Verständnis der Trinitätslehre zu bedeuten hat. Es geht nicht darum, die eigene Meinung der traditionellen Lehre – wie eine Antithese der These – entgegenzusetzen. Vielmehr sollen die historischen Quellen selbst zu Wort kommen und uns den Weg zu einem *Verstehen* aufzeigen.

II. Die vorchristlichen Wurzeln

1. Religionsgeschichtliche Analogien zur trinitarischen Auffassung[35]

In sehr vielen Religionen gibt es – meist an der Spitze der Pantheen – Göttertriaden oder auch triadische Strukturen des Göttlichen. Dies gilt auch für das religiöse Umfeld Israels und des frühen Christentums. Die in diesem Zusammenhang wirksamen Kausalitäten wie auch mögliche Einflüsse auf die Ausbildung der jüdisch-christlichen Vorstellungen sollen hier nur erwähnt, nicht aber näher untersucht werden.[36] Es mag genügen, darauf hinzuweisen, dass es in diesen Kontexten zumindest nicht ungewöhnlich war, vielleicht sogar angeregt wurde, mit Gott die Zahl Drei zu assoziieren.

Vorformen der Verbindung der Zahl Drei mit dem Bereich des Göttlichen finden sich weltweit und schon sehr früh in den religiösen Formen der Vorgeschichte[37]; neben anderer Zahlensymbolik (in Bezug auf die Zweiheit, Vierheit, Achtheit usf.) spielen Triaden (Dreiheiten von Göttern, dreigestaltige oder -köpfige Gottheiten, Dreieinigkeiten) dann in den frühen Hochkulturen eine besondere Rolle.

Einige wenige Hinweise mögen genügen: In der sumerischen Religion stehen die drei Götter An (Himmel), Enlil (Sturm) und Enki (Grundwasser) an der Spitze des Pantheons; diese kosmische Triade wurde in der babylonisch-assyrischen Kultur (unter den Namen Anu, Ellil oder Bel/Ea) übernommen, hinzu trat eine astrale Trias aus Sin (Mondgott), Shamash (Sonnengott) und Ischthar (Morgen- und Abendstern). In der ägyptischen Religion findet sich die Dreiheit von Osiris, Isis und Horus, auch die Götterneunheit (drei mal drei = Gesamtheit) von On/Heliopolis. Die altrömische Religion kennt die Dreiheit von Jupiter-Mars-Quirinus, später abgelöst von der capitolinischen Trias Jupiter-Juno-Minerva. In der ältesten vedischen Zeit (Rigveda) lenken drei Söhne des Prajapati, des Herrn der Schöpfung, das gesamte All (Agni = Feuer, Vayu = Wind und Surya = Sonne); in nachvedischer Zeit rückt die Trimurti (Sanskrit: Dreigestalt) von Brahma (Allgott), Vishnu (der „Erhalter“) und Shiva (der „Zerstörer“) in den Vordergrund, daneben wird seit den Upanishaden der Dreiklang der Silbe Om (a-u-m) sowie das Brahman als Einheit von Sein, Bewusstsein und Glück[38] meditiert. Auch der Buddhismus – besonders das Mahayana –, der Parsismus und zahlreiche andere Religionen kennen triadische Strukturen.

Neben einer religionspsychologischen Affinität zur Dreiheit gibt es wohl weitere Motive, die zentrale Sphäre des Göttlichen auf diese Weise zu gliedern. Hierzu zählen der dreifache Aufbau des Kosmos im vorwissenschaftlichen Weltbild (Erde, Himmel, Unterwelt), der Kern sowohl von Familie (Vater, Mutter, Kind) wie auch einer Gruppe *(tres faciunt collegium),* die Dreiheit von Geburt, Leben, Tod usf. Vielleicht gibt es ein „triadisches Strukturprinzip der Wirklichkeit“, das sich am Ende „zu einem trinitarischen Gottesverständnis“ vertiefte.[39] Über die Gottesvorstellung hinaus lässt sich in vielen Religionen eine Vorliebe für dreifache Reihungen auch in anderen Zusammenhängen feststellen.

In der *griechischen und mehr noch in der hellenistischen Philosophie* (Platonismus, v. a. Neuplatonismus, Stoa usw.) spielt der Gedanke einer Zweiheit oder Dreiheit des Göttlichen eine noch größere Rolle: Alle Vielfalt des Kosmos wurde auf *eine* letzte innere Ursache oder *ein* immanentes Prinzip der Welt zurückgeführt, aus dem alles hervorgegangen ist und das in allem wirkt (hellenistischer Monismus). Je mehr dieses Urprinzip reflektiert wurde, umso klarer wurde es als *eines, einfach und unveränderlich* angesehen, das durch ein Handeln (z. B. die Weltschöpfung) seine Einfachheit und Unveränderlichkeit verloren hätte. Deswegen wurde ein *zweites Prinzip* postuliert, selbst göttlich, aber niederen Ranges, in passiver Emanation aus dem ersten Prinzip hervorgegangen, das die Aufgabe der Weltschöpfung übernehmen konnte (Demiurg, Weltschöpfer, Logos, Wort oder Nus, Geist); in manchen Richtungen wurde selbst dieses zweite Prinzip noch als so fern aller Pluralität gedacht, dass es nicht schon selbst die Welt zuinnerst konstituieren konnte, sodass hierfür ein *drittes Prinzip* in Anspruch genommen wurde (so z. B. im Neuplatonismus, der den Bereich des Göttlichen dreifach gliedert: 1. das Eine (griechisch: *tò* hén), so sehr *eines*, dass es keinerlei Bestimmung in sich tragen kann, noch nicht einmal das Sein; 2. der Geist (griechisch: *hò nous*), Inbegriff der idealen Welt Platons; 3. die Weltseele (griechisch: *hè psyché*), die den Kosmos immanent konstituiert.

2. Die kulturgeschichtlichen Wurzeln bini- und trinitarischer Gottesvorstellungen im Frühjudentum

a) Der Monotheismus

Die jüdische Religion hat im 7./6. Jahrhundert v. Chr. aus älteren Wurzeln den theoretischen Monotheismus hervorgebracht, der die universale Macht und Geltung Jahwes zum Inhalt hat. Nach neueren Forschungsergebnissen, die abweichende Traditionen nicht von vornherein im Sinne der schließlich siegreichen monotheistischen Position „wegerklären", gab es allerdings noch längere Zeit ein Nachwirken polytheistischer Vorstellungen, die sicherlich auch die spätere binitarische Entwicklung begünstigt haben. „Der alte Polytheismus Israels hat auch in streng monotheistischen Texten noch mancherlei Spuren hinterlassen. Gelegentlich fließen die verschiedenen Götter des Polytheismus einfach zusammen und sind nur noch dem scharfen Auge des Religionshistorikers erkennbar", schreibt *Bernhard Lang*[40]. Er verweist auf Spr 1–9, wo Jahwe „abwechselnd in der Rolle des Schöpfergottes Elohim [...] und des Ortsgottes [...] begegnet"[41], auf Dtn 32,8f. LXX mit dem Nebeneinander des mächtigeren El Elyon und Jahwes (vgl. auch Spr 30,4)[42], auf Dan 7, in dem ein alter Gott die Herrschaft „an einen jungen Gott" gebe – „Der junge Gott wird als Menschensohn bezeichnet"[43] – sowie auf „Frau Weisheit" in den Weisheitsbüchern[44].

Prinzipiell, und zunehmend polemisch betont, stand aber der Monotheismus im Mittelpunkt der jüdischen Frömmigkeit und Theologie und wurde auch von Jesus geteilt. Zwar kannte man auch dann noch eine gewisse Differenzierung zwischen Gott selbst (Jahwe) und seinem Handeln in Geschichte und Kosmos („Wort Jahwes", „Geist Jahwes", „Weisheit Jahwes"). Diese Differenzierung aber blieb grundsätzlich in die Einheit Jahwes integriert, sie hatte nur funktionale Bedeutung, sodass der Monotheismus gewahrt wurde. Es ist also erklärungsbedürftig, wieso im Frühjudentum des zweiten und ersten vorchristlichen Jahrhunderts[45], in Spättexten des Neuen Testaments und – mit Macht – in der christlichen Theologie seit dem zweiten Jahrhundert dieser dezidierte Monotheismus durch plurale Elemente ergänzt, korrigiert, „bereichert" wurde.

b) Die Synthese aus biblischem und hellenistischem Gott

Dies geschah in Kontexten, in denen das Frühjudentum durch hellenistische Einflüsse bestimmt war; bei Jesus selbst und in einem großen Teil des Neuen Testaments ist deren Wirksamkeit geringer anzusetzen.[46] Allein schon diese recht äußerliche Beobachtung mag auf das hinweisen, was durch eine genauere Analyse zur Gewissheit wird: *Bini- oder trinitarische Vorstellungen bildeten sich dort, wo jüdischer Monotheismus und hellenistisches Gottesdenken zusammenkamen,* wo jüdische Geschichtsorientierung und hellenistisch-kosmologisches Denken, wo die jüdische und die hellenistische Art, die Sinnfrage zu stellen und zu beantworten, also wo diese beiden soteriologischen Formen[47] miteinander in Verbindung traten. Im ersten „Fall" wird Gott aufgefasst als Anfang und Ende der Geschichte sowie als ihr gegenwärtiger König und Herr, der nach Art des Handelns einer Person willentlich in ihre Abläufe eingreift. Kurz: Jahwe ist *Geschichtsgott;* und wie ein menschliches Subjekt anderen und der Welt – sie transzendierend – gegenübersteht, so auch der nach diesem

Modell gedachte Jahwe. Er ist absolut welt- und geschichtstranszendent und „der ganz andere", ohne jede naturale Verwandtschaft mit der Kreatur.

Davon unterscheidet sich der hellenistische Gottesbegriff völlig: Hier ist Gott *innerster, letzter Grund des Kosmos* und alles kosmischen Seins. Er ist unpersönliches, deswegen auch handlungsunfähiges Prinzip oder die eine (passive) Ursache *(aitía)* von allem; er ist *in* allem, sodass auch alles göttlich ist (eine latent oder offen monistische Konzeption). Dennoch aber ist dieser Gott nicht einfachhin identisch mit dem Kosmos und seiner bunten Vielfalt, weil er ja deren *einer* Grund ist. Deswegen ist er der Pluralität der sichtbaren Welt gegenüber transzendent, obwohl er in letzter Ursächlichkeit zugleich auch deren Sein ist.

Diese *Welttranszendenz* ist eine gänzlich andere als die *Geschichts*transzendenz Jahwes.[48]

Das Frühjudentum kannte zwei unterschiedliche kulturelle Ausformungen. In Palästina selbst waren trotz der Zugehörigkeit zum hellenistischen Großraum die eigenen, vor allem apokalyptischen Traditionen bestimmender als im Diasporajudentum, das stärker hellenisiert war. Die Anfänge der jüdischen Diaspora reichen in Mesopotamien bis ins 8. Jh. zurück, in Ägypten bis zum Beginn des 6. Jhs. Vor allem in Unterägypten, aber auch am Oberlauf des Nil (vgl. z. B. die Militärkolonie Elephantine westlich von Assuan) und darüber hinaus in weiten Teilen des östlichen Mittelmeerraums entstanden jüdische Gemeinden, die nach den Eroberungszügen Alexanders des Großen im hellenistischen Einflussbereich lagen. Hier bedienten sich die Juden der griechischen Umgangssprache, schufen die griechische Übersetzung der Hl. Schrift, die „Septuaginta", und viele eigneten sich auch Elemente der griechischen literarischen und philosophischen Bildung an.

c) Bini- und trinitarische Vorstellungen

In diesem Umfeld lassen sich die frühesten triadischen Vorstellungen innerhalb der biblischen Religionen feststellen, und zwar in *drei unterschiedlichen Motivreihen: In der Weisheitstradition, in der Engel- und in der Logoslehre.*

(1) Seit der Mitte des dritten Jahrhunderts v. Chr. wird die Weisheit zunehmend hypostasiert und gewinnt einen gewissen Selbststand Gott gegenüber. Zwar ist sie gänzlich von Gott herkünftig – als Geschöpf „im Anfang" (Spr 8,22.23, Sir 24,9), als hervorgegangen „aus dem Mund des Höchsten" (Sir 24,3), als „Hauch der Kraft Gottes und reiner Ausfluss der Herrlichkeit des Allherrschers" (Weish 7,25) –, aber sie übernimmt als „mediatrix Dei"[49] zwei wichtige „göttliche" Funktionen: Sie wirkt erstens als Demiurg bei der Schöpfung mit und handelt zweitens in der Heilsgeschichte Israels oder der Menschen (Spr 8,22–31; Sir 24,1–22; Weish 7,22–27; 9,2); in den beiden jüngeren Büchern – Jesus Sirach, Mitte des 2. Jhs. v. Chr., und Weisheit, Mitte des 1. Jhs. v. Chr. – wird die Weisheit schon als immanentes Prinzip des Kosmos, das diesen zuinnerst konstituiert, und im Weisheitsbuch sogar schon nach Art eines „unbewegten Bewegers" gesehen (7,24.27).

(2) Engel kennt das Alte Testament schon sehr früh; theologisch bedeutsam werden sie seit der elohistischen Quellenschicht des Pentateuch wegen ihrer Funktion, zwischen dem transzendenten Jahwe und Israel bzw. der Geschichte zu vermitteln (vgl. maleách = ángelos = „Bote"). Im Frühjudentum wird die Transzendenz Jahwes sehr stark hervorgehoben – und somit werden Engel als Vermittler immer wichtiger. Auf sie werden auch Vorstellungen aus dem religiösen Umfeld Israels übertragen; oft werden sie der göttlichen Sphäre selbst zugeordnet, heißen „Söhne Gottes" oder „Geister" und können als göttlich bezeichnet werden. Einige Engel erhalten Namen, vor allem Michael, der Schutzengel Israels, Gabriel, Raphael und Uriel.[50]

So richtete sich in bestimmten Kreisen des Frühjudentums der Blick des Frommen selten noch auf Gott allein, sondern auf

Gott *und* seinen Hofstaat.[51] Bald können unter den Engelwesen mehr und mehr zwei von ihnen – gelegentlich werden sie Michael und Gabriel genannt (z. B. Zweites [slawisches] Henochbuch 21,5; 22,8.10) – eine besondere Bedeutung gewinnen: Sie sitzen zur Rechten und zur Linken Gottes und handeln in seinem Auftrag nach außen hin; in der rabbinischen Tradition werden sie als „zwei göttliche Maße" für die Schöpfung bezeichnet. „In konkret-bildhafter Überlieferung werden daraus die beiden Hände des Schöpfers, mit denen er das Schöpfungswerk vollbringt."[52] Die beiden Engel sind „zwei große furchtbare Geheimnisse vor Gottes Angesicht" (Apk des Mose 34; 1. Jh. n. Chr.)[53]; sie sind die „Glorreichen", die Gott weder bei Tag noch bei Nacht verlassen und „vor dem Herrn vollzugsbereit stehen" (Zweites [slawisches] Henochbuch 21,1; vor 70 n. Chr.)[54]. *Philon* von Alexandrien (gest. 45–50 n. Chr.) vertieft die Engellehre philosophisch und sieht den „Vater des Weltalls" – er bezieht sich auf die Epiphanie der drei Männer vor Abraham (Gen 18) – als den Seienden in der Mitte, „auf beiden Seiten aber sind die höchsten und nächsten Kräfte des Seienden, die schöpferische und die regierende; die schöpferische heißt, ‚Gott', denn mit dieser hat er das All (ins Dasein) gesetzt und eingerichtet, die regierende ‚Herr', denn es ist billig, dass der Schöpfer über das Geschöpf herrscht und regiert"[55]. *Philon* geht auch auf das Nebeneinander von „eins" und „drei" ein und versucht, sie – wenigstens verbal – zu versöhnen: „Dass aber die dreifache Vorstellung in Wirklichkeit sich auf einen einzigen Gegenstand bezieht, ergibt sich nicht nur aus der allegorischen Betrachtung, sondern auch aus dem Wortlaut der Stelle der Schrift."[56]

(3) Der Logosbegriff erscheint erstmals bei *Heraklit* im Sinne einer unveränderlichen kosmischen Gesetzmäßigkeit, nach der aller Wandel und alle Veränderung geschieht. Von *Platon* und *Aristoteles* kamen neue Anstöße, durch die der Begriff in der hellenistischen Philosophie in vielerlei Bedeutungen genutzt wurde. In der Stoa wird der Logos dann zum Symbolbegriff für die immanente kosmische „Gottheit". Auch im Frühjudentum

wird gelegentlich vom Logos gesprochen; er wird dann meist mit der „Weisheit" gleichgesetzt[57] und kennzeichnet die demiurgische Kraft, mittels derer Gott den Kosmos und die Menschen schafft: „Gott der Väter und Herr des Erbarmens, der du das All durch dein *Wort* geschaffen und durch deine *Weisheit* den Menschen gebildet hast ..." (Weish 9,1–2).

So lag es nahe, dass auch *Philon* von Alexandrien den Logosbegriff benutzt, um „vor allem die Diastase v.[on] Gott u.[nd] Welt [zu] überbrücken" und ihn als „Schöpfungsmittler" in Anspruch zu nehmen.[58]

In der Logosspekulation des *Philon* tritt die dritte Hypostase zurück; im Vordergrund stehen *Gott und sein Logos:* „... dies Allgemeinste aber ist Gott, und nach ihm kommt die göttliche Vernunft."[59] Das eine ist „der göttliche Logos, das andere aber der dem Logos übergeordnete Gott"; Letzterer ist aller menschlichen Erkenntnis entzogen, und „Gott selbst hält es für unter seiner Würde, zur Sinnlichkeit zu kommen, und schickt seine Logoi den Tugendliebenden zu Hilfe". In der Sinnlichkeit begegnet man somit „nicht mehr Gott, sondern Gott Logos"[60]. Das Wort ist „Vermittler aller Gaben [...], durch das er auch die Welt erschuf"[61]. Das Wort ist das erste „Werk" Gottes[62], aber allen anderen Dingen vorausgehend[63].

Was nun ist im Frühjudentum mit der Gottesvorstellung geschehen? Ganz offensichtlich kam es unter dem Einfluss hellenistischen Denkens dazu, Jahwe eine Transzendenz in griechischem Sinne zuzusprechen, die ihn mit Unveränderlichkeit des Seins, mit Nicht-Handeln, Einfachheit assoziierte. Das aber bedeutete, dass er nicht mehr, wie es der jüdischen Tradition entsprochen hätte, selbst als Weltschöpfer tätig werden und Herr bzw. Lenker der Geschichte Israels und der Völker sein konnte. Zur Wahrnehmung dieser beiden mit Jahwe unlöslich verbundenen Funktionen bedurfte es nun minderer, von Jahwe abhängiger göttlicher Mittlergestalten. Anders gesagt: Die ökonomischen Aktivitäten Gottes, die demiurgische und die heilsgeschichtliche, wurden im Frühjudentum – als Folge der Hellenisierung zwangsläufig – von dem gänzlich *unveränderlichen* und *einen,* also von Veränderung und Pluralität fernzuhaltenden Gott getrennt und zu (minderen) göttlichen Hypostasen verselbstständigt, wobei dies in mythisch-narrativer (Engellehre) oder in mythisch- „philosophischer" Weise (Weisheitstradition, Logoslehre) erfolgen konnte; auch konnte die Hypostasierung jede der beiden Funktionen für sich betreffen – dann gab es *zwei* Engel, was zu einer göttlichen *Triade* führte – oder auch in einer einzigen Hypostase verankert werden – dann waren nur *eine* Weisheit oder *ein* Logos zureichend, ein *binitarisches Konzept;* im letzteren Fall lässt sich eine funktionale Doppelung *innerhalb* der zweiten Hypostase feststellen: Weisheit bzw. Logos sind demiurgisch *und* heilsgeschichtlich tätig.

Die Hypostasierung der Funktionen Gottes ermöglichte es den Diasporajuden, dem Gott *ihrer Väter, Jahwe,* also dem geschichtlich handelnden Gott, den *Gott der Griechen,* ein weltimmanentes Prinzip, hinzuzufügen, den sie mittlerweile ebenso „brauchten". Anscheinend war ihnen, die beiden Kulturkreisen zugehörten und offensichtlich deren jeweiliges Daseinsverständnis internalisiert hatten, die religiöse Antwort nur *einer* Tradition nicht mehr zureichend. Als Juden setzten sie weiterhin ihre ganze Hoffnung auf Jahwe, der die Geschichte begründete, lenkt und zu ihrem Ende führt; *als Griechen aber benötigten sie auch den Gott, der die Welt nicht nur von außen, sondern von innen, von der Mitte ihres Seins her, konstituiert.* Vorstellungen dieser Art brachten sie zunehmend in den Weisheitsbegriff ein, vor allem aber griffen sie auf den Logos, unpersönliches immanentes Prinzip dieses Kosmos, zurück.

Die Verwendung des Logosbegriffs ist hierbei nicht als spezielle theologische Leistung des *Philon* anzusehen; der *Johannesprolog,* ursprünglich ein vorchristlicher Hymnus, der in Gottesdiensten jüdisch-hellenistischer Gemeinden gebetet wurde, zeigt, dass die Vorstellung von einem Logos als immanentem demiurgischem Prinzip neben Gott weiter verbreitet war: „Im Anfang war das Wort, und das Wort war bei Gott, und Gott [göttlich] war der Logos. Dieser war im Anfang bei Gott. Alles ist durch ihn geworden, und außerhalb von ihm ist nichts geworden, was geworden ist …" (Joh 1,1–3).

Dass hierbei die Sehnsucht, auch die griechische Gottesvorstellung mit einbringen zu können, eine Rolle spielte, wird zusätzlich darin sichtbar, dass mit dem Logos vor allem seine *demiurgische* Funktion verbunden wurde. Deswegen „ist" er auch (erst) „im Anfang" (Gen 1,1); mit der Entstehung der Welt wurde die Hypostasierung ihres Grundes erforderlich. Die für die jüdische Religion wichtigere heilsgeschichtliche Aktivität war diesem Raster seiner Genese nach fremd und wurde nur sekundär eingefügt – im Johannesprolog durch seine christologischen Zusätze. Wahrscheinlich ist die begriffsgeschichtliche Dominanz des Hellenistischen der Grund, dass in diesen Fällen die geschichtliche Aktivität Gottes zwar festgehalten, aber nicht bestimmend ist und so *nicht,* anders als in der mehr „jüdischen" Engellehre, *eine eigene Hypostasierung* zu einer – neben der Demiurgie – selbstständigen Hypostase erfolgte.

Die Kollision von Einheit und Pluralität in Gott wurde wegen der absoluten Dominanz Jahwes, des Gottes schlechthin, und der hieraus resultierenden Unterordnung der zweiten bzw. der zweiten und dritten Hypostase („Subordinationismus") damals noch nicht so radikal empfunden. Sicherlich trug dazu auch das hellenistische Umfeld bei, in dem plurale Strukturierungen Gottes, der Polytheismus, selbstverständlich waren. Einen bewussten Versuch, Einheit mit Zweiheit auch theoretisch zu vermitteln, stellt die Lehre von *der zweifachen Seinsart des Logos* dar, der einmal von Ewigkeit her in Gott und mit ihm identisch ist (als *lógos endiáthetos,* als Gott immanenter Logos), zum anderen aber zum Zweck der Weltschöpfung „im Anfang" aus Gott hervortrat *(lógos proforikós)* und in dieser „selbstständigen", hypostasierten Gestalt dann zum Prinzip der Schöpfung wurde. Dieses Schema ist bei *Philon,* im vorchristlichen Teil des *Johannesprologs* und bei den frühchristlichen *Apologeten* greifbar. Berauscht von den schönen Begriffen, wurde erst viel später, theoretisch schon von *Origenes,* für die breitere Öffentlichkeit schließlich im Konflikt mit der Theologie des *Arius,* bewusst, dass der „im Anfang" hervortretende Logos zeitlich, veränderlich und kreatürlich gedacht werden müsste, sodass er auf jeden Fall ein anderer als der gottimmanente Logos ist, mit dem ihn nur die Vokabel Logos, nicht aber das jeweils damit Gemeinte, verbindet: Der *eine* Logos ist nur ein anderer Name für Gott, der *zweite* Logos ist eine aus „Gott schlechthin" herkünftige separate göttliche Entität mit zeitlichem Anfang.

3. Ende und Neuanfang

Die geschilderte Entwicklung des Gottesdenkens fand im Judentum bald ein Ende. Die Niederlage in den Kriegen gegen Rom im ersten und zweiten Jahrhundert und der Verlust vieler bisher identitätsstiftender Faktoren – Tempel, Jerusalem usf. – zwangen zu einer Neuorientierung, die in einem engen Anschluss an die palästinische Tradition und in einer Einschränkung vieler hellenistischer Einflüsse gesucht wurde. Die kulturelle „Repalästinisierung" beendete die bisherige bini- und trinitarische Entwicklung und reetablierte einen nicht durch Pluralität modifizierten Monotheismus.

Insofern das Christentum in Palästina entstand, ist es in seinen Ursprüngen den Wurzeln der jüdischen Religion wieder näher; die Predigt Jesu und das ihm nahestehende palästinische Christentum bieten keine Anknüpfungspunkte für eine Trinitätslehre. Kaum aber entstanden, vermittelte sich die neue Bewegung in die hellenistische Welt des Römischen Reiches hinein; wiederum war der ererbte Monotheismus mit griechischen Vorstellungen konfrontiert, und die schon im Frühjudentum wirksamen Motive lebten wieder auf. Als nach einigen Generationen die ethnisch jüdischen Gruppen in den christlichen Gemeinden in die Minderheit geraten waren und „Heidenchristen" die Theologie zu bestimmen anfingen, entfielen manche bisherigen Hemmungen gegenüber den Zahlen Zwei und Drei in Gott. In einer alten und großen Kirche allerdings, der syrischen, konnte die Sehnsucht nach einem (auch) kosmischen Gott nicht Fuß fassen; hier lebte noch lange ein reiner Monotheismus fort.

III. Trinitarische Anklänge im Neuen Testament?

Man darf wohl davon ausgehen, dass sich niemals eine christliche Trinitätslehre gebildet hätte, wenn es den Taufbefehl (Mt 28,19) oder die Erzählung von der Taufe Jesu (Mk 1,9–11 parr) nicht gegeben hätte. Dies gilt aber ausschließlich für die Mechanismen formaler Legitimierung, nicht für die sachlichen Kausalitäten. Diese sind *außerhalb neutestamentlicher Zusammenhänge* zu suchen und ihrerseits der Grund dafür, neutestamentliche Motive, auch die genannten, in einem trinitarischen Sinn aufzufassen – gegen ihre Intentionen; denn diese Schriftensammlung kennt keine trinitarischen Aussagen, und nur in einigen wenigen Texten lassen sich zaghafte Ansätze einer binitarischen Entwicklung erkennen.

1. Jesus und Gott

Es gibt keinerlei Hinweis darauf, dass Jesus den „Vater“, von dem er sich gesandt und zu dem er sich wohl in einem besonderen Verhältnis fühlte, anders als den monotheistischen Gott des Judentums verstanden hätte; die triadischen Vorstellungen des Frühjudentums scheinen ihm nicht bekannt gewesen zu sein. Dieser Konsens der neutestamentlichen Forschung muss hier nicht näher erläutert werden.

Dennoch aber gibt es Versuche, auch die spätere Trinitätslehre mit Jesus in Beziehung zu setzen. *Franz Josef Schierse* schreibt: „Wenn der trinitarische Glaube nicht eine Spekulation im luftleeren Raum sein soll, muss er in irgendeinem Zusammenhang mit der Glaubenserfahrung Jesu stehen.“[64] Deswegen versucht *Schierse* mit vielen anderen Exegeten und einer noch größeren Zahl von Systematikern, Verbindungen Jesu zu trinitarischen Vorstellungen aufzuzeigen.

Das aber ist schwierig, wenn nicht Exegese betrieben werden soll. Natürlich lassen sich, wenn man unbedingt will, in der Verkündigung Jesu wie in *jeder* religiösen Erfahrung gewisse triadische Strukturen plausibel machen, wenn etwa Gott als Anfang und Ende der Geschichte erscheint, wenn Jesus sich selbst eine gewisse (auch präsentische) Relevanz zuweist und auch die Perspektive auf die künftige Nachfolge kennt. Hierbei aber handelt es sich um Aspekte, die sich selbstverständlich aus der Zeitdimension humaner Erfahrungen ergeben, ohne aber einfachhin trinitarisch verdichtet werden zu können. Historisch zutreffend ist, dass Gott von Jesus Vater genannt wurde und er sich deswegen durchaus als „Sohn" in einem besonderen Sinn aufgefasst haben könnte – es fehlt ein explizites Jesuswort. Aber der immer wieder zu hörende Rekurs auf ein Sohnschaftsverhältnis, das dann später zu Recht im binitarischen Sinn ausgelegt werden könnte, ist einfach falsch, weil er in den Texten keine Stütze findet und allem widerspricht, was wir von Jesus wissen. Zumindest ging das Sohnesverhältnis im Verständnis Jesu nicht über das hinaus, was in der Tradition für ganz Israel, das als „Sohn" bezeichnet wurde, oder für seinen König in Anspruch genommen wurde: Jesus repräsentiert in der Heilsgeschichte Gott so wie ein Sohn; er sah sich also in einer besonderen Weise Gott nahe. Es ist aber historisch widerlegbar, dass es damals „ganz ungewöhnlich war, Gott einfach mit ‚Abba' anzusprechen"[65] oder als „Vater". Anreden dieser Art waren im Frühjudentum verbreitet[66], und niemand käme auf die Idee, denen, die sie verwendeten, ein göttliches Sein zuzusprechen. So verrät die Vateranrede Jesu viel über die heilsgeschichtliche Bedeutung, die er für sich in Anspruch nimmt; sie ist aber keineswegs ein Hinweis auf binitarische Vorstellungen. Ebenso wenig ist der Geist, falls Jesus selbst überhaupt von ihm gesprochen hat (vielleicht nur Mk 3,28–30: die Sünde „gegen den Heiligen Geist"), als eine eigene Hypostase aufzufassen.

So stellt sich die Frage, ob man nicht in Umkehrung des oben zitierten Satzes von *Schierse* als Resümee schlussfolgern müsste: Sind die trinitarischen Vorstellungen als Spekulationen zu betrachten, weil sie nachweisbar keinen erkennbaren Zusammenhang zur Predigt Jesu haben?

2. Die nachjesuanische neutestamentliche Überlieferung

a) Die palästinisch-christliche und die diasporajudenchristliche Tradition

Alle Schriften des Neuen Testaments sind von Diasporajudenchristen – wahrscheinlich ist auch Lukas zu ihnen zu zählen – verfasst worden. Dies war ein Glücksfall für die spätere Inkulturation des Christentums im Römischen Reich, weil diese Schriften eine Brücke von seinen „fremdartigen" palästinischen Anfängen zu seinem neuen Adressaten, der hellenistischen Kultur, bildeten.

Soweit sich Vorstellungen der Jesus noch nahestehenden palästinischen judenchristlichen Gruppen, zu denen auch seine Jünger zu zählen sind, im Neuen Testament erkennen lassen, ähneln sie in unserer Frage denen Jesu: Gott ist der monotheistische Jahwe Israels, es gibt keinen Hinweis auf bini- oder trinitarisches Verstehen.

Bald aber konnten sich griechische Sprache und Deuteraster in den Gemeinden verbreiten. Dennoch aber kam es noch nicht zu erkennbaren Umbrüchen im Gottesdenken; fast alle Texte des Neuen Testaments sind ganz vom jüdischen Monotheismus geprägt, der allerdings schon – ohne selbst korrigiert zu werden – mit Eigenschaften verbunden wird, die der griechischen Tradition entnommen sind: Gott erscheint zunehmend als allmächtig, all-wissend, unveränderlich, als höchstes Sein usf.

In der Christologie wird Jesus zwar schon mit Hoheitstiteln wie „Kyrios" (= Herr), in der griechischen Übersetzung des Alten Testaments ein Titel Jahwes, und „Sohn Gottes" belegt, wodurch er sicher in die Nähe Gottes gerückt werden sollte. Dennoch aber werden diese Symbolbegriffe noch keineswegs im

Sinne einer seinshaften „Qualität“ Jesu aufgefasst, sondern als Umschreibungen seiner heilsgeschichtlichen Rolle: Wie zuvor Israel oder auch seine Könige ist Jesus „Sohn Gottes“, d. h. er vertritt ihn durch sein geschichtliches Handeln. Der Geist (Gottes) spielt in den palästinisch-christlichen Überlieferungsschichten keine nennenswerte Rolle; erst in den späteren diasporajudenchristlich geprägten Texten handelt Jesus – allerdings selten – geisterfüllt, ohne dass aber dabei der Geist mehr ist als eine Dynamis Gottes selbst.

Die Theologien der synoptischen Evangelien, die immerhin einen Hauptstrom der christlichen Theologiegeschichte bis in die Neunzigerjahre des ersten Jahrhunderts repräsentieren, kennen keinerlei seinshafte Göttlichkeit Jesu und somit auch keine Notwendigkeit einer binitarischen Strukturierung Gottes, ebenso wenig einen göttlichen Geist, den sie von „Gott schlechthin“ unterscheiden müssten. *Joachim Gnilka* z. B. umschreibt in einem Exkurs zur „Jungfrauengeburt“ einen breiten Konsens der Bibelwissenschaft: „Jesu menschliches Sein aus dem Geist und der Jungfrau, wie es in den Vorgeschichten des Mt und Lk erkannt ist, setzt noch nicht seine Präexistenz und Menschwerdung voraus. Zumindest ist beides nicht in den synoptischen Evangelien greifbar. In diese Richtung verlief die christologische Entfaltung im (vor-)paulinischen und (vor-)johanneischen Bereich. [...] Erst später werden beide Entwicklungsphasen, Menschwerdung und Jungfrauengeburt, vereinigt.“[67]

Damit ist ebenfalls schon Grundsätzliches zur Interpretation des Taufbefehls bei Matthäus und zu der Erzählung von der Taufe Jesu bei den Synoptikern festgestellt: Auch sie können nicht im Sinne einer Trinitätskonzeption aufgefasst werden. Der Erfolg der christlichen Mission hatte viel mit einer eindeutigen monotheistischen Verkündigung zu tun: „Dabei profitierte die vor allem von jüdischstämmigen Christen getragene Mission unter Heiden von der Attraktivität des biblisch-jüdischen Monotheismus. [...] Die im ‚Sch’ma Jisrael‘ bekannte Einzigkeit Gottes war die fraglose Voraussetzung der christlichen Mission“[68], deren „Inhalte“ sich im Neuen Testament niedergeschlagen haben.

b) Anfänge einer hellenistischen Christologie[69]

Nur in einer Hinsicht kann von einer – zwar nicht trinitarischen, wohl aber – binitarischen Tendenz im Neuen Testament gesprochen werden: In Textstücken, in denen hellenistisches Denken die christologische Rezeption zu prägen beginnt, lässt sich die Zielrichtung erkennen, von Jesus eine seinshafte Göttlichkeit auszusagen; wie in dem vorstehenden Zitat von *Gnilka* ausgesagt, sind Anklänge dieser Art in den paulinischen und johanneischen Schriften sowie in von ihnen benutzten Traditionen zu finden. Zwar ist auch in ihnen, wie z. B. im vorpaulinischen Philipperhymnus (Phil 2,6–11) oder in den vorjohanneischen Teilen des Johannesprologs (Joh 1,1–14), jüdisch-geschichtliches Denken noch prägend, insofern z. B. im Philipperhymnus die Erhöhung Jesu zu Gott Folge seines Kreuzesgehorsams und nicht einfachhin die selbstverständliche Inanspruchnahme seines durch sein göttliches Sein gegebenen Rechtes ist. Dennoch aber erscheint in dieser keineswegs spannungsfreien Passage Jesus *auch* als aus der göttlichen Sphäre herabgestiegen, im Johannesprolog gar als inkarnierter Logos. Es kommen ihm göttliches Sein und somit eine vorgeburtliche Existenz zu.

Diese Inkarnationschristologie (Jesus ist inkarnierter Gott) ist im Neuen Testament also noch verbunden mit einer Erhöhungschristologie (Jesus wird aufgrund seines geschichtlichen Handelns in göttliche Würde eingesetzt), obwohl sich beide der Sache nach ja widersprechen und nicht miteinander vereinbar sind: In dem einen Fall ist Christus schon immer Gott, im anderen wird er zu dieser Würde erst nach seinem Tod erhöht, ohne natürlich – Gott kann man nicht *werden* – dann wirklich Gott zu *sein*. Ganz durchgängig sind beide Christologien z. B. im Hebräerbrief nebeneinander geordnet, ohne miteinander vermittelt zu werden.

Diese Inkonsequenz zeigt, als wie neuartig und fremd die hellenistische Inkarnationschristologie bzw. eine Christologie, die Jesus tendenziell eine zweite, göttliche Natur zuspricht, zunächst noch empfunden wurde; man hielt es wohl für unverzichtbar, sie noch mit den älteren Erhöhungsvorstellungen zu kombinieren. Immerhin aber kündigt sich in diesen Texten ein neues christologisches Verstehen an, das auch Folgen für die Gottesvorstellung haben sollte: Wenn Jesus in einer präexistenten Form schon immer der göttlichen Sphäre zugehörte, dann musste er in Gott neben dem Vater einen Platz bekommen, also von ihm gedanklich unterschieden werden. Gott wird zweifach strukturiert: Es gibt den Gott schlechthin, den Vater, aber auch Jesus ist „Gott“ – wobei z. B. in den Paulusbriefen oder im Johannesprolog der Erstere „ho theós“, *der* Gott, Jesus aber „theós“ (ohne bestimmten Artikel) im prädikativen Sinne von „göttlich“ ist.

Nur wo sich im Neuen Testament diese Art von Christologie findet, die für die hellenistische soteriologische Jesusrezeption unverzichtbar war und sich in den folgenden Jahrhunderten durchsetzen konnte, kann von Anklängen an eine binitarische Entwicklung gesprochen werden; weil aber der Geist innerhalb des göttlichen Bereichs nicht als eigene Hypostase ausgegliedert wurde, fehlt eine biblische Stütze für eine noch weitergehende trinitarische Struktur.

c) Triadische Formeln im Neuen Testament

Obwohl das Neue Testament keine trinitarischen Vorstellungen kennt, überliefert es dennoch an einigen Stellen triadische Zusammenstellungen von Vater, Sohn bzw. *Jesus* Christus und Geist; sobald in der nachneutestamentlichen Theologiegeschichte die Weichen zugunsten einer trinitarischen Entwicklung gestellt waren, wurden diese Stellen dann als biblische Belege für die neue Gottesauffassung angesehen und – trotz besseren exegetischen Wissens oft auch heute noch – benutzt.

In den echten *Paulusbriefen* gibt es drei Stellen, von denen eine (Gal 4,4–7)[70] in komprimierter Form den christlichen Glauben zusammenfasst, die beiden anderen (1 Kor 12,1–8; 2 Kor 13,13) der rhetorischen Bekräftigung eines Gedankengangs (Einheitsgedanken in 1 Kor 12,4–8)[71] oder eines Grußes (2 Kor 13,13)[72] dienen; triadische Formeln dieser Art waren damals ein beliebtes rhetorisches Mittel, wie z. B. 1 Joh 5,7–8 zeigen kann: „Drei sind es, die Zeugnis ablegen: der Geist, das Wasser und das Blut; und diese drei sind eins."

Die paulinischen Stellen zeigen zwar, dass zum einen die Nennung des einen Gottes, Jesu Christi und des (heiligen) Geistes zum Kern der Verkündigung gehört und zum anderen der zur jüdischen Tradition gehörende Geist Gottes jetzt zugleich der Geist Jesu ist, der in uns „Abba, Vater" ruft (Gal 4,6). Keine der genannten Stellen aber legt eine trinitarische Auffassung Gottes – auch nicht ansatzweise – nahe; sowohl die Sohnschaft oder das Herrsein Jesu wie auch die Funktion des Geistes sind heilsgeschichtlich umschrieben, beide sind nicht einmal von Ferne als seinshafte innergöttliche Hypostasen gedacht. Von daher wird verstehbar, dass die sehr viel später abgefassten *Deuteropaulinen* diese „Dreiheiten" nicht aufgreifen oder gar vertiefen. Sie überliefern nur eine einzige triadische Stelle, in der die dritte Position aber nicht vom Geist, sondern – wie in der frühjüdischen Tradition – von Engeln eingenommen wird (1 Tim 5,21): „Ich beschwöre dich bei Gott, bei Jesus Christus und bei den auserwählten Engeln …"

In einem ähnlichen Sinn wie Gal 4,4–7 bietet die Petrusrede in der Fassung der Apostelgeschichte (2,32–36)[73] eine knappe Zusammenfassung der Essentials christlichen Glaubens in drei Schritten, wobei die Christologie ganz eindeutig eine Erhöhungschristologie ist und der Geist als eine Kraft Gottes selbst erscheint – auch hier also keine triadische Gottesauffassung. Ähnliches gilt auch von der Grußformel im *ersten Petrusbrief* (1,2).[74]

So bleiben noch die beiden wirkungsgeschichtlich wichtigsten Stellen, der Taufbefehl am Ende des Matthäusevangeliums und die synoptische Erzählung von der Taufe Jesu im Jordan.

Schon vorher wurde darauf hingewiesen, dass die synoptische Tradition weder die Vorstellung einer seinshaften Göttlichkeit Jesu noch eine eigene Geisthypostase kennt und somit keinen Hinweis auf trinitarische Vorstellungen bietet.

Wie aber ist dann der Taufbefehl, Mt 28,19, zu verstehen? Er lautet: „Darum geht zu allen Völkern und macht alle Menschen zu meinen Jüngern; tauft sie auf den Namen des Vaters und des Sohnes und des Heiligen Geistes ..." Diese triadische Reihung ist auffällig, weil in anderen neutestamentlichen Verweisen auf die Taufe nur von einer Taufe „auf den Namen Jesu Christi" (Apg 2,38; 10,48) oder „auf den Namen Jesu, des Herrn" (Apg 8,17; 19,5) die Rede ist (vgl. auch 1 Kor 1,13.15). Die Taufformel hatte sich also mittlerweile, bis zum Matthäusevangelium hin, „triadisch" modifiziert.

Der Übergang aber von der Taufe auf den Namen Jesu zu einer triadischen Formel ist durchaus erklärbar: Solange das junge Christentum vorwiegend jüdische Glaubensgenossen in Palästina und in der Diaspora missionierte, war der Übertritt eines Juden zum Christentum *sprachlich hinreichend* dokumentiert, wenn er sich „auf den Namen Jesu" taufen ließ. Wenn sich aber „Heiden" dem Christentum anschließen wollten, war diese Formel *nicht mehr zureichend;* sie mussten ihren ererbten Polytheismus aufgeben und sich zu dem *einen Vater* bekennen; der Übertritt zum Christentum schloss die Anerkennung Jesu, des Sohnes, ein; ebenso konnten sie ihre bisherigen Lebenspraktiken nicht fortführen und sollten Jesus nachfolgen, also entsprechend seinem *Geist* leben. Mit anderen Worten: Die Taufformel am Ende des Matthäusevangeliums spiegelt die Situation der Heidenrnission wider und fasst kurz die drei zentralen Veränderungen zusammen, die für das Christwerden in diesem Umfeld kennzeichnend waren und deren Vermittlung wohl auch die wesentlichen Ziele der Taufkatechese darstellten: „Die trinitarische Taufformel lässt sich also sehr gut als Zusammenfassung der Taufkatechese begreifen."[75]

Ähnliches gilt auch für die einzige narrative Passage, in der Vater, Sohn und Geist vorkommen, *die Taufe Jesu,* Mk 1,9–11 (parr): „In jenen Tagen kam Jesus aus Nazaret in Galiläa und ließ sich von Johannes im Jordan taufen. Und als er aus dem Wasser stieg, sah er, dass der Himmel sich öffnete und der Geist wie eine Taube auf ihn herabkam. Und eine Stimme aus dem Himmel sprach: *Du bist mein geliebter Sohn, an dir habe ich Gefallen gefunden."*

Die Taufe Jesu durch Johannes ist sicher als ein historisches Datum aufzufassen, gerade weil die Überlieferung, dass Jesus ein Jünger oder Schüler des Täufers war, gar nicht in die spätere Christologie hineinpasste; und so zeichnen uns die Evangelien – je jünger eine Schicht ist, umso deutlicher – das Verhältnis des Täufers zu Jesus in einem umgekehrten Sinn: Er ist Vorläufer, nicht würdig, ihm die Schuhriemen zu lösen usf. (Lediglich das Wort Jesu vom Täufer als dem bedeutendsten Menschen [Mt 11,11] lässt noch die ursprünglichen Zusammenhänge erahnen).

Die Taufe Jesu wird im Markusevangelium in der genannten christologischen Tendenz zugleich mit einer theologischen Korrektur und einem Bekenntnis überliefert: Die Himmelsstimme und der Geist inthronisieren Jesus mit der Adoptionsformel (V. 11 b) als den Messias (womit die Stufe einer Johannestaufe weit überstiegen wird), und zugleich fassen sie in narrativer Form zusammen, worum es in der späteren *christlichen* Taufe geht: um die Annahme jedes Getauften durch Gott[76] und seinen Geist, was exemplarisch in Jesus vorweggenommen ist.

Mehr darf nicht in die Tauferzählung hineingelesen werden: „Gott ist Einer. Das monotheistische Glaubensbekenntnis ist im Markusevangelium fest verankert"[77], und Ähnliches gilt auch für das Matthäus-[78] und das Lukasevangelium[79]. „So erweist sich der Gottesgedanke in der Jesusüberlieferung in den Aspekten, die wir betrachtet haben, als ein vom biblisch-jüdischen Gottesbild geprägter."[80] Das Johannesevangelium aber kennt keine triadischen Formeln, „wohl aber einige Texte mit entsprechender Struktur. […] Denn wie man im johanneischen Sinn von Gott nicht reden kann, ohne von seinem Sohn, Jesus von Nazaret, zu sprechen (vgl. 1,18), so auch nicht vom Geist Gottes …"[81] Bei Sätzen dieser Art besteht allerdings die Gefahr, die Texte von einer späteren Entwicklung her zu lesen; auch das Johannesevangelium bietet keine trinitarischen Hinweise.

Kurz: Triadische Reihungen finden sich im Neuen Testament zwar nur relativ selten. Sie sind in keiner Weise Hinweise auf eine trinitarische Differenzierung in Gott selbst; vielmehr fassen sie die drei Kernelemente des christlichen Glaubens – der *eine* Gott, Jesus Christus, ein Leben aus dem Geist – in komprimierter Form oder auch im Sinne rhetorischer Bekräftigung zusammen. Sie wurden aber in der späteren Entwicklung aufgegriffen und als biblische Belege verstanden, sobald sich trinitarisches Denken zu entfalten begann.

Nun ist es durchaus verständlich, dass in der Theologie immer wieder nach neutestamentlichen Ansatzpunkten für triadisches Reden oder sogar für eine immanente Trinitätslehre gesucht wird. *Hans Urs von Balthasar* meint: „Einen andern Zugang zum trinitarischen Mysterium als dessen Offenbarung in Jesus Christus und im Heiligen Geist gibt es aber nicht, und keine Aussage über die immanente Trinität darf sich von der Basis der neutestamentlichen auch nur einen Fußbreit entfernen …"[82] Normative Thesen dieser Art sind aber nur möglich, solange das Neue Testament nicht historisch-kritisch, also – annäherungsweise – so, wie es gemeint ist, gelesen wird.

Mittlerweile wird aber von vielen, auch systematischen Theologen deutlicher realisiert, dass man „mittels einer Exegese von neutestamentlichen Einzeltexten"[83] bei dem Versuch, die Trinitätslehre biblisch zu begründen, nicht weiterkommt. Um aber doch nicht auf eine solche Fundierung verzichten zu müssen, sucht man nach Auswegen. So schreibt *Gisbert Greshake:* „Wohl aber soll mit Nachdruck auf die neutestamentliche ‚Basiserfahrung' hingewiesen werden: In der Mitte der christlichen Urerfahrung steht die Einsicht, dass Jesus von Nazaret aus eigener Vollmacht und Kompetenz dem Menschen Gott schenkt, dass – anders gesagt – durch ihn als den Sohn und im Heiligen Geist Gott der Vater auf die Menschheit zugegangen ist und sich selbst ihr ganz ‚mitgeteilt' hat."[84]

Ob hier die christliche „Urerfahrung" zutreffend wiedergegeben ist und ob man bei einer Textsammlung wie dem Neuen Testament von den „Einzeltexten" – daraus besteht es nun einmal – absehen kann, soll dahingestellt bleiben. Aber selbst, wenn es diese Urerfahrung so gab, wie soll mit ihr eine *immanente* Trinität gerechtfertigt werden? Auch hierfür hat *Greshake* einen Lösungsvorschlag: „Jesus Christus und der Heilige Geist sind nicht von Gott verschiedene ‚Medien', durch die zwar Gott handelt, selbst aber dahinter als verborgener, unzugänglicher Abgrund entzogen bleibt, vielmehr sind die ‚Vermittlungsgestalten', in denen Gott auf die Menschen zugeht, selbst *Gott.* [...] Wenn nun die ‚Medien' dieser Selbstgabe Gottes göttlich sind, so muss Gott selbst durch innere Differenzierungen charakterisiert sein ..." Deswegen sei er *„in sich selbst* ‚schenkende Kommunikation' – *Trinität*"[85]. Mit einer Exegese dieser Art lässt sich natürlich alles biblisch begründen, auch die immanente Trinität. Bleibt man aber bei den Texten – und auch bei einer ihnen zugrunde liegenden Erfahrung –, muss auf Verbalismen dieser Art verzichtet werden.

IV. Die Entstehung einer christlichen Binitäts- bzw. Trinitätslehre vom zweiten bis zur Wende zum vierten Jahrhundert

1. Zur theologiegeschichtlichen Situation

a) Zwei neue Aktivitätsbereiche Gottes

Die christliche Trinitätslehre ist, in ihrer ältesten Version, erst in nachneutestamentlicher Zeit, im zweiten und frühen dritten Jahrhundert, entstanden. Sie ist dadurch gekennzeichnet, dass sie, wie schon im hellenisierten Frühjudentum, die *beiden großen Aktivitätsbereiche Gottes „nach außen"*, die Weltschöpfung (Demiurgie) und sein Heilshandeln in der Geschichte (Ökonomie im engeren Sinn, weiter gefasst wird auch die Schöpfung in den Begriff einbezogen), *als eigene göttliche Hypostasen aussondert.*

Allerdings brachte die „neue Religion", das Christentum, *zwei weitere Aktivitätsbereiche Gottes* oder besser: geschichtliche Konkretionen ein, die sich aus dem spezifischen Unterschied zur jüdischen Mutterreligion ergaben. Schon in der jüdischen. Religion lässt sich das Handeln Gottes in der Geschichte exemplarisch an seiner Herrschaft über Israel ablesen; im Christentum werden darüber hinaus weitere „Spezifikationen" wichtig: (vor allem) das Handeln Gottes *in Jesus* und (auch) *in der Kirche.* Die griechische Interpretation dieses ökonomischen Handelns Gottes (vorbereitend) in Israel und (endgültig) in Jesus sowie – durch seinen Geist – in der Kirche musste die Tendenzen zu ihrer Hypostasierung befördern. Vor allem die Christologie und dann auch die „Ekklesiologie" gaben der ökonomischen Bini- und Trinitätslehre einen kräftigen Impuls bzw. machten sie theologiegeschichtlich unvermeidlich: Die Heilsfunktion Jesu wird in den göttlichen Bereich hinein hypostasiert bzw. umgekehrt, in Jesus ist eine göttliche Hypostase erschienen. Hierbei wurde die Inkarnation von Anfang an immer eng verbunden mit dem demiurgischen Tun, sodass schon in den wenigen Passagen des Neuen Testaments, die stärker hellenistisch geprägt sind, Jesus in seiner präexistenten Seinsweise auch Prinzip der Schöpfung war (vgl. Johannesprolog oder Kol 1,16–17).

Unsicherheit bestand noch längere Zeit über die Etablierung einer – neben Gott und dem Logos – dritten Hypostase. Wie im Frühjudentum demiurgische und heilsgeschichtliche Funktionen oft Sache *einer* Hypostase waren (dann gab es – binitarisch – „Gott und die Weisheit" bzw. „Gott und seinen Logos"), so auch im frühen Christentum. Oft ist es deshalb der Logos selbst, der durch die Väter gesprochen hat, in Jesus inkarniert ist (vgl. Hebräerbrief) *und* als präsentisch wirkender Christus bzw. dessen Geist (ohne erkennbare hypostatische Unterscheidung) seine Jünger heiligt; dann genügte es, Gott binitarisch zu denken, und dies ist auch immer wieder bis zum vierten Jahrhundert so geschehen, als der Geist endgültig als eigene Hypostase festgeschrieben wurde. Gelegentlich aber findet sich auch – wenn auch nur wenig betont – eine Hypostasierung der ökonomisch-ekklesiologischen Funktion speziell im Heiligen Geist; dann wurde *er* als der angesehen, der schon durch die Väter gesprochen hat, die Inkarnation des Logos bewirkte und jetzt die Kirche leitet und heiligt. Neben der Hypostase des Logos wurde dann die des von ihm zu unterscheidenden Geistes erforderlich.

Die Gründe für die Entstehung einer christlichen Trinitätslehre seit dem zweiten Jahrhundert sind also *einerseits* identisch mit denen, die zur Ausbildung triadischer Vorstellungen im Frühjudentum führten: Der Synkretismus zweier kulturbedingter Religionen machte es nötig, beide Gottesvorstellungen – den „geschichtlich-transzendenten" Gott Jahwe bzw. Vater Jesu und den „immanent-transzendenten" Gott der hellenistischen Religionsformen – nebeneinander zu haben und miteinander zu verbinden; *eine* Variante allein genügte nicht: Die sich als Christen in die monotheistische Tradition stellenden Hellenisten

„brauchten" auch noch ihr tief internalisiertes monistisches kosmisches Prinzip. Und je später umso mehr entfielen die Hemmungen gegenüber der Zahl „Zwei" (oder „Drei") in Gott, je stärker die Gemeinden von hellenistischen Majoritäten geprägt waren.

Über die frühjüdischen Motive hinaus kennt aber die Trinitätslehre auch eine *spezifisch christliche Wurzel,* nämlich die *Christologie* und *Ekklesiologie.* Diese hätten zwar in ihren ältesten Varianten judenchristlicher Art, in denen Jesus – vereinfacht – als eschatologischer Mensch betrachtet wurde, keineswegs eine Korrektur am Monotheismus nötig gemacht. Aber die in zaghaften Ansätzen schon im Neuen Testament sich ankündigende hellenistische Christologie, derzufolge Jesus der inkarnierte präexistente Logos Gottes ist, machte die Aussonderung einer zweiten Hypostase aus Gott beinahe zwangsläufig. Dies trifft nicht in gleicher Weise für die Hypostasierung des Geistes zu; betrachtet man den Gang der Diskussionen vom zweiten bis zum vierten Jahrhundert, so scheint der Geist schließlich mehr pflichtgemäß, aus Treue zu den – mittlerweile als Reihung göttlicher Hypostasen aufgefassten – triadischen Formeln im Neuen Testament, vor allem zur Taufformel, mit einbezogen worden zu sein.

b) Die wichtigsten kulturellen Prägungen der Christengemeinden

Im Verlauf des zweiten Jahrhunderts verbreitete sich das Christentum, zunächst meist ausgehend von den Synagogengemeinden, in den Städten rund um das Mittelmeer. Hierbei stellten *judenchristliche* Mitglieder den Kern der Gemeinden dar, aber die nichtjüdischen Christen nahmen an Zahl und somit auch an Prägekraft für die Theologie immer mehr zu. Das *palästinische Christentum* wurde durch die kriegerischen Auseinandersetzungen der Juden mit dem Römischen Staat im ersten (Zerstörung Jerusalems im Jahre 70) und zweiten Jahrhundert (Bar-

Kochba-Aufstände um 135) sehr geschwächt, viele zur Emigration nach Syrien gezwungen, von den hellenistischen Christen zunehmend als häretisch empfunden und um die Mitte des 2. Jhs. aus der Kirche verdrängt (Auseinandersetzungen mit den „Ebioniten", die – im Sinne der christologischen Anfänge – Jesus als „bloßen Menschen" auffassten). Einen größeren Einfluss konnten noch eine Zeit lang die *Diasporajudenchristen* behaupten, aber auch sie wurden seit der zweiten Hälfte des zweiten Jahrhunderts minoritär; seitdem wurde ihre Theologie vorwiegend noch literarisch, durch das Neue Testament, repräsentiert, und nicht mehr durch dynamische Gemeinden.

Hellenistische soteriologische Motive, über die ja schon einiges gesagt wurde, prägten in der Folge immer mehr das Denken. Innerhalb der hellenistischen Anteile an der sich verbreitenden Kirche gab es aber *zwei regionale Varianten,* in denen eigene Vorstellungen und Raster eine Rolle spielten: Schon früh war ja das Christentum in *Syrien* verbreitet, dessen westlicher Teil zwar hellenisiert war, aber dennoch die heimatliche semitische Denkweise weiterpflegte, und gegen Ende des zweiten Jahrhunderts beginnt sich zaghaft, zunächst in Nordafrika, auch eine *lateinische Theologie* zu etablieren.

So ist die Theologiegeschichte des zweiten Jahrhunderts keineswegs einheitlich und kann auch nicht auf eine Weise dargestellt werden, als ob nur *eine* Entwicklungslinie von Bedeutung wäre. Vielmehr gibt es unterschiedliche Gemeinden, Mentalitäten und Theologien. In ihnen sind die Vorstellungen über Gott recht unterschiedlich, wenn auch, wegen der Dominanz des hellenistischen Denkens im Großraum des Reiches, die *aus ihm* erwachsenden christlichen Entwürfe, eben die trinitarischen, siegreich blieben.

2. Die zentralen Varianten des Gottdenkens bis gegen Ende des zweiten Jahrhunderts in judenchristlichen Traditionen

a) Das Bekenntnis zum monotheistischen Gott nach jüdischer Art

Die unter dem Begriff der „Apostolischen Väter" zusammengefasste, aber in ihren Gattungen, in der zeitlichen Entstehung und in den Zielsetzungen sehr disparate Literatur dokumentiert, bis auf die Briefe des *Ignatius* von Antiochien († 117) und den zweiten Klemensbrief (vor 150), eine judenchristliche Christologie: Jesus ist, wie es im in den Sechziger- oder Siebzigerjahren des zweiten Jahrhunderts verfassten *Martyrium des Polykarp*[86] und in der um 110–120 redigierten, im Material oft älteren, *Didache*[87] heißt, „Knecht Gottes". Dieser christologische Titel bezieht sich zurück auf die Gottesknechtlieder des uns namentlich nicht bekannten Exilspropheten (6. Jh. v. Chr.), dessen Sprüche dem Jesajabuch beigefügt sind. Er ist also gänzlich judenchristlich-heilsgeschichtlich zu verstehen, obwohl ansonsten durchaus schon zahlreiche hellenistische Motive aufgegriffen sind.[88] Das bedeutet aber, dass es keinerlei Grund gibt, in Gott eine zweite Hypostase, eine göttliche Seinsweise, die später in Jesus inkarniert wäre, zu unterscheiden. Und so sind die wenigen triadischen Formeln[89], wie im Neuen Testament, nicht als Hinweise auf trinitarisches Denken zu verstehen.

Auch die Christologie des *Ersten Klemensbriefs*, eines im Auftrag der römischen Gemeinde um 97 an die Gemeinde in Korinth gerichteten Schreibens, bewegt sich in mehr judenchristlichen Bahnen: Es gibt Gott, den Schöpfer des Alls, und „seinen geliebten Knecht Jesus Christus, unseren Herrn"[90]. An anderer Stelle wird er – wiederum aus der jüdischen Tradition – „Hoherpriester unserer Opfergaben" genannt[91], aber auch – wohl mehr hellenistisch – Spiegel des Antlitzes Gottes und Vermittler der Gnosis.[92] Jedenfalls deutet nichts darauf hin, ihm eine präexistente Hypostase zusprechen zu müssen. Zweimal referiert der Brief triadische Formeln[93], die aber keineswegs, wie *J. A. Fischer* meint, eine „Trinität“ bilden[94], sondern nicht über das hinausgehen, was auch das Neue Testament schon bietet.

b) Das Fortleben der frühjüdischen Engellehre

Auch die frühjüdische Engellehre wurde – zunächst wohl in Kreisen des hellenistischen Judenchristentums, später auch darüber hinaus – weitergegeben und beeinflusste wohl die Ausbildung einer christlichen Trinitätslehre. Neu ist jetzt die Gleichsetzung eines der beiden Engel mit Jesus Christus und des anderen mit dem Heiligen Geist.

In der *Himmelfahrt des Jesaja,* einer Apokalypse, die aus verschiedenen (vorchristlich-jüdischen und christlichen) Teilen frühestens im zweiten Jahrhundert zusammengefügt wurde, werden der „Herr der Herrlichkeit“, der „andere Herrliche“ sowie – als dritter – „der Engel des Heiligen Geistes“ angebetet; es kommt ihnen also Göttlichkeit zu. Jesus Christus und der Geist sind aber dennoch „Gott schlechthin“ untergeordnet: „Und ich sah, wie mein Herr anbetete und der Engel des Heiligen Geistes und wie beide zusammen Gott priesen.“[95]

Ebenso wird in christlichen Interpolationen im wahrscheinlich im zweiten Jahrhundert v. Chr. zusammengestellten *Äthiopischen Henochbuch* neben dem Hochbetagten, Gott, „ein anderer, dessen Gestalt wie das Aussehen eines Menschen [war], und sein Angesicht voller Güte wie [das] von einem heiligen Engel“, in einer Vision gesehen[96]; nach dem Zusammenhang ist Jesus gemeint. Von einem „Geist“ ist nicht die Rede, es sei denn an einer späteren (aber sehr unspezifischen) Stelle, die vom Menschensohn sagt: „Und in ihm wohnt der Geist der Weisheit und der Geist, der Einsicht vermittelt, und der Geist der Lehre und Kraft und der Geist derer, die in Gerechtigkeit entschlafen sind.“[97] Eine christliche Einfügung in der um 100 v. Chr. verfassten *Apokalypse des Elchasai* spricht von zwei riesenhaften Engeln, einen mit männlicher und einen mit weiblicher Gestalt; „die männliche sei der Sohn Gottes, die weibliche werde als Heiliger Geist bezeichnet."[98]

Die um 150 in Rom entstandene christliche Apokalypse *Hirt des Hermas* spricht von einem „herrlichen Mann", dem „Sohn Gottes", und lässt neben ihm weitere „sechs [...] herrliche Engel"[99] stehen, die ihm aber untergeordnet und nicht als Zusammenfassung einer dritten Engelshypostase zu verstehen sind. Vorstellungen dieser Art, die aus dem Frühjudentum überkommen waren, müssen weit verbreitet gewesen sein. Jedenfalls erinnern noch die späteren alexandrinischen Theologen *Klemens* und *Origenes* von Alexandrien an diese Tradition. *Klemens* († vor 215) bezeichnet den Logos als Engel, der in Jesus inkarniert sei[100], und *Origenes* († um 250) deutet die beiden Kerubim auf der Bundeslade als Wort Gottes und Geist.[101]

In der judenchristlich beeinflussten Theologie ist im zweiten Jahrhundert also entweder keinerlei trinitarisches Denken oder erst eine sehr spärliche Verwendung der bini- oder trinitarischen mythologischen Engelmotive, jetzt christianisiert, festzustellen. Diese Traditionen hätten durchaus auch noch eine ganz andere Entwicklung nehmen können. Der eigentliche Durchbruch zu einer Bini- oder Trinitätslehre erfolgte erst in den vorwiegend hellenistisch geprägten Vorstellungen, wie sie z. B. bei frühchristlichen Apologeten und in der Gnosis beherrschend waren.

3. Hellenistisch-christliche Traditionen

a) Das Bekenntnis zu Jesus als „Gott"

Im hellenistisch geprägten Christentum wird Jesus Christus – im Anschluss an neutestamentliche Anstöße – als inkarnierter Logos bekannt. *Ignatius* von Antiochien († zwischen 109 und 117), dessen Briefsammlung allerdings von Otto Zwierlein mit guten Gründen auf eine Zeit nach 170 datiert wird[102], was auch manches an seiner Christologie und Gottesauffassung besser erklären würde, nennt ihn „Gott in Menschengestalt"[103] oder

„unser Gott, Jesus, der Christus"[104]. Deswegen ist anzunehmen, dass er – wenn er dies auch nicht ausdrücklich schreibt – an den wenigen Stellen, in denen er Gott, Christus und Geist triadisch aneinanderreiht[105], wenigstens latent binitarische Vorstellungen hatte. Ähnlich lassen sich im *Zweiten Klemensbrief*, einem wahrscheinlich zwischen 130 und 150 verfassten Schreiben, aus einigen Hinweisen „etwa folgende Vorstellungen herausschälen: Jesus Christus war Geist, er wurde Fleisch. [...] Was er [der Klemensbrief, Verf.] bietet, ist sozusagen kirchliches Normalmaß."[106] Aus diesen wenigen Texten lässt sich also nur entnehmen, dass das Gottsein Jesu Christi ausgesagt wird. Die Folgen dieser Auffassung für die Gottesvorstellungen wurden nicht gezogen. Dies aber geschieht bei einer Reihe von gebildeteren hellenistischen Christen, die in ihren Schriften das Christentum gegen Vorwürfe von heidnischer Seite verteidigen wollten, bei den „Apologeten" (*Apologia* = „Verteidigung").

b) Die Ausbildung einer Binitätslehre durch die Apologeten

Für die Apologeten ist Jesus „Gott" bzw. „Sohn des höchsten Gottes"[107], für dessen Bezeichnung sich bald der Logostitel aus dem Johannesprolog (Joh 1) durchsetzte. So musste bald auch bewusst reflektiert werden, dass man – wenn man von „Gott" redete – es mit „Gott *und seinem Logos*" zu tun hatte. Für diese Gottesvorstellung aber gab es ein literarisches Vorbild, den jüdischen Theologen und Zeitgenossen Jesu, *Philon* von Alexandrien.[108] Auf dessen Ausführungen greift deswegen *Justin* († um 165), der bedeutendste der Apologeten, zurück. Er ist von einem volkstümlichen Mittelplatonismus und der Stoa geprägt, verfasste acht Schriften, von denen drei (zwei Apologien und ein Dialog mit einem Juden namens Tryphon) erhalten sind.

Jesus ist für ihn der inkarnierte Logos, und dieser ist „Gott". Damit aber ist es für *Justin* klar – und auch eindeutige Lehre der Heiligen Schrift (des Alten Testaments)[109] –, dass bei Gott eine

„Mehrzahl“ ist[110]; denn der Logos ist von Gott gezeugt, „und es ist der Erzeugte der Zahl nach ein anderer als der Erzeuger“[111].

Wie *Philon* bezieht sich auch *Justin* auf die alttestamentliche Erzählung vom Besuch Gottes bei Abraham.[112] Abraham „blickte auf und sah vor sich drei Männer stehen“[113], von denen zwei – gemäß dem folgenden Kapitel Gen 19 – Engel sind. Seltsamerweise redet *Justin* aber in seinen Erklärungen nur von „dem“ Engel, dem Logos; den zweiten erwähnt er nicht weiter, was bedeutet, dass der Geist für seine Gotteslehre noch keine Rolle spielt. Er nennt ihn zwar in seiner Ersten Apologie: „Dass wir nun nicht gottlos sind, da wir doch den Schöpfer dieses Alls verehren [...] – welcher Vernünftige wird das nicht einräumen? Und dass wir außerdem [...] Jesus Christus [...], den wir als Sohn des wahrhaftigen Gottes erkannt haben, an die zweite Stelle setzen und dass wir den prophetischen Geist an dritter Stelle [...] ehren, das werden wir zeigen.“[114] Eine dreifache Gliederung des Göttlichen hat nach *Justin* sogar schon *Platon* gelehrt.[115] Dennoch interpretiert *Herbert Vorgrimler* zutreffend: „Der Geist wird nur mitgenannt.“[116] So redet *Justin* beinahe ausschließlich von Gott und seinem Logos. Letzterer aber ist dem Gott schlechthin, dem Vater, untergeordnet, der zu groß und fern ist und „stets über den Himmeln bleibt, welcher nie jemand erschien und nie in eigener Person mit jemandem verkehrte“[117], von dem niemand zu erklären wage, „der Schöpfer und Vater des Weltalls habe alles, was über dem Himmel ist, verlassen und sei in einem kleinen Winkel der Erde erschienen“[118].

Hier wird deutlich, dass der biblische Monotheismus mit griechischen Motiven angereichert ist. Gott ist so sehr unveränderlich und ewig, dass er selbst nicht handeln kann. Wie im Frühjudentum bedarf es dazu einer minderen göttlichen Kraft, des Logos. Er übernimmt die Schöpfungsmittlerschaft und jetzt auch – die christliche Erweiterung – die Inkarnation in Jesus.

Hiermit ergibt sich allerdings eine Spannung zwischen dem Monotheismus und der Zahl „Zwei“. Diese löst *Justin* wieder im Rückgriff auf eine Vorstellung des *Philon,* die auch im Johannesprolog den Gedankengang bestimmt. Der Logos war „vor aller

Schöpfung in ihm", dem Vater, und wurde erst gezeugt, „als er im Anfang alles durch ihn schuf und ordnete"[119]. *Im Anfang* ist ein Bezug auf Gen 1,1: „Im Anfang schuf Gott Himmel und Erde", und bedeutet, dass der Logos als von Gott separate Größe erst mit Beginn des Schöpfungsprozesses aus Gott heraustrat: „Vor allen Geschöpfen hat Gott aus sich eine vernünftige Kraft erzeugt, welche [...] Herrlichkeit des Herrn, ein andermal Sohn, dann Weisheit, bald Engel, bald Gott, bald Herr und Logos genannt wird.[120]

Justin unterscheidet also, wie *Philon* und Joh 1, zwischen dem Logos, der von Ewigkeit in Gott und mit ihm identisch ist, und dem Logos, der „im Anfang" aus ihm hervortrat – ein Versuch, den Monotheismus zu bewahren trotz der Zahl „Zwei". Allerdings ist dieser Versuch nur verbal gelungen, insofern der „Logos", der „im Anfang" aus Gott hervortrat, als von Ewigkeit her mit Gott identisch behauptet wird. Der Sache nach aber ist nichts gelöst: Der mit Gott identische Logos ist nur ein anderes Wort für Gott, der ja Denken *ist;* der „im Anfang" aus ihm Gezeugte aber hat eben einen Anfang und ist Gott nur in minderer Form. Hier werden mit „Logos" zwei ganz unterschiedliche Größen bezeichnet. Immerhin aber schien so wenigstens eine Begrifflichkeit gefunden, die den faktischen Bitheismus *Justins* mit dem ererbten Monotheismus zu versöhnen schien.

Die Aufgabe des Logos ist es – so die Übernahme aus dem Frühjudentum –, die Welt immanent zu konstituieren; er ist – der Wurzel nach – der kosmische und unpersönliche Gott des Hellenismus. So bezeichnet auch der Apologet *Athenagoras* von Athen, der im Übrigen in etwa die gleiche Gottesauffassung hat wie *Justin,* in einer „Bittschrift für die Christen" (zwischen 176 und 180) den Logos als „vorbildlichen [für die Strukturen des Kosmos, Verf.] Gedanken und schöpferische Kraft"[121].

Das kosmische Gottsein des Logos gewinnt allerdings bei allen Apologeten einen gewissen „persönlichen" Charakter dadurch, dass durch das Christentum jetzt der schöpferische Logos auch in Jesus inkarnierte und so mit ihm verbunden ist. Weil Gott aber laut neutestamentlichen Aussagen der Vater Jesu und dieser sein Sohn ist, tritt das anthropologisch gefüllte

Motiv dieser Bildrede, also das Zeugen und das Gezeugtsein, hinzu. Nach *Justin* und nach *Athenagoras* („der Sohn Gottes ist der Logos"[122]) wird der „Hervorgang" des Logos „im Anfang" auch als ein Zeugen durch den Vater verstanden. Eine Binitätslehre ist jetzt fest etabliert, wenn sie auch grundlegende theologische Schwächen aufweist, insofern der Logos als zweiter, dem ersten Gott untergeordneter und erst seit dem „Anfang" separat existierender Gott verstanden wird.

c) Die Reetablierung des Monotheismus durch syrische Theologen

Im Großraum Syrien, der vom Mittelmeer bis nach Mesopotamien reichte, war der Großteil der Bevölkerung semitisch. Auch im Westteil mit seinem Mittelpunkt Antiochien (heute Antakya in der Südosttürkei), in dem die griechische Sprache verbreitet war, entfaltete das semitische Denken seine Wirkung. Ein wenig vergleichbar dem jüdischen Verstehen, spielte hier die Geschichte eine größere Rolle. Deswegen „brauchten" die syrischen Christen kein hellenistisches Weltprinzip, und Jesus war für sie bedeutsam, weil er sich in seinem Handeln Gott gegenüber „bewährt" hatte. Sie nannten ihn zwar auch Sohn Gottes, verstanden darunter aber, dass Gott ihn aufgrund seines Gehorsams bis zum Kreuz als Sohn adoptiert hatte.

Deswegen wurde in diesem Raum keine Notwendigkeit empfunden, den Logos als göttliches Schöpfungsprinzip und als Subjekt der Inkarnation zu begreifen. Vertreten wurde, wie sich vor allem im dritten Jahrhundert zeigte, ein reiner Monotheismus („Monarchianismus"). Wenn von Logos oder Geist die Rede war, interpretierte man sie als „Kräfte" *(dynámeis)* – „dynamischer Monarchianismus" – oder verschiedene Erscheinungsformen *(modi)* des *einen* Gottes – „Modalismus", „Sabellianismus", „Patripassianismus".[123]

Dieses Denken bahnte sich auch schon im zweiten Jahrhundert an. Zwar übernahmen der Apologet *Tatian* der Syrer und der Bischof *Theophilos* von Antiochien (beide zweite Hälfte des zweiten Jahrhunderts), der als Erster das Wort „Trias"[124] (Trinität) gebrauchte, ebenfalls das von *Philon* stammende Reden von Gott und seinem Logos; inhaltlich wurden die gleichen Raster gebraucht wie bei *Justin.* Aber sie interpretierten dieses Schema auf eine neue, eben „syrische" Weise: Schon nach *Tatian* dem Syrer war Gott selbst der „Herr aller Dinge, der zugleich die Hypostase [der Urgrund] des Alls ist"[125].

Deswegen bedurfte es keines Logos, um diese Funktion zu übernehmen, obwohl er dann bei der Schöpfung mitwirkte. Der Logos trat im Anfang aus Gott hervor „und ward des Vaters erstgeborenes Werk: Wir wissen, dass er der Anfang der Welt ist."[126] Weil also der Logos einen zeitlichen Anfang hat, ist er als „Werk" Gottes zu betrachten, „durch einen Willensakt Gottes" entstanden; vor dem Anfang, „nämlich zu der Zeit, da es noch keine Schöpfung gab", war der „Herr aller Dinge […] allein"[127].

Theophilos von Antiochien schreibt zwar auch: „Es zeugte also Gott mit seiner Weisheit das Wort, das er in seinem Innern beschlossen trug", und dieser Logos – eine noch unspezifische Terminologie – „ist der Geist Gottes, das Prinzip [aller Dinge]."[128] Aber er fährt fort: „Als aber Gott die Dinge alle, die er zu erschaffen beschlossen hatte, erschaffen wollte, da erzeugte er dieses Wort *als ausgesprochenes,* den Erstgeborenen jeglicher Kreatur."[129]

Mit anderen Worten: Zwar ist der Logos „im Anfang" aus Gott hervorgegangen, wurde Mittler der Schöpfung und verband sich mit Jesus, aber er ist „Werk" bzw. „Kreatur", wenn auch das erste und vornehmste Werk. Diese Logos-Interpretation, die noch mehr als ein Jahrhundert später von dem in Antiochien ausgebildeten Theologen *Arius* vertreten wurde, zieht der Sache nach eine logische Konsequenz aus dem seit *Philon* bekannten Logos-Schema: Wenn der Logos – als separate Größe – einen zeitlichen Anfang hat, ist er der Kreatur zuzurechnen; aber es kommt ihm ein hoher Rang zu, und er steht Gott ganz nahe, ohne aber den Monotheismus bzw. Monarchianismus in Frage zu stellen.

d) Entscheidende Impulse durch die Gnosis

Schon vor der Zeitenwende entstand im Mittelmeerraum eine neue religiöse Strömung, die sich parallel zum Christentum ausbreitete und mit – und teilweise: in – ihm koexistierte: die Gnosis. Ihr zufolge geschieht Erlösung durch „Erkennen" (Gnosis), durch die Erkenntnis, „wo wir waren, wohin wir geworfen sind, wohin wir eilen, wovon wir erlöst worden sind, was Geburt ist, was Wiedergeburt"[130]. Lange Zeit war diese Religion nur als eine innerchristliche Häresie bekannt. Erst im 20. Jahrhundert entdeckte man, dass sie in weiteren Ausprägungen vorliegt und als ein spezifisches Daseinsverständnis der Spätantike zu begreifen ist, das sich mit unterschiedlichen religiösen Traditionen verbunden und deren Mythenmaterial zum Ausdruck der eigenen Auffassungen benutzt hat. Diese These wird auch durch das nichtchristliche *Corpus Hermeticum*, eine Schriftensammlung, deren zentrale Figur der griechische Gott Hermes ist, und die Funde von *Nag Hammadi*[131] bestätigt. Seitdem hat sich die Überzeugung durchgesetzt, dass es sich bei der Gnosis um eine eigenständige spätantike Religion handelt, die sich zwar, parasitär[132], fremder religiöser Traditionen bedient, auch unterschiedliche Organisationsformen ausbildet, aber dennoch eine Einheit darstellt. Grundlegend ist eine negative Wertung der konkreten Wirklichkeit, ein Weltpessimismus; der Mensch sieht sich als Fremder in diese Welt hineingeworfen. Dass er an ihr leidet, zeigt aber, dass er im Grunde auf eine andere, bessere Wirklichkeit angelegt ist und diese in sich trägt. So ist er in sich gespalten und schwankt zwischen Gut und Böse, zwischen einem auf den Geist oder auf das Materielle bezogenen Leben.

Diese ethische Alternative aber wird in der Wirklichkeit der Welt und des Menschen begründet und so zu einem *seinshaften Dualismus:* „Dualistisch ist das Gottesbild: Dem oberen, überweltlichen, geistigen und guten Gott, seinem Bereich (dem Pleroma) und dessen Bewohnerschaft (Äonen) auf der einen Seite stehen der unfähige, unwissende Weltschöpfer (Demiurg) und sein Anhang (Archonten, Planetengeister und andere), die Materie, der Kosmos und die Menschenwelt auf der anderen gegenüber. […] Die Welt ist für die Gnostiker also Produkt von Missgeschick und Schwäche. Der obere Gott hat sie nicht zu verantworten."[133]

Die Entstehung der Weltwirklichkeit ist Resultat einer Reihe von Emanationen, an deren Anfang entweder – so die gemäßigten Richtungen – der grundlegend eine und gute Gott stand; eine der aus ihm hervorgegangenen minderen Gestalten wandte sich aber – durch Verblendung, Irrtum und Sünde – von seinem Ursprung ab und verkörpert jetzt das böse Gegenprinzip. Es gibt auch radikalere Formen der Gnosis, in denen das Gegenprinzip keine Emanation ist, sondern gleichursprünglich wie der gute Gott. Das böse Prinzip – oder der Gegengott – wird gemäß den gnostischen Mythen zum Weltschöpfer, zum *Demiurgen.* Er „erschafft" alles, indem er Geistiges und Lichtvolles mit Materiellem und Dunklem vermischt; die menschlichen Seelen werden von ihm in die Materie verbannt. So ist die Weltwirklichkeit geprägt von einer Koexistenz von Gut und Böse; der Gnostiker sehnt sich nach Befreiung aus den ihn einschränkenden und zum Bösen motivierenden materiellen Bedingungen.

Weil der gute Gott einer Welt, in der Gutes, Geistiges, Lichtvolles mit Bösem, Materiellem und Finsterem verbunden waren, gegenüberstand und er selbst mit ihr, um sich nicht selbst zu beflecken, keinen Kontakt haben durfte, dachte man sich zwischen Gott und Welt einen Bereich des *Pleroma,* der „Fülle", geistiger Zwischenwesen, die sich in komplizierten Reihungen – hier gibt es eine große Zahl fantastischer Mythen – von Gott herleiten. Einer der Äonen übernimmt dann die Aufgabe, den in die Menschenleiber verstreuten und dem Irrtum verfallenen Seelen das Wissen um die wahren Zusammenhänge und somit um ihre Erlösung zu bringen. Diese Erlösergestalt ist in den christlichen Varianten Jesus Christus.

Die Auseinandersetzung des jungen Christentums mit der Gnosis war deswegen so schwierig, weil die hellenistischen

Christen in weiten Teilen ähnlich dachten und empfanden wie die Gnostiker. So konnten sich gnostische Anschauungen im Christentum ausbreiten. Vor allem schien es einleuchtend, dass zwischen dem Gott schlechthin und der Welt eine Fülle „göttlicher“ Emanationen vermitteln musste, sodass „Gott allein“ nicht zur Erklärung der Weltschöpfung – selbst wenn Christen sie nicht einem bösen Prinzip, sondern Gott zueigneten – und der Erlösung ausreichte; es musste weitere himmlische Gestalten geben.

Einige Beispiele sollen dieses Denken verdeutlichen:

Beispiel I: Die Oden Salomos

Die *Oden Salomos* („Salomo“ steht für Jesus Christus), die im ersten Viertel des zweiten Jahrhunderts – also noch zu „neutestamentlichen Zeiten“ – entstanden sind, sind eine Art christlich-gnostisches Liederbuch; Anlass zu seiner Entstehung waren wahrscheinlich Kol 3,16 und Eph 5,19, wo von „Psalmen, Hymnen und geistlichen Gesängen“ der Christen die Rede ist. In vielen der 42 Lieder geht es um die Gnosis und Worte der Wahrheit, die aus der himmlischen Welt herabfließen. Der „Mund des Herrn [ist] das wahre Wort […] und das Tor seines Lichts. Und der Höchste gab es seinen Äonen. […] Denn die Schnelligkeit des Wortes ist unerzählbar. […] Und die Äonen redeten durch es [sc. das Wort], einer zum anderen. […] Denn die Zeltwohnung des Wortes [vgl. Joh 1,14] ist der Mensch[ensohn], und seine [sc. des Wortes] Wahrheit ist die Liebe.“[134] Ganz selbstverständlich ist die Gnosis von Gott her vermittelt durch die Äonen, und das Wort wohnte im Menschensohn.

Ähnliche Gedanken finden sich in Ode 19, die auch den Geist mit einbezieht: „Der Becher der Milch nahte sich mir, und ich trank ihn in der Süße der Milde des Herrn. Der Sohn ist der Becher, und der, der gemolken wurde, der Vater, und die ihn melkte, die Geistesmacht der Heiligkeit.“ Einige Verse weiter heißt es dann mit Anspielung auf die Inkarnation: „Es empfing der Schoß der Jungfrau, und sie wurde schwanger und gebar. Und Mutter wurde die Jungfrau in großer Liebe und hatte Wehen und gebar einen Sohn."[135] Oder: „Der Vater der Gnosis ist das Wort der Gnosis. Er, der Sophia [Weisheit, Verf.] geschaffen hat, ist weiser als seine Werke. [...] Weil er ist, ist er unvergänglich, das Pleroma der Äonen ist ihr Vater. Er gewährte ihm, dass er denen erschiene, die sein sind, damit sie den erkannten, der sie erschuf."[136]

Die *Oden Salomos* kennen keinen grundsätzlichen Dualismus; auch die Schöpfung ist Werk Gottes. Zwischen ihr und der Welt steht aber eine Fülle von Äonen, zu denen auch Wort und Geist bzw. Sophia gehören. Ohne sie kann weder die Weltwirklichkeit noch die Erlösung aus Lüge und Irrtum erklärt werden. Wenn Jesus wirklich der Erlöser ist, muss er – das ist selbstverständlich – die Inkarnation einer himmlischen Hypostase sein.

Beispiel 2: Die Valentinianische Gnosis

Diese Denkstrukturen sind noch deutlicher ausgeprägt z. B. in der *Valentinianischen Gnosis,* deren System der Bischof *Irenäus* von Lyon († um 202) in seiner Schrift „Gegen die Häresien" schildert. In ihren Mythen zählten sie eine Fülle von Emanationen auf: Aus einer „unnennbaren Dyas [Zweiheit]" emanierte eine zweite Dyas, die wieder als Frucht den „Logos und Zoe [Leben], Anthropos und Ekklesia" hervorbrachte. Aus Logos und Zoe emanierten „zehn Kräfte" usf. „Christos ist aber nicht von den Äonen im Pleroma emaniert worden, sondern von der aus dem [Pleroma] ausgeschlossenen Mutter", und das „heilige Pneuma ist von der Aletheia emaniert worden". So geht das weiter. „Von Jesus sagt er [Valentin, Verf.] einmal, er sei von dem von ihrer Mutter getrennten [Äon] emaniert worden."[137] Erlösung ist auch hier nur denkbar als Verlautbarung von Wissen aus dem Zwischenreich des Pleroma, durch die Vermittlung von aus Gott emanierten minderen Hypostasen.

Beispiel 3: Das Evangelium der Wahrheit

Das System des „Evangeliums der Wahrheit" (2./3. Jh.) „sieht so aus: Der oberste Gott ist der Vater der Wahrheit, der nicht entstanden ist, sondern anfanglos ist. Sein Aufenthaltsort ist das Pleroma. Der Vater bringt seinen Sohn Logos hervor, der auch Jesus Christus und Heiland genannt wird. Danach schafft der Vater das All, die Äonen. Sie alle sind im Pleroma. [...] Nur der Logos kennt den Vater. Die Äonen können den Vater nur durch Vermittlung des Logos erkennen. Da die Äonen aber von sich aus nach dem Vater suchen und ihn nicht finden, geraten sie in Unruhe, Angst und Schrecken. Ihre Erkenntnisfähigkeit wird gelähmt. [...] Es entsteht die Planê, der Irrtum, der den Vater nicht kennt. Der Irrtum bringt die Materie hervor und bildet aus ihr die irdische Welt und den Körper des ersten Menschen. [...] In der unteren Welt herrschen Neid und Streit. [...] Von der Wirklichkeit des Vaters aus gesehen ist die ganze untere Welt ein Nichts, nur Schein. [...] Dieser Mangel wird vom Logos am Ende der Zeit beseitigt. Er kommt aus dem Pleroma in die obere Welt der Äonen und offenbart den Äonen, deren Gestalt er annimmt, die Kenntnis des Vaters. Dann steigt er als Jesus Christus und Erlöser in die untere Welt herab, nimmt einen Leib aus Fleisch an. [...] Der Irrtum, der Herrscher der unteren Welt, fühlt sich durch ihn bedroht, und man schlägt ihn ans Kreuz, sodass er ‚für viele' stirbt. Er zieht danach seine Unvergänglichkeit an und kehrt ins Pleroma zurück ..."[138]

Im Text des „Evangeliums der Wahrheit" wird von Gott und dem Logos erzählt: „Das Evangelium der Wahrheit ist Jubel für diejenigen, welche die Gnade vom Vater der Wahrheit empfangen haben, dass sie ihn erkennen durch die Kraft des Wortes [Logos], das aus dem Pleroma gekommen ist: das, welches im Denken und im Nus [Verstand, Verf.] des Vaters war – das ist der, den man ‚Heiland' nennt – [...]. Das ist das Evangelium [...], das er den Vollkommenen [...] offenbart hat, das geheime Mysterium, Jesus Christus; durch diesen hat er diejenigen erleuchtet, die durch das Vergessen in der Finsternis sind. [...]

Deshalb zürnte ihm die Planê [= der Irrtum], sie verfolgte ihn. [...] Man nagelte ihn ans Kreuz. [...] Nachdem er den Mangel gefüllt [= behoben] hatte, löste er die äußere Erscheinung auf. Seine äußere Erscheinung ist die Welt, in der er gedient hatte ..."[139]

Beispiel 4: Die Pistis Sophia

Die koptische *Pistis Sophia* bietet Texte, die aus der Zeit der späteren Gnosis im dritten Jahrhundert stammen. Im ersten Teil unterhält sich der auferstandene Christus zwölf Jahre nach seinem Tod mit Maria und mit Johannes; inhaltlich geht es um den „Fall und die Erlösung der Pistis Sophia, einer der vielen Gestalten der gnostischen Erlösungswelt"[140].

„Der auferstandene Jesus spricht zu seinen Jüngern

7. ... Und als ich mich zur Welt [...] aufgemacht hatte, kam ich in die Mitte der Archonten [...] der Sphaera [...] und hatte die Gestalt des Gabriel, des Engels [...] der Äonen [...]; und nicht haben mich die Archonten [...] der Äonen [...] erkannt, sondern [...] sie dachten, dass ich der Engel [...] Gabriel wäre. Es geschah nun, als ich in die Mitte der Archonten [...] der Äonen [...] gekommen war, blickte ich herab auf die Welt [...] der Menschheit, auf Befehl [...] des ersten Mysteriums [...]. Ich fand Elisabet, die Mutter Johannes' des Täufers, bevor sie ihn empfangen hatte, und ich säte eine Kraft in sie. [...] Jene Kraft nun befindet sich in dem Körper [...] des Johannes ...

8. ... Es geschah nun darnach, da blickte ich auf Befehl [...] des ersten Mysteriums [...] auf die Welt der Menschheit hinab und fand Maria, welche ‚meine Mutter' gemäß [...] dem materiellen [...] Körper [...] genannt wird; ich sprach mit ihr in [...] der Gestalt [...] des Gabriel, und als sie sich in die Höhe nach mir gewandt hatte, stieß ich in sie hinein die erste Kraft, welche ich von der Barbelo[141] genommen hatte. [...] Und an der Stelle der Seele [...] stieß ich in sie hinein die Kraft, welche ich von dem großen Zebaot, dem Guten [...] genommen habe ..."

In Abschnitt 61 ist auch noch vom Geist die Rede, den Maria wegen seiner Ähnlichkeit mit Jesus für ein Gespenst hielt und ans Bett fesselte. Als Jesus mit Josef und Maria wieder ins Haus zurückkam, „fanden [wir, so erzählt Maria, Verf.] den Geist [...] an das Bett gebunden. Und wir schauten dich [Jesus, Verf.] und ihn an und fanden dich ihm gleichend; und es wurde der an das Bett Gebundene befreit, er umarmte dich und küsste dich, auch du küsstest ihn, und ihr wurdet eins ..."[142]

Die Vielfalt der gnostischen Hypostasen, von denen eine dann – in den christlichen Versionen – in Jesus inkarnierte, ist beinahe unübersehbar. Dennoch gibt es bei ihnen auch schon eine gewisse Vorliebe für die Zahl Drei: „Immer wieder begegnet uns vor allem die Drei. Sie ist ja Ausdruck der Mehrzahl. [...] Oft geht man [...] von der paganen Vorstellung von Gott-Vater, Gott-Mutter und göttlichem Kind aus."[143] *A. Böhlig* zählt im Folgenden eine Reihe von gnostischen Texten auf, in denen unterschiedliche göttliche Dreiheiten hervorgehoben sind[144], und schlussfolgert: „... von da aus ist es nur noch ein Schritt zur Trinität Gott – Sohn – Geist."[145]

Die gnostischen Texte mit ihren Konstruktionen himmlischer Emanationen, die zwischen Gott und der Welt vermitteln, erscheinen uns heute abstrus. Ihre Verbreitung in der hellenistischen Gesellschaft rund um das Mittelmeer aber mag zeigen, dass sie der damaligen Mentalität entsprachen. Man hielt es für selbstverständlich, dass bei Annahme des letzten guten Prinzips, Gottes, weder er selbst die böse Welt schaffen noch die Erlösung bewirken konnte. Es schien *logisch zwingend* zu sein, solche minderen göttlichen Zwischenwesen anzunehmen, um die Realität der Welt und die Hoffnungen der Menschen auf Erlösung erklären zu können.

Diese Denkraster wurden auch von vielen Christen geteilt, weswegen sich die Gnosis in der Kirche weit verbreiten konnte. Die schließlich siegreiche theologische Bekämpfung der Gnosis richtete sich auf zwei Ziele: *Zum einen* entfaltete der biblische Schöpfungsgedanke mit der Zeit seine Wirkung, nach dem die Welt von Gott selbst geschaffen und zunächst – vor der Sünde des Menschen – gut war; abgelehnt wurde ein ontologischer oder kosmischer Dualismus zugunsten eines ethischen (das Böse ist Folge der Tat des Menschen). Dies konnte allerdings nicht verhindern, dass er latent weiterwirkte und im Christentum – oft bis heute – die „irdischen Dinge", der Leib, die Frau, die Sexualität, der Besitz und die Selbstbestimmung des Lebens als minderwertig angesehen wurden; der „vollkommene" Christ sollte „geistlich" leben, idealtypisch verkörpert in dem seit dem dritten Jahrhundert aus eben diesen Motiven entstehenden Mönchtum mit seinem Verzicht auf Sexualität, Besitz und eigenen Willen.

Zum anderen bekämpften kirchliche Theologen *die abstruse Vielfalt* der himmlischen Hypostasen und erklärten diese für „Mythologie". Als Beispiel mag *Irenäus* dienen, der sich in seinen Büchern „Gegen die Häresien" – gemeint sind vor allem die Gnostiker – über diese sogar lustig macht, weil sie beinahe jeden in biblischen Texten vorkommenden Symbolnamen zu eigenen, aus Gott emanierten Hypostasen machten: „Auweh, auweh! Den Jammerruf muss man ausstoßen bei solcher Namenbilderei und solcher Frechheit, mit der er [ein namentlich nicht genannter Gnostiker, Verf.], ohne rot zu werden, für seine Lügenmärchen die Namen ausgesucht hat."[146]

Irenäus polemisiert gegen die Gnostiker, die z. B. aus dem Johannesprolog herauslesen, dass acht Emanationen (eine Ogdoas) aus Gott erfolgt seien, indem sie dort vorkommende Begriffe („Anfang", „Wort", „Leben" usf.) zu je eigenen Hypostasen erklärten.[147] Er insistiert darauf, dass Johannes nur von *einem* Logos rede, der aus dem Vater hervorgegangen und in Jesus Christus inkarniert sei.[148] „So begreift doch, ihr Toren, dass Jesus [...] und niemand sonst der Logos Gottes ist. [...] Wenn der Logos des Vaters, der hinabstieg, auch der ist, der hinaufstieg [...], dann hat Johannes nicht von einem anderen und auch nicht von einer Ogdoas geredet."[149] Oder: „Da der Geist also [...] herabgekommen ist und der Sohn Gottes, [...] der auch Wort [Logos] des Vaters ist, als die Zeit sich erfüllte [...], in einem Menschen Fleisch geworden ist, [...] [daher] sind alle Lehren derer als Lügen erledigt, die Odgoaden [Achtheiten], Tetraden [Vierheiten] und [andere] Scheingrößen erfunden und sich Unterteilungen ausgedacht haben."[150]

Die Argumentation geht also *gegen die Ausuferungen der Hypostasierungen,* die die Gnostiker vornahmen, *nicht aber gegen die Grundidee als solche: Irenäus* reduziert lediglich die Zahl auf den Logos (und den Geist). Das Raster aber, dass es zur Erklärung von Schöpfung und Erlösung nicht genügt, auf Gott hinzuweisen, sondern es göttlicher Mittlergestalten bedarf, gilt auch für ihn. „Die Kritik des Irenäus läuft also lediglich darauf hinaus, die von dem Vatergott ausgehende Vielheit der göttlichen Äonen auf einen, aus dem Vater erzeugten göttlichen Logos-Sohn zu reduzieren, der in dem irdischen Jesus Fleisch wird. Diese Reduktion erfolgt innerhalb des gleichen, als gemeinsam vorausgesetzten und anerkannten Grundschemas."[151] Ganz offensichtlich sind die Gründe sowohl für die Beibehaltung des Mythos wie für seine (quantitative) Reduktion in der hellenistisch-christlichen Christologie zu suchen: Das „Prinzip des Tausches" machte es notwendig, in Jesus den inkarnierten Gott zu sehen – anders konnte seine soteriologische Bedeutung nicht rezipiert werden –, ebenso würde seine Geltung „beschädigt" bzw. relativiert durch die Annahme zahlreicher weiterer Hypostasierungen – eine Einschränkung auf die christologische Hypostase (und die des Geistes) war soteriologisch geboten. Deswegen konnte es *keine Überwindung* der Gnosis geben etwa in dem Sinn, dass das ursprüngliche Gegenüber von Gott und Jesus reetabliert worden wäre. Diese Beobachtung gilt auch für die anderen „frühkatholischen" Schriftsteller, die nach der Wende zum dritten Jahrhundert ihre Vorstellungen über Gott und Schöpfung/Erlösung in den Auseinandersetzungen mit der Gnosis entfalteten: für *Tertullian* im Westen, *Klemens* und *Origenes* von Alexandrien im Osten der damaligen Kirche. In ihren Vorstellungen wird die Gnosis nicht überwunden, sondern lediglich „verchristlicht" durch die Ablehnung eines *prinzipiellen* Dualismus (nicht aber eines dualistischen Lebensgefühls) und durch Beschränkung der Hypostasen zwischen Gott und Welt auf die Zahl Zwei: den Logos/Sohn und den Geist.

So ist die gnostische Mentalität, die der Sache nach das Denken und Empfinden des Hellenismus dieser Zeit in zugespitzter Weise, aber exemplarisch verdeutlicht, ein wichtiges Motiv dafür, dass sich das christliche Gottesdenken trinitarisch verfestigte. Der eine gute Gott allein konnte das Zustandekommen von Schöpfung und Erlösung nicht erklären; *mindestens* Logos/Sohn und Geist – und aus christologischen Motiven: *nur sie* – waren zur Lösung dieser Frage unverzichtbar.

4. Ewiger Monotheismus und heilsgeschichtliche „Trinität"

Irenäus von Lyon († um 202), kleinasiatischer Herkunft und griechisch schreibend, und *Tertullian* von Karthago, der wichtigste Formulierer der sich bildenden lateinischen Theologie, repräsentieren eine neue Entwicklungsstufe in der Ausbildung trinitarischen Denkens vor und nach der Wende zum dritten Jahrhundert. „Neu" ist bei ihnen zum einen die festere Position des Heiligen Geistes, die sich einmal aus der Auseinandersetzung mit der Gnosis ergeben hatte, insofern sie deren ausufernde Emanationslehren auf das ökonomisch, also heilsgeschichtlich erforderliche Minimum reduzierte, dann aber aus der mittlerweile erfolgten Stabilisierung der wesentlichen Teile des neutestamentlichen Kanons[152], wodurch die – scheinbar – triadischen Stellen, insbesondere der Taufbefehl Mt 28,19, eine normative Kraft entfalteten. Ein weiterer „neuer" Entwicklungsschritt besteht darin, dass *Irenäus* und *Tertullian* die bisherigen aus der Tradition vorliegenden Begrifflichkeiten und Raster übernehmen und *auf ihren systematischen Gehalt* hin reflektieren. Sie greifen den biblischen Monotheismus und die Logos-Spekulation der Apologeten – erweitert um den Geist – auf und versuchen, sie zu verbinden. *Im Ergebnis kombinieren sie einen innergöttlichen oder immanenten Monotheismus mit einer „ökonomischen" Trinität, die sich erst mit Schöpfung und Erlösung seit dem „Anfang" bildete.*

Für *Irenäus* ist Gott eine absolute Einheit, fern aller Differenzierung[153]; gegen den gnostischen Dualismus ist er auch kosmischer Gott, „der alles umfasst"[154]. Zwar gibt es das Wort und den Geist in Gott, aber sie sind in ihm von Ewigkeit her[155] beschlossen und mit ihm identisch; *Irenäus* denkt in Bezug auf Gott monarchianisch und kennt keine immanente Trinitätskonzeption.[156]

Wenn *Karlmann Beyschlag* dieses In-Gott-Sein von Sohn und Geist im Sinne einer „immerwährenden Koexistenz" deutet[157], verkennt er – wie auch die Übersetzung von *Norbert Brox* – die Intentionen des *Irenäus.*[158] Wie bei den Apologeten und auch in der Gnosis – vor Beginn der Emanationen – ist Gott, für sich selbst betrachtet, ganz einer, wobei sich der biblische Monotheismus mit dem griechischen Gedanken des einfachen Seins Gottes verbindet. Nach *A. v. Harnack* „will Irenäus die Bezeichnung ‚Logos' nicht so verstanden wissen, als sei der Logos die innere Vernunft oder das gesprochene Wort Gottes: Gott ist ein einfaches Wesen …"[159]

Wie die Apologeten, aber gegen die Gnosis betont *Irenäus* das Schöpfersein Gottes und rückt somit die Schöpfung in die Nähe Gottes; hierbei sind soteriologische Motive maßgebend, die Einheit von Schöpfung und Gott nicht dualistisch zu zerstören. Gleichzeitig aber kann er – wie die Gnosis und der gesamte Hellenismus – nicht von göttlichen Zwischenwesen absehen. Vor allem aber ist *Irenäus* soteriologisch von der hellenistischen Vergöttlichungssehnsucht geprägt, weswegen er an der Inkarnation des Sohnes und der uns dadurch ermöglichten Vergöttlichung und – später – der Rekapitulation der Heilsgeschichte interessiert ist: „Und wäre der Mensch nicht mit Gott verbunden worden, so hätte er keinen Anteil an der Unvergänglichkeit erlangen können. […] Dazu nämlich ist das Wort Gottes Mensch geworden und der Sohn Gottes zum Menschensohne, damit der Mensch das Wort in sich aufnehme und, an Kindes statt angenommen, zum Sohn Gottes werde."[160]

Irenäus muss also auf einer *eigenständigen Funktion* des Logos in Schöpfung und, für ihn wichtiger, in Offenbarung, Inkarnation und Rekapitulation, sowie des Geistes aus soteriologischen Gründen bestehen, und mit der gesamten hellenistischen Mentalität ist er überzeugt, dass Gott selbst seine Einfachheit nicht durch eigene Aktivitäten tangieren kann; er braucht dazu Logos und Geist. Diese aber sind, anders als die Emanationen der Gnosis, die im Widerspruch zu Gott in einer gewissen Eigenständigkeit schaffen und erlösen, „Hände Gottes"[161] – hier greift er ein Bild *Philons* auf[162] – und seine Werkzeuge[163], sodass *er selbst durch sie* Schöpfer und Erlöser ist: „Es gibt dagegen nur einen Gott, den Schöpfer, der über alle Hoheit, Macht, Herrschaft und Kraft ist […]. Er ist Vater, Gott, Schöpfer, Vollbringer und Werkmeister, der durch sich, das heißt durch sein Wort und durch seine Weisheit, Himmel, Erde, Meere und alles, was in ihnen ist, gemacht hat. […] Durch sein Wort, das sein Sohn ist, durch ihn wird er offenbart und allen bekannt gemacht …"[164]

Logos und Geist sind also mit Gott eins und vor dem „Anfang" nicht von ihm zu unterscheiden; erst danach treten sie – das seit *Philo* und *Joh 1* übliche Schema – in eigenständiger Funktion und „Gestalt" in Erscheinung. *So ist die Trinität gänzlich ökonomisch und subordinatianisch* – Sohn und Geist sind mindere Formen des Gottseins – verstanden, eine Sache der Heilsgeschichte, während „Gott selbst" ungeschieden einer bleibt. Die Trinität verlagert *Irenäus,* wenn man so will, „nach außen", außerhalb Gottes selbst. Dort aber, in der Ökonomie, „braucht" *Irenäus* diese Hypostasen; für Schöpfung und – mehr noch – Offenbarung und Inkarnation sowie Wirken in der Kirche sind Sohn und Geist unverzichtbar, weil Gott selbst nicht unmittelbar, sondern nur mittels seiner „Hände" wirken kann.

Dennoch aber gewinnen Sohn und Geist in der Heilsgeschichte, und nur dort, göttliche Eigenschaft[165]; in der *Epideixis* schreibt *Irenäus:* „So ist der Vater Herr und der Sohn Herr und der Vater Gott und der Sohn Gott, denn das von Gott Geborene ist Gott. Und somit ist nach seinem Sein und nach der Kraft seines Wesens ein [einziger] Gott zu erkennen, nach der Heilsordnung unserer Erlösung ist er aber recht eigentlich sowohl Sohn als auch Vater."[166]

Auch hier noch wird bemerkbar, dass das Gewicht der Argumentation binitarisch ist; an anderen Stellen aber wird der Geist einbezogen. Deutlich aber wird die Koexistenz von Monarchianismus für Gott selbst und bini- bzw. trinitarischer Konzeption ökonomischer Art. Ungeklärt bleibt, wie von Sohn und Geist volles Gottsein ausgesagt werden kann, obwohl ihr Sondersein nur dem Bereich der Ökonomie zugehört.

Die Gotteslehre des *Klemens* von Alexandrien († um 215) ähnelt der des *Irenäus,* wenn sie auch andere Akzentsetzungen – *Klemens* greift mehr auf gnostische Motive zurück – kennt und weniger ausformuliert ist. Auch für ihn ist – wenn man so will – „Gott schlechthin" eines und einfach: „Auch von Teilen kann man bei Gott nicht reden; denn unteilbar ist das Eine und deshalb auch unendlich [...] und demnach gestalt- und namenlos."[167] Hierbei steht bei Gott nicht seine biblische Personalität, sondern seine griechisch-kosmische Dimension im Vordergrund: Er ist im platonischen Sinn „Eines [...] oder das Gute oder Geist", er ist „das Unsichtbare und Unaussprechliche", „der Abgrund", der – antignostisch – „das All umschlossen und gleichsam in seinen Schoß aufgenommen hat."[168]

Von diesem „Einen" geht das Gotteswort aus[169], das er auch – angestoßen von der frühjüdischen Engellehre – „Engel" nennt[170], und es gibt auch noch „das Dritte", den Heiligen Geist.[171] *Klemens* ist, wie „die Apologeten und Philo [...], Logostheologe"[172]. Auf ihm, der „die in Christus personifizierte göttliche Weltvernunft"[173] ist und „durch den Gott sichtbar gemacht und offenbart wird" und der in Jesus erschienen ist[174], liegt die Betonung; hierbei ist der Logos – antignostisch – als Weltgesetz in Übereinstimmung mit dem Vater.[175] Sein ökonomisch-trinitarisches Konzept sieht *Klemens* schon im Timaios *Platons,* von dem er meint, er sei „von den hebräischen Schriften beeinflusst", grundgelegt.[176] Auch *Klemens* kombiniert also einen immanent „monarchischen" Gottesbegriff mit einer ökonomischen Trinitätslehre.

Tertullian, der als Erster den Begriff *trinitas* in die lateinische Theologie einführt[177], vertritt eine ganz ähnliche Gotteslehre, reflektiert diese aber systematischer als *Irenäus* und *Klemens* und bringt sie begrifflich auf den Punkt. Für ihn ist Gott selbst radikal einer und eins; zwar gibt es – von Ewigkeit her in ihm beschlossen – das Wort (und den Geist): „Und das Wort war bei Gott, und niemals ist es getrennt vom Vater oder ein anderer als der Vater, denn: Ich und der Vater sind eins."[178] Wie bei *Philon* und *Justin* ist der Logos also als identisch mit Gott betrachtet, sodass dieser *vor* dem „Anfang" monarchianisch gedacht ist.

Erst mit Beginn der Ökonomie, mit der Schöpfung und den folgenden heilsgeschichtlichen Schritten entfaltet sich dann eine Trinität: „... das Geheimnis der Ökonomie [oikonomiae sacramentum] legt die Einheit in eine Trinität [unitatem in trinitatem] aus [...] [disponit], indem sie Vater, Sohn und Geist als drei bestimmt."[179] Und zwar handelt es sich dabei nach *Tertullian* um *eine* Substanz, die sich in „Grad", „Form" und „Erscheinung" [species] differenziert, „weil es *ein* Gott ist, aus dem diese Grade, Formen und Erscheinungen unter dem Namen des Vaters und des Sohnes und des Heiligen Geistes abgeleitet werden"[180].

Sohn und Geist besitzen also nicht die ewige Vollkommenheit Gottes: Erst als das Wort bei der Schöpfung aus Gott hervorging, „machte es ihn zum Vater, indem es aus ihm hervorging als Sohn"[181]; mit dem Sohnsein begann also die separate Existenz des Wortes, und erst von da an ist der ewige Gott „Vater". So sind Sohn und Geist dem Vater subordiniert und seinsmäßig dem „Gott schlechthin" unterlegen: „Der Vater nämlich ist die ganze Substanz [tota substantia], der Sohn aber eine Ableitung des Ganzen und ein Teil [derivatio totius et portio]. [...] So ist also der Vater ein anderer als der Sohn, da er doch größer ist als der Sohn ..."[182]

Tertullian charakterisiert Vater, Sohn und Geist in ihrer Sonderheit mit einem Begriff, den er erstmals in die lateinische Theologie einführt: Sie sind drei *personae.* Der Personbegriff[183] ist in seiner genaueren Bedeutung bei *Tertullian* umstritten; wahrscheinlich ist er im Sinne der „Rolle" zu verstehen, die ein Anwalt bei einem Prozess „in persona" eines Betroffenen oder die ein Schauspieler übernimmt. Auf keinen Fall hat er die erst seit *Boëthius* († um 524) angestoßene Bedeutung von Subjektivität, darf also nicht im Sinne des modernen Personverständnisses aufgefasst werden.[184] So ist *persona* eine übergreifende Bezeichnung der drei ökonomischen Funktionen, die Vater, Sohn und Geist wahrnehmen.[185] „Was auch immer also die Substanz des Wortes gewesen ist, ich nenne jene Person und nehme für sie den Namen des Sohnes in Anspruch und verteidige [...] diesen als zweiten vom Vater her."[186]

Was bisher hinter den Versuchen, jüdisch-judenchristlichen Monotheismus mit dem griechischen Gott zusammenzudenken, als Motivation wirkte, wird von *Tertullian* also reflektiert: dass dieser zweite (und dritte) Gott erforderlich ist, weil der – griechisch aufgefasste – Gott nicht selber handeln kann und deswegen zum Zwecke der Weltkonstitution, der Leitung der Geschichte sowie, im Christentum zusätzlich, zum Zweck der Inkarnation in Jesus und der Heiligung vermittelnder minderer göttlicher Hypostasen bedarf. Die Doppelung oder die Verdreifachung haben also ökonomische (aus heutiger Sicht: kultur-bedingte soteriologische) Ursachen und werden deswegen ganz bewusst dem Bereich der Heilsgeschichte zugeordnet, während Gott – für sich betrachtet – monarchianisch bleibt: „So ist die Trinität [trinitas], die durch aneinandergereihte und miteinander verknüpfte Stufen [gradus] vom Vater herkommt, einerseits der Monarchie in keiner Weise hinderlich und andererseits schützt sie den Status der Ökonomie."[187]

Die Trinität ist eine mit einem Anfang in der Zeit verknüpfte, nach *Tertullian* sogar eine am Ende wieder vorübergehende Realität: Christus „übergibt [...] dem Vater das Reich und geht wieder in den Vater ein", eine „eschatologische Selbstaufhebung der Trinität"[188].

Weniger reflektiert ist die binitarische Auffassung *Hippolyts* von Rom († 235), der gewissermaßen einmal mehr das Konzept der Apologeten wiedergibt: Der Logos ist vom Vater gezeugt „als innerliche Überlegung über das All". Separat vom Vater existierte er erst im „Moment des Hervorgehens aus dem Erzeuger, als ersterzeugter Laut". Auf Befehl des Vaters wurde er Grund des Alls und schuf alles zum Wohlgefallen des Vaters.[189]

5. Von der ökonomischen zur ewigen Trinität

Origenes brachte einen entscheidenden und bis zu ihm in dieser Klarheit nicht vollzogenen Schritt in der Entwicklung der Trinitätslehre. War diese bisher – entsprechend den Motiven für ihre Entstehung – eine Sache der Heilsgeschichte, sodass sie – recht und schlecht – mit dem grundlegenden Monotheismus bzw. Monarchianismus vereinbar blieb, so wird sie jetzt *in Gott selbst hineinverlegt: Der ökonomische wird zum gottimmanenten Subordinatianismus,* die Einheit „Gottes selbst" ist von jetzt an bedroht.

Ausgangspunkt für die Überlegungen des *Origenes* war die Frage, inwiefern der Logos und der Geist wirklich Gott seien, wenn sie einen Anfang in der Zeit hatten, bzw. inwiefern von Gott ein ökonomisches Handeln ausgesagt werden könne, das nicht – wie er selbst – ewig ist. So folgerte er: „Wie kann man ferner meinen oder glauben, dass Gott Vater jemals auch nur den geringsten Augenblick ohne die Zeugung dieser Weisheit existiert habe. [...] Daher wissen wir, dass Gott beständig Vater seines eingeborenen Sohnes ist, der zwar aus ihm geboren ist [...], doch ohne jeden Anfang."[190] Der Vater ist also – wie sollte es bei Gott anders sein – von Ewigkeit her Vater, und der Logos ist infolgedessen von Ewigkeit her Sohn. Die Zeugung ist „ewig und immerwährend"[191].

Dennoch aber kann sich *Origenes* nicht lösen von den tradierten *ökonomischen Funktionen* von Sohn und Geist – der „raison d'être" für ihre Differenzierung von „Gott selbst"; Sohn und Geist vermitteln die Schöpfung und Erlösung. Jetzt aber müssen diese ökonomischen Funktionen in gleicher Weise „ewig" sein, ohne Anfang in der Zeit. Das ist der Grund dafür, dass die Schöpfung nach *Origenes eine Stufe* kennt, die dem konkreten Anfang der Weltwirklichkeit und Geschichte gegenüber *präexistent* ist, und eine *zweite,* die *zeitlich* ist. Die präexistente Schöpfung ist eine Welt der Geister, deren Schöpfungsmittler der Logos ist, „während vom Geist als dem ersten vom Logos geschaffenen Wesen die transzendente pneumatische Engelwelt ausgeht“[192]. Logos und Geist sind zwar Mittler vom Vater her, gehören aber selbst auch dieser präexistenten Schöpfung zu.[193] „Gottheit und Schöpfung schieben sich also im präexistenten Raum ineinander.“[194] Die sichtbare Welt ist ihrerseits Folge eines präexistenten Sündenfalls der geschaffenen Geister – ein gnostisches Motiv –, wird aber selbst – antignostisch – nicht als schlecht, sondern als Chance zur Bewährung aufgefasst.

Der Schritt zu einer immanenten Trinitätsauffassung ist hier zwar erstmals vollzogen worden, aber es wird deutlich, dass das Erbe der ökonomischen Auffassung noch weiterhin wirkmächtig ist; Logos und Geist sind so eng mit ihren ökonomischen Funktionen zusammengedacht, dass Letztere an der Transponierung der Ersteren in die Ewigkeit Gottes teilhaben.

Infolgedessen wird auch der sich aus der ökonomischen Trinitätsauffassung ergebende Subordinatianismus beibehalten – und in Gott selbst hineinverlegt. Der Vater ist weiterhin – oder sogar im Sinne neuplatonischer Tendenzen noch verstärkt – der Gott schlechthin, „der das All zusammenhält“[195]; er ist das Sein selbst[196] oder gar das Überseiende.[197] „Weniger weit als der Vater [wirkt] der Sohn, der nur zu den vernunftbegabten Geschöpfen hindurchdringt; denn er steht an zweiter Stelle nach dem Vater; noch weniger weit der Heilige Geist, der nur bis zu den Heiligen hindurchdringt. Insofern ist also die Macht des Vaters größer als die des Sohnes und des Heiligen Geistes; größer sodann die des Sohnes als die des Heiligen Geistes.“[198] Zwar betont *Origenes,* man dürfe „überhaupt nichts in der Trinität größer oder kleiner nennen“, aber im nächsten Satz differenziert er dann doch wieder die besonderen Wirksamkeiten von Vater, Sohn und Geist.[199]

Die Argumentation des *Origenes* brachte sicherlich Bedenkenswertes zur Sprache: Der Gottesbegriff kann – richtig bedacht – nicht mit einem Anfang in der Zeit verbunden werden. Aber der einzig mögliche Weg, diese Unzuträglichkeiten aufzugeben – nämlich die Rückkehr zu dem einen Gott –, war für *Origenes* nicht gangbar. Auch er, der Alexandriner, bedurfte des weltimmanenten Logos und – christologisch – der Zwei-Naturen-Lehre, und *so blieb ihm nur die Möglichkeit, die Dreiheit mitsamt ihren ökonomischen Begründungen und Folgen (Schöpfung, Erlösung in Jesus Christus*[200]*) in Gott hineinzuverlegen.* Jetzt war die ökonomische Differenzierung eine innergöttliche Angelegenheit, wenn auch der Vater die ihm bisher monarchianisch zugedachten Assoziationen behielt. Dass dies – von der Präexistenz der geschaffenen Geister abgesehen – nicht als neue, vielleicht sogar vertiefte Unzulänglichkeit empfunden wurde, ist wohl nur aus den damaligen kulturgeschichtlichen Kontexten heraus zu begreifen: Auch der gleichzeitig entstehende Neuplatonismus *Plotins* gliederte den Bereich des Göttlichen in drei Hypostasen: das *Eine* (tò hén), den Geist (nus) und die (Welt-)Seele (psyché); durch Vermittlung der minderen Hypostasen Geist und Psyche konnte das Eine immanentes Prinzip des Kosmos sein und doch ganz einfach und überseiend bleiben.

6. Eine monotheistische Linie

a) Monarchianismus und Modalismus

In der vornizänischen Zeit gab es kirchliche Regionen, in denen das hellenistische Denken – trotz aller sprachlichen Übernahmen – noch nicht so tief internalisiert war, dass Gott allein nicht zur Erklärung der Weltwirklichkeit zugereicht hätte und Jesus als inkarnierter Gott hätte angesehen werden müssen, um ihn als den Heilsmittler rezipieren zu können. In diesem Kontext brauchte man – neben Gott schlechthin – keinen Logos als weltimmanentes Prinzip und als zweite Natur Jesu Christi. Der Glaube an den einen Gott und an den von ihm erwählten Jesus genügte, um die „Sache“ des Christentums zureichend auszusagen. Gott wurde hier als undifferenziert *einer* verstanden, er wurde monarchianisch aufgefasst.

Der *Monarchianismus* (griechisch: „Alleinherrschaft") aber musste auf das Reden von Logos/Sohn und Geist Rücksicht nehmen, das auch in diesem Raum verbreitet war und von vielen Gruppen auch schon im Sinne einer ökonomischen Trinitätslehre vertreten wurde. Die Monarchianer mussten deswegen die Begriffe Logos/Sohn und Geist aufgreifen und mit ihrem eigenen Gottesverständnis verbinden. Sie versuchten dies, indem manche ihrer Vertreter Logos und Geist als *dynámeis,* als „Kräfte" des einen Gottes lehrten *(dynamischer Monarchianismus).*

Andere wieder griffen eine statischere Begrifflichkeit auf und sprachen von drei Weisen, *modi,* in denen sich der eine Gott – als Schöpfer, Erlöser und Heiliger – nach außen offenbart habe. Vertreter dieses *modalistischen Monarchianismus* oder auch einfach *Modalismus* (oder, nach einem seiner profiliertesten Vertreter, *Sabellianismus*) präzisierten gelegentlich die Konsequenzen dieses Ansatzes: Der eine Gott, der Vater, ist sowohl Schöpfer wie auch Subjekt der Erlösung; *er* ist für uns am Kreuz gestorben *(Patripassianismus).*

Was in all diesen Varianten zum Ausdruck gebracht werden soll, ist der Glaube an den undifferenziert einen und einzigen Gott, den Gott Israels und Vater Jesu. Diese einfache Aussage aber musste Rücksicht nehmen auf das Sprechen von Vater und Sohn (und Geist), und dies erfolgte auf die geschilderte unterschiedliche Weise, die in den kompliziert klingenden Begriffen zum Ausdruck kommt.

Diese „monotheistische" Linie wurde vertreten von Männern, die aus Regionen stammten, die wohl nicht so tiefreichend hellenisiert waren.[201] Einige von ihnen verbreiteten ihre Lehren auch in Rom, wo sie offensichtlich Zulauf und Zustimmung fanden, auch bei den dortigen Bischöfen:[202] *Zephyrin* († 217)[203], *Kallistus I.* († 222)[204] und *Dionysius* († 268)[205].

In profilierter Weise aber war der Monarchianismus beheimatet im syrischen Großraum. Der Ostsyrer *Paul von Samosata* am Euphrat († nach 272), der ab 260 (?) Bischof des westsyrischen Kulturzentrums Antiochien war, lehnte ein (physisches)

Gottsein Jesu ab; er behauptete, „zwei Götter würden verkündigt, wenn der Sohn Gottes als Gott gepredigt werde"[206]. Zwar schuf Gott alles durch seinen Logos – hier musste der Johannesprolog berücksichtigt werden –, aber er wurde von *Paul* aufgefasst als das „nicht subsistierende Wissen" Gottes, das sein Instrument *(órganon)* war.[207] So lehrte er, „dass ‚der Sohn' nur den Menschen Jesus bezeichne, in dem die Weisheit Gottes Wohnung genommen habe; dass ferner ‚der Geist' nichts anderes sei als die Gnade, die Gott […] gewährte"[208].

Eine Synode in Antiochien verurteilte *Paul* und zugleich die These, der Logos sei dem Vater wesensgleich *(homo-úsios)* – die spätere Formel von Nizäa, die hier offensichtlich im Sinne einer Identität von Vater und Logos, also monarchianisch, aufgefasst und deswegen abgelehnt wurde. Diese Verurteilung zeigt, dass auch in Westsyrien starke Gruppen eine hellenistisch geprägte Gotteslehre und Christologie vertraten.

b) Die Lehre des Arius

Der Theologie des *Arius* wird zu Unrecht der Vorwurf gemacht, sie sei der Inbegriff der Ketzerei: In seiner Gotteslehre vertrete er einen übersteigerten Subordinatianismus, insofern er den Logos zwar als vornehmstes Geschöpf, aber eben auch „nur" als Geschöpf *(ktísma)* bezeichne[209], in seiner Christologie mache er Jesus zur Inkarnation eines mythischen Fabelwesens, weil der Logos zwar präexistentes Schöpfungsprinzip, aber nicht göttlich sei.

Dabei wird übersehen, dass *Arius* den Monarchianismus seiner syrischen Heimat vertrat und neben „Gott schlechthin" keine weitere göttliche Hypostase anerkennen konnte. Zwar räumte er, anders als seine heimatliche Tradition, ein, dass es einen präexistenten Logos gab, der die Welt konstituierte und in Jesus inkarnierte; hier scheint er die Sehnsüchte seiner alexandrinischen Gemeinde berücksichtigt zu haben, die auf beide Vorstellungen nicht verzichten konnte. Deswegen griff er auch die ökonomischen triadischen Vorstellungen des zweiten und frühen dritten Jahrhunderts auf, denen zufolge der Logos „am Anfang" ins Dasein trat. Aber *Arius* war wohl auch von dem Denken des *Origenes* beeinflusst, wonach ein zeitlicher Anfang (*Arius:* „Es gab eine Zeit, in der er [der Logos] nicht war"[210]) das Prädikat göttlich ausschloss.

Während aber *Origenes* daraus die Konsequenz zog, also müsse die Zeugung des Sohnes ewig sein – womit er sie in Gott selbst hineinverlegte –, ging *Arius,* der Monarchianer, den umgekehrten Weg: Der Logos war gerade deswegen eben nicht Gott, sondern Geschöpf: „Nicht immer war der Sohn; denn als alles aus dem Nichtseienden entstand und alle geschöpflichen und gemachten Wesen wurden, da ist auch das Wort Gottes aus Nichtseiendem geworden …"[211] Dennoch macht der Sohn seit dem Beginn seiner Existenz Gott zum „Vater", und es „gibt also eine Trias"[212]: Diese aber vereinigt ohne Vermischung den unendlich großen Gott mit den ihm wesensfremden – weil geschöpflichen – Hypostasen Sohn und Geist.[213] Weil *Arius* als Seelsorger in Alexandrien die überlieferten triadischen ökonomischen Konzepte aufgreifen musste, diese aber als bloß zeitliche, also im Sinne des *Origenes* nicht-göttliche Hypostasierungen auffasste, konnte er sie, seiner monarchianischen Herkunft folgend – anders als *Origenes* –, nicht in Gott selbst hineinverlegen. Gott ist für ihn ungeteilt einer, Sohn und Geist sind die ersten und vornehmsten Geschöpfe, der Begriff Trias erhält einen monarchianischen Sinn und meint keine triadische Struktur Gottes selbst.

c) Gottesdenken und Christologie in Ostsyrien

Unter „Ostsyrien" soll hier der Raum vom Euphrat, trotz gelegentlicher Verschiebungen die Grenze zwischen Römischem und persischem Reich, bis weit in den Osten Mesopotamiens, bis an die Grenzen Indiens, verstanden werden. In diesem Raum waren sehr viele kulturelle, religiöse und sprachliche

Prägungen verbreitet. Aber syrische Sprache und Schrift waren in diesem Raum, trotz der griechischen Einflüsse seit Alexander dem Großen und der persischen Herrschaft, bestimmend. Das Christentum war schon früh in diesem ganzen Raum verbreitet, und gegen Ende des 4. Jahrhunderts gab es rund achtzig Bistümer.

Mit großer Wahrscheinlichkeit war im syrischen Christentum eine dem Denken der westsyrischen antiochenischen Schule verwandte Vorstellungswelt verbreitet, allerdings zunächst ohne die Notwendigkeit, sich gegenüber immer dominierender werdenden hellenistischen Einflüssen abzugrenzen. Gott wurde im monarchianischen Sinn verstanden, ohne jede trinitarische Differenzierung, und Jesus wurde als unser „Heilbringer" rezipiert, weil er sich im Gehorsam Gott gegenüber „bewährt" hatte und unser Helfer sein wird beim Gericht Gottes.

Diese Theologie kann man verdeutlichen an den Schriften z. B. Aphrahats des Syrers (gest. nach 345). Über sein Leben ist wenig bekannt, aber offensichtlich kannte er die hellenistischen Diskussionen und Nizäa nicht. Er thematisiert vor allem alttestamentliche Motive. Der Geist Gottes ruhte auf den Propheten und auf Jesus Christus, dem großen Propheten; auch die Christen bekommen in der Taufe diesen Geist und sollen ihm gemäß leben.[214] Aphrahat[215] geht auf die These ein, dass der Messias Sohn Gottes sei, und weist die jüdische Kritik an der Gottessohnschaft zurück: „Denn der ehrwürdige Name der Gottheit wurde auch gerechten Menschen beigelegt und denen, die seiner würdig waren. Die Menschen, an denen Gott sein Wohlgefallen hatte, nannte er ‚meine Söhne' und ‚meine Freunde'." Er erwähnt Mose, der für den Pharao (Ex 7,1–2) und für Aaron (Ex 4,16) zum Gott bestellt war, sowie Israel, das Sohn ist (Ex 4,22–23; Hos 11,1–2; Jes 1,2; Dtn 14,1), und fährt fort: „Von Salomo hat er gesagt: ‚Er wird mir Sohn sein, und ich werde ihm Vater sein' (2 Sam 7,14; 1 Chr 22,10). Auch wir nennen Christus Sohn Gottes, durch den wir Gott erkannt haben, wie er (Gott) Israel ‚meinen erstgeborenen Sohn' genannt hat und wie er von Salomo gesagt hat: ‚Er wird mir Sohn sein'. Wir haben

ihn [Jesus] Gott genannt, wie er auch Mose mit seinem eigenen Namen bezeichnet hat."[216]

Fern der Notwendigkeit, sich vom hellenistischen Verständnis von „Gottessohn" abzugrenzen, kann er diesen Begriff mit Mitteln des Alten Testaments erklären. Jesus kann diese Bezeichnung tragen, weil er – wie z. B. auch Mose – ein gerechter und von Gott geliebter Mensch war. Jesus, der exemplarische Mensch – mit dieser Vorstellung war eine Abweichung vom unitarischen Monotheismus gänzlich unnötig.

Dieses Denken wurde aber bald durch eine neue Entwicklung verändert: Im Jahr 410 wurde vom sassanidischen Großkönig Yazdgird I. – ähnlich wie im Westen durch den römischen Kaiser – eine Synode in der Hauptstadt Seleukia-Ktesiphon einberufen, die nach den Verfolgungen im Perserreich die Kirchenstrukturen neu organisieren sollte. Es wurde beschlossen, Doppelhierarchien aramäischer und griechisch-sprachiger Gemeinden abzuschaffen; fortan gibt es nur *eine* syrisch-christliche Hierarchie. Die Beschlüsse von Nizäa wurden diskutiert und angenommen, wahrscheinlich auch eine Voraussetzung für die Integration der „Griechen".

Zwar dauerte es noch längere Zeiten, bis die jetzt neu konstituierte syrische Großkirche den hellenistischen Sprachgebrauch übernahm, nach der binitarischen Rede im Sinn von Nizäa später auch die weiterer „westlicher" Konzilien. Aber es begann jetzt ein Prozess der Hellenisierung auch der syrischen Kirche, den sie durch den Rückgriff auf antiochenische Theologen, vor allem Theodor von Mopsuestia, aber auch Nestorius, zu lösen suchte.

Gegen diese „Neuerung" scheint sich aber auch Widerstand erhoben zu haben. Nicht wenige hielten an der ererbten syrischen Theologie fest und lehnten Trinität und Gottessohnschaft Jesu ab. Aus den Reihen dieser „Altgläubigen" ist dann später die koranische Bewegung hervorgegangen – eine späte Konsequenz einer nicht-hellenistischen christlichen Konzeption. Die koranische Theologie und Christologie gehören somit zur christlichen Theologiegeschichte.

V. Die sprachliche Fixierung der Trinitätslehre im vierten Jahrhundert

1. Das Glaubensbekenntnis des ersten ökumenischen Konzils von Nizäa im Jahre 325

Die Lehre des *Arius,* die sich bald weit ausbreitete, fand heftige Gegner vor allem im stark hellenisierten Raum – besonders in Alexandrien –, dem er mit der Anerkennung von Sohn und Geist als eigenen Hypostasen entgegenkommen wollte; der Widerstand war vorwiegend christologisch bedingt: Das „Schema des Tausches", demzufolge Gott Mensch wird, um uns zu vergöttlichen, kam bei *Arius* zu kurz; Jesus Christus musste in einem umfassenden Sinn Gott sein, um dieser Soteriologie zu entsprechen.

Das von Kaiser *Konstantin* einberufene und dominierte Konzil in Nizäa führte zur Verurteilung des *Arius:* Der Sohn Gottes ist selbst Gott. Ebenso aber wurde die subordinatianische Tradition zurückgewiesen, nach der es in Gott Hypostasen unterschiedlicher Seinsmächtigkeit gebe. Das umfassende Gottsein des Sohnes – der Geist wird nur am Rande erwähnt („und [wir glauben] an den Heiligen Geist") – wird mit einer Reihe von Begriffen umschrieben: Er ist „Einziggeborener, das heißt aus dem Wesen des Vaters, Gott aus Gott, Licht aus Licht, wahrer Gott aus wahrem Gott, gezeugt, nicht geschaffen", und dann folgt der für die zukünftige Gottesauffassung wichtigste Begriff: „gleichen Wesens *[homo-úsios]* mit dem Vater"[217].

Damit ist jetzt der „Sohn" endgültig mit Gott Vater seinsmäßig auf die gleiche Ebene gestellt. An seinen ökonomischen Funktionen wird zwar festgehalten: „durch den alles geworden ist" (vgl. Joh 1,3) und er ist „Fleisch und Mensch geworden"[218]. Trotz dieses Festhaltens aber hat der „Sohn" jetzt eine so umfassende Göttlichkeit, dass *der Grund für die bisherigen ökonomischen Trinitätskonzepte entfiel:* Das trinitarische Denken war ja gerade deswegen entstanden, weil der eine, einfache und unveränderliche Gott nicht „nach außen“, in Schöpfung und Geschichte, handeln konnte und dazu der „Hände“ Sohn (und Geist) bedurfte; diese *mussten* von minderer Seinsfülle sein, weil sie bei ihrer Tätigkeit ja mit Veränderung und Pluralität in Berührung kamen. Jetzt aber – seit Nizäa – ist der Logos als gleichwesentlich gedacht, sodass seine Eigenart nicht mehr den Erfordernissen der Ökonomie entsprach. Der Weg ist grundgelegt zu einer späteren *Entfunktionalisierung* der zweiten und dritten Hypostase: Auch Schöpfung und Erlösung sind dann *ein* Handeln des *einen* Gottes nach außen – so bei *Augustinus.* Dann aber bleiben nur noch die Begriffe „Sohn“ und „Geist“ übrig, die keine angebbare und verstehbare Funktion – anders als bei der Entstehung dieser Vorstellungen – mehr haben; sie werden dann, weil niemand mehr sagen kann, wozu sie nötig sind (ihre Geschichte ist, weithin bis heute, „vergessen“), zum innergöttlichen Geheimnis.

Was der Begriff *homo-úsios* genauerhin bedeutet, erschließt sich nicht auf den ersten Blick; das Konzil benutzt ihn, definiert ihn aber nicht. Liest man ihn von der späteren trinitarischen Lehrentwicklung her, müsste er mit „wesensselbig“ übersetzt werden; dann hätten Vater und Sohn – zahlenmäßig – *ein* Wesen *(numerische Identität).*

Diese Vorgehensweise aber scheint von der Sache her nicht legitim zu sein, man muss Begriffe so interpretieren, wie sie zu ihrer Zeit gebräuchlich waren. Dann aber kann man feststellen, dass mit *homo-úsios* in der Regel zwei Wesen verglichen wurden, die derselben Gattung zugehören, aber der Zahl nach zwei sind – wie z. B. Vater und Sohn bei Menschen *(gattungsmäßige Identität);* dann bedeutet der Begriff so viel wie „gleichen Wesens“[219].

Dies legt die Wahrscheinlichkeit nahe, dass die Konzilsteilnehmer Vater und Sohn als zahlenmäßig zwei Seiende betrachteten, die aber der Gattung nach in gleicher Weise Gott sind. Mehr noch: Vater und Sohn beim Menschen gehören zwar auch „gleichwesentlich“ der Gattung Mensch zu, sind aber in ihren Eigenschaften durchaus voneinander verschieden: Der eine ist älter als der andere, vielleicht größer oder kleiner, intelligenter oder dümmer, vielleicht nicht einmal ähnlich aussehend. Dies alles entfällt, wenn von Gott die Rede ist, weil nach antikem Denken Gott keine Eigenschaften besitzt, die zu seinem Wesen hinzukämen; alle „Eigenschaften" sind mit dem „Wesen" Gottes identisch. Deswegen schließt der Begriff *homo-úsios* eine völlige „qualitative" Identität ein.

Dennoch aber lehrt das Glaubensbekenntnis – mit Sicherheit – zwei (vielleicht: drei) in Gott, und diese zwei lassen sich doch irgendwie unterscheiden, zumindest darin, dass der eine „Vater" ist und deswegen selbst – wie man in der Theologie damals sagte – ungezeugt, der „Sohn" aber ist gezeugt „aus dem Vater [...], das heißt aus dem Wesen des Vaters"; *der eine also ist ursprünglich, der andere herkünftig.* Diesen Unterschied legen auch die folgenden Umschreibungen nahe: Der Sohn ist „Gott *aus* Gott, Licht *aus* Licht, wahrer Gott *aus* wahrem Gott". Wie anders sind diese Sätze zu verstehen, als dass die Konzilsteilnehmer bei Gott an *zwei Seiende dachten, die in allem gleich sind, abgesehen von Ursprünglichkeit und Herkünftigkeit?*

Dies wird auch durch die Struktur des Symbols nahegelegt: „Das Symbol ist also nicht etwa nach folgendem Schema komponiert:

	den allmächtigen Vater
Ich glaube an einen Gott	den eingeborenen Sohn
	den Heiligen Geist.

Das Schema sieht vielmehr so aus:

	an einen Gott-Vater
Ich glaube	an einen Herrn Jesus Christus
	an einen Heiligen Geist."[220]

Anders gesagt: Das Symbol von Nizäa lehrt zwei (bzw. drei) Gottheiten, die in allem wesentlich und qualitativ – nicht aber der Zahl nach – identisch sind, abgesehen vom Vater-, Sohn- (und Geist-)sein. Gemessen an der späteren Trinitätstheologie, ist es also keineswegs orthodox, sondern der Sache nach bi- (bzw. tri-)theistisch.

2. Die nachnizänische Entwicklung bis zur Mitte des vierten Jahrhunderts

a) Der Kampf um die Interpretation des homo-úsios

Ohne auf die historischen Abläufe und auch jede Variante und Richtung im Einzelnen einzugehen – hier sei auf die reichlich vorhandene Literatur hingewiesen –, sollen nur die wichtigsten Interpretationstypen benannt werden; dabei ist zu beachten, dass diese oft nur schwerpunktmäßig umrissen werden können, weil die Aussagen einiger ihrer Vertreter nicht immer präzise sind.

(1) Zunächst einmal wehrten sich *Arius* und seine konsequenten Anhänger grundsätzlich gegen den Begriff *homo-úsios,* auch mit der zutreffenden Begründung, er sei nicht biblisch. Diese *Arianer* oder *Anhomoer* (griechisch: *anhomoios* = „unähnlich“: weil sie lehrten, Vater und Sohn seien sich nicht ähnlich) konnten zunächst Boden gewinnen und sich auf der *dritten Synode in Sirmium* im Jahre 357 durchsetzen. Es wurde ein Glaubensbekenntnis verabschiedet, in dem es heißt: „Aber wir können und dürfen nicht predigen, dass es zwei Götter gibt [...] [es] ist ein Gott über alles. [...] Und jeder weiß, [...] dass der Vater größer ist und der Sohn dem Vater untergeordnet, zusammen mit all den Dingen, die sich der Vater untertan gemacht hat.“[221] Hier wird – trotz der Verwendung des Wortes „untergeordnet“ – der Sache nach kein (innergöttlicher) Subordinatianismus gelehrt, weil der Sohn „mit allen anderen Dingen“ dem Vater „untertan“, d. h. Geschöpf ist. Der Gottesbegriff ist also monarchianisch.

(2) Die weitaus größte Gruppe von Theologen rezipierte das *homo-úsios* von Nizäa, verstand es aber im Sinne einer *Wesensähnlichkeit* (griechisch: *homoi-úsios* = ähnlichen Wesens, latinisiert: *homöúsios*). Diese *Homöusianer,* fälschlich auch *Semiarianer* genannt, repräsentieren wahrscheinlich am genauesten auch die Vorstellungen der meisten Konzilsteilnehmer von Nizäa; sie hatten ja das – gattungsmäßig aufgefasste – *homo-úsios* mit dem

Unterschied von Vater- und Sohnschaft verbunden. Weil diese Differenz aber bei Gott nicht akzidentell, sondern wesentlich gedacht werden musste, ist somit schon in Nizäa die Wesensgleichheit im Sinne einer Wesensähnlichkeit modifiziert – die Homöusianer brachten diese Zusammenhänge lediglich begrifflich auf den Punkt.

Dabei kannten sie durchaus unterschiedliche sprachliche – und teilweise auch sachliche – Varianten. So benutzte z. B. der Syrer *Eusebius* von Emesa († 359) antiochenische Vokabeln aus der Tradition des dynamischen Monarchianismus und nannte den Logos „Geist" oder „Kraft" Gottes[222]. Der stärker hellenistisch und subordinatianisch geprägte *Cyrill* von Jerusalem († 387) bekennt seinen Glauben an den einzigen Gott, „ungezeugt, anfanglos, ohne Ursprung, gänzlich unveränderlich"[223], und sagt vom „Sohn": „... er ist ähnlich in allem dem, der ihn gezeugt hat. [...] Er ist die subsistierende Weisheit und Kraft Gottes. [...] Es fehlt ihm nichts an der göttlichen Würde."[224] Es ist überflüssig hinzuzufügen, dass die homöusianische Lehre einen Bi- oder Tritheismus beinhaltet, weil sie in Gott zwei oder drei zwar gattungsmäßig wesensgleiche, aber doch nur einander ähnliche Hypostasen annimmt.

(3) Eine dritte Gruppe wollte unnötigen Streit vermeiden und deswegen auf das ohnehin unbiblische Reden von einer *usía,* einem „Wesen", verzichten; sie schlug vor, einfach zu sagen, der Sohn sei dem Vater ähnlich. Diese *Homöer* (von griechisch: *homoios* = ähnlich, latinisiert: *homöos)* sind der Sache nach den Homöusianern zuzurechnen.

(4) Einige wenige Theologen interpretierten das *homo-úsios* in eine Richtung, die sich später durchsetzen sollte: Sie lehrten die *„Wesensselbigkeit",* d. h. die zahlenmäßige Einzigkeit des Wesens von Vater und Sohn: Es gibt nur *ein* göttliches Wesen.

Hierzu ist vor allem *Athanasius,* Bischof von Alexandrien († 373), zu rechnen. Er weist die Meinung der Heiden zurück, „dass auch wir mit der Dreiheit von vielen Göttern reden. Denn wir führen nicht [...] drei Prinzipe oder drei Väter ein. [...] So kennen wir nur Ein Prinzip; das schöpferische Wort aber besitzt nach unserer Lehre keine andere Gottheit als die des alleinigen Gottes. […] Denn Eine Gestalt der Gottheit gibt es, die auch im Worte ist, und Einer ist Gott der Vater, der in sich selbst existiert, da er in allem ist, im Sohne erscheint, da er alles durchdringt, und im Geiste, da er in allem durch das Wort in ihm wirksam ist."[225]

Bei diesen Ausführungen wird deutlich, dass auch *Athanasius* noch Restbestände des alexandrinischen Subordinatianismus kennt, *insofern er die Einheit Gottes nicht eigentlich in dem einen Wesen, sondern im „Vater" verankert.* Dieser aber repräsentiert dynamisch das eine und einzige Wesen Gottes, indem er sich auch in Sohn und Geist hinein entfaltet. Die im Vater begründete Einzigkeit des Wesens Gottes wird dann von *Athanasius* so streng durchgehalten, dass der Vater letztlich auch – wenn auch durch den Logos – das Prinzip der Fleischwerdung und der Heiligung ist; Gott, und nicht so sehr der Logos, wurde Mensch, damit wir Gott werden. Diese beinahe modalistischen Auffassungen zeigen, wohin der Weg geht, wenn die Homousie im Sinne einer zahlenmäßigen Einheit interpretiert wird: zur Entfunktionalisierung von „Wort" und „Geist".

Diese Linie wurde z. B. sehr pointiert vertreten von einem anderen Homousianer, *Marcellus* von Ankyra († 374/375), der schon in Nizäa „zu den wenigen gehörte, die eifrig für das Homousios eingetreten waren"[226], und der des *Sabellianismus* verdächtigt wurde: Gott ist eine ungeteilte Monas, und der Logos ist in ihm und mit ihm von Ewigkeit her identisch und tritt dann aus ihm hervor. „Diese in Gott seiende Kraft erweist sich in der Weltschöpfung und Offenbarung" als dynamische Energie; „… denn alles, was der Vater sagt oder tut, das geschieht durch den Logos. […] Gott, insofern er wirksam wird, ist der Logos. […] Nicht mit drei verschiedenen Wesen hat man es zu tun, sondern das unaussagbare Verhältnis ist gleichsam als eine Ausdehnung oder Selbstentfaltung des einen Gottes anzusehen."[227]

In Rom fand diese Konzeption offensichtlich eine positive Resonanz; der römische Bischof ließ sich nicht zu einer Verurteilung des *Marcellus* drängen.[228] Im lateinischen Westen war man, aufgrund der nicht so tiefreichenden Hellenisierung, stärker an dem einen Gott interessiert als an seinen Hypostasen, und auch in der Christologie betonte man stärker, dass *Gott* Mensch wurde, als dass man auf das „Wort" hinwies.

Diese Versuche, den biblischen Monotheismus zu retten und zugleich die ökonomischen Aufgabenzuweisungen an Sohn und Geist, die mittlerweile in Gott selbst hineinverlegt waren, zu berücksichtigen, wurden leider in der weiteren Theologiegeschichte nicht aufgegriffen. Zwar setzte sich die Interpretation der Homousianer – *homo-úsios* als „wesensselbig" – durch, wurde aber später von den Kappadokiern[229] auf sehr anfechtbare Weise mit den Anliegen der Homöusianer verbunden und in dieser Form zur Sprache der trinitarischen Orthodoxie.

b) Der Wandel von einer Bini- zur Trinitätslehre

Weil der Geist mit der Taufformel und anderen triadischen Reihungen mittlerweile zur festen Tradition gehörte, wurde er in der bisherigen Diskussion meist mitbenannt, wenn auch oft nur auf eine Weise, wie sie noch vom Konzil von Nizäa praktiziert wurde: „Und [wir glauben] an den Heiligen Geist." Die eigentlichen Auseinandersetzungen betrafen bis dahin Rolle, Funktion und Würde des Logos/Sohnes.

Die Bestreitung der Gottheit des Geistes

Nach Nizäa aber bahnt sich hier ein Wandel an: Einige Theologen bestritten das Gottsein des Geistes. Sie wurden bald *Pneumatomachen* (griechisch: *pneuma* = Geist, *macheisthai* = bekämpfen) oder – nach einem ihrer (möglicherweise irrtümlich dazu gerechneten[230]) Vertreter, *Makedonius* von Konstantinopel († vor 364) – auch *Makedonier* genannt.[231] Meist anerkannten sie die Göttlichkeit des Sohnes, wollten aber mit Verweis auf biblische

Texte den Geist auf eine dienende Funktion und damit auf seine Geschöpflichkeit beschränken. Ihre Schriften sind nicht mehr erhalten, einige ihrer Thesen sind nur aus der Polemik ihrer Gegner bekannt.

Die Durchsetzung der Gottesprädikation für den Geist

Die Bestreitung der Göttlichkeit des Geistes richtete erstmals die theologische Aufmerksamkeit auf ihn, wie *Basilius* von Cäsarea († 379) feststellt: „Aber vom Hl. Geiste ist [in Nizäa, Verf.] nur so im Vorbeigehen die Rede, die keine weitere Ausführung findet. Damals war eben diese Frage noch nicht angeregt worden …"[232] Nachdem der Logos als gleichen Wesens mit dem Vater definiert war, musste dies auch Auswirkungen auf den bisher nicht genauer reflektierten Geist haben; unter diesen Voraussetzungen ließ die triadische Formel keine andere Möglichkeit mehr zu: „Man muss die mit dem Banne belegen, die sagen, der Hl. Geist sei ein Geschöpf", so *Basilius*.[233] Dennoch aber nannte er den Geist, was nicht leicht verständlich ist, an keiner Stelle einfachhin begrifflich Gott oder *homo-úsios:* „Auf diese Frage versuchten schon seine Freunde und theologischen Weggefährten eine Antwort zu geben, zunächst Athanasius von Alexandrien, dann auch Gregor von Nazianz."[234] Dennoch wird durch die Theologie des *Basilius* eine Entwicklung angestoßen, *die christliche Gottesvorstellung auch begrifflich trinitarisch zu verstehen.*

Wenn aber auch eine Geschöpflichkeit des Geistes zunehmend abgelehnt wurde, blieb doch seine Einordnung in Gott schwierig. In welchem Verhältnis steht er zu Vater und Sohn, ist er ihnen untergeordnet oder gleichrangig? Diese Fragen wurden vor allem von *Basilius* von Cäsarea aufgegriffen und für die Zukunft entschieden. Sein Einsatz hat dabei einen biografischen Hintergrund: Er ist fasziniert von dem sich überall ausbreitenden Mönchtum, das er in Kappadokien koinobitisch organisiert, indem er ihm eine „Regel" gibt („Basilius-Regel");

hierbei möchte er, dass sich das mönchische Leben an der Jerusalemer Urgemeinde orientieren soll.

Sowohl in der Urgemeinde, die sich ja – im Geistbesitz – als Gemeinde der Endzeit verstand, wie auch in der Spiritualität des Mönchtums spielte der Geist eine große Rolle, im letzteren Fall sogar als eine – im Kampf gegen die Dämonen und im immer neuen Versuch, geistlich zu leben – beinahe hautnah erlebbare Größe. Diese existenzielle und spirituelle Basis scheint *Basilius* zu motivieren, dem Geist auch in der Theologie seinen festen Platz zu erkämpfen.

Ein weiterer Gesichtspunkt kommt hinzu: *Basilius* hatte sich erst als junger Mann taufen lassen; die Taufe mit ihrer triadischen Formel stellte für ihn ein starkes Initiationserlebnis dar. In einem Brief schreibt er: „Dieser Taufe entsprechend legen wir ein Glaubensbekenntnis ab, und dem Bekenntnis entspricht unsere Doxologie, indem wir mit dem Vater und dem Sohne zugleich den Hl. Geist verherrlichen, weil wir überzeugt sind, dass er nicht außer der göttlichen Natur steht."[235]

Auch die Anthropologie des *Basilius* spielt eine wichtige Rolle: Für ihn ist der Mensch *Bild* (eikón) Gottes (vgl. Gen 1,26). Die biblische Aussage wird von ihm – wie meist in altchristlicher Zeit – aber im Sinne einer „naturalen" Verwandtschaft mit Gott aufgefasst; der Mensch ist in seiner – vor allem geistigen – Natur Gottes Bild und auf ihn hingeordnet. Er kann sich somit selbst nur recht verwirklichen, wenn er *Gott nachahmt (mímesis theú),* d. h. geistlich – „in der Abwendung von den bösen Leidenschaften"[236] – lebt. Wie im Mönchtum allgemein geht es auch ihm weniger um die (geschichtliche) Nachfolge *Jesu,* sondern um das – hellenistisch interpretierte – pneumatische Leben, in dem eine Verähnlichung mit Gott angestrebt wird. Weil dies aber unser Ziel ist, muss der Geist, der uns dabei leitet, selbst göttlich sein; er soll uns ja „vergöttlichen".

Basilius geht so weit – erstmals in der Theologiegeschichte –, das hellenistisch-christologische Tauschprinzip (Gott bzw. der Logos wird Mensch, damit wir göttlich werden) nicht auf die Inkarnation des Logos, sondern auf den Geist zu beziehen: „Ja, durch den Geist werden die Herzen erhoben. […] Indem er die von der Sünde Gereinigten erleuchtet, macht er sie durch die Gemeinschaft mit sich zu geisterfüllten Menschen. Wie helle und durchscheinende Körper unter einfallendem Licht selbst zu leuchten beginnen […], so strahlen die geisttragenden Seelen […] diese Gnade auch auf andere Menschen aus. Von daher kommt […] die unendliche Freude, das Bleiben in Gott, *die Verähnlichung mit Gott und das höchste alles Erstrebbaren: selber Gott zu werden.*"[237] Mit anderen Worten: *Das Raster, das bisher das Gottsein des Logos begründete, wird jetzt zur Absicherung der göttlichen Würde des Geistes angewendet.* Hier wird der Geist zum eigentlichen Mittler unseres – hellenistisch verstandenen – Heils. Nachdem durch Nizäa der Sohn in die transzendente Höhe des Vaters erhoben wurde und keine „mindere" Gestalt mehr sein kann, ist es jetzt der Geist, der unter uns wirkt. Nur der *göttliche* Geist aber kann uns heiligen: „Die Kreatur dient, der Geist macht frei […], die Kreatur wird geheiligt, der Geist aber ist es, der heiligt."[238]

Von diesen Positionen aus setzt sich *Basilius* im Kampf für die Würde des Geistes ein, verweist auf seine Nennung im Taufbefehl und in der Doxologie (im „Lobpreis"). Seine Gegner wenden ein, dass der Geist nirgendwo im Neuen Testament doxologisch mit Vater und Sohn parallelisiert werde; deswegen dürfe ihm nicht die gleiche Ehre zukommen oder er gar angebetet werden. *Basilius* entgegnet – er stützt sich hierbei wieder auf den Taufbefehl und das dem Geist immer mitgegebene Eigenschaftswort „heilig" –, dass zwischen dem Geist sowie Vater und Sohn eine physische Gemeinschaft bestehe; die Doxologie sei eine Folge des Taufbefehls.

Andere Theologen gingen einen Schritt weiter; zunehmend lehrten sie von jetzt an auch ausdrücklich sein Gottsein, wozu sie sich vor allem durch seine traditionelle Nennung zugleich mit Vater und Sohn gezwungen sahen. „Es ist auch widersinnig, das von Natur Ungleiche zusammen zu nennen und zu preisen. Denn welche Gemeinschaft oder welche Ähnlichkeit hat das Geschöpf mit dem Schöpfer?", meint z. B. *Athanasius.*[239]

Überlegungen dieser Art waren auf dem Hintergrund hellenistisch-christlichen Denkens sowie der theologischen Situation in der zweiten Hälfte des vierten Jahrhunderts unmittelbar plausibel, und so wundert es nicht, dass im Glaubensbekenntnis des *Ersten Konzils von Konstantinopel* im Jahre 381, das im Verlauf des fünften Jahrhunderts zunehmend als ökumenisch anerkannt wurde[240], ohne weitere Streitigkeiten einige Passagen zum Geist eingefügt wurden, die seine Göttlichkeit bekräftigen: „Und an den Heiligen Geist [glauben wir], den Herrn und Lebensspender, der vom Vater ausgeht, der mit dem Vater und dem Sohn zusammen verehrt und zusammen verherrlicht wird, der durch die Propheten geredet hat."[241]

Die Formulierungen zum Geist legen den Eindruck nahe, hinter ihnen stehe eine Theologie, die ein wenig älter ist als der mittlerweile erreichte Diskussionsstand – so ist z. B. nicht von einer Homousie des Geistes die Rede. Zwar werden dem Geist indirekt göttliche „Qualitäten" zugeeignet, z. B. die gemeinsame Anbetung mit Vater und Sohn und sein Hervorgehen aus dem Vater. Z. Zt. des Konzils aber war die begriffliche Reflexion schon einen Schritt weiter. Darüber hinaus vermitteln der „ganze Stil des Bekenntnisses, seine schöne Ausgewogenheit und sein leichter Fluss [...] eher den Eindruck eines liturgischen Stückes, das sich im Leben und im Gottesdienst der christlichen Gemeinde natürlich herausgebildet hat, als den eines konziliaren Kunstprodukts"[242]. Man muss also vermuten, dass das Konzil den Text übernommen und allenfalls überarbeitet hat bzw. auch gar nichts von ihm wusste; dann wäre es ihm erst später zugeschrieben worden.[243] Jedenfalls war jetzt – durch die Verknüpfung dieses Symbols mit einem Konzil, das seit Chalzedon 451 als ökumenisch galt – *die göttliche Würde des Geistes und damit eine trinitarische Konzeption erstmals großkirchlich festgeschrieben.*

3. Die Formelorthodoxie

a) Ein Wesen – drei Hypostasen

Basilius von Cäsarea geht aus von Vater, Sohn und Geist sowie dem einen Gott. In der bisherigen Tradition wurden für Einheit und Dreiheit unterschiedliche formale Begrifflichkeiten verwandt, vor allem „Wesen" *(usía)* und *hypóstasis* (meist im Sinne von Substanz, also gleichbedeutend mit „Wesen", gebraucht), und hierbei wurden diese nicht immer – so meint *Basilius* – zutrefend benutzt:

„1. Weil viele in den geheimnisvollen Lehren eine Unterscheidung zwischen *Wesenheit [usía],* die etwas Allgemeines ist, und dem Begriff *Person [hypóstasis]*[244] nicht kennen und die beiden Begriffe beliebig verbinden im Glauben, es sei belanglos, ob man Wesenheit oder Person [Hypostáse, Verf.] sage, [...] deshalb habe ich, damit nicht auch du [angesprochen ist der Bruder des *Basilius, Gregor von Nyssa,* Verf.] dem gleichen Irrtum verfällst, hierüber eine Abhandlung verfasst. [...]

2. Von allen Bezeichnungen haben die, die für eine Reihe [der Zahl nach] verschiedener Dinge passen, eine mehr allgemeine Bedeutung, wie z. B. das Wort Mensch. Der dieses Wort ausspricht, redet damit von der allgemeinen Natur, bezeichnet aber nicht irgendeinen [bestimmten, Verf.] Menschen, der mit diesem Namen eigens gekennzeichnet würde. So ist z. B. Petrus nicht mehr Mensch als Andreas, Johannes oder Jakobus. [...]

3. Das wollen wir also sagen: Mit dem Wort ‚Person' [Hypostase] will etwas Einzelnes bezeichnet sein. [...]

4. [...] Deshalb sagen wir, in der Gemeinschaft der Wesenheit sind unvereinbar und nicht mitteilbar die in der Trinität beobachteten Merkmale, durch die die Proprietät [Eigentümlichkeit, Verf.] der im Glauben überlieferten Personen [Hypostasen, Verf.] dargestellt wird. [...] In Bezug auf die Unermesslichkeit, Unbegreiflichkeit, auf das Unerschaffen- und Unbegrenztsein und all dergleichen Eigenschaften gibt es in der lebendigmachenden Natur keinen Unterschied. [...]

5. […] So hat denn unsere Erörterung in der Trinität etwas Gemeinsames und etwas Besonderes betrachtet: Von der Gemeinsamkeit ist die Rede mit Bezug auf die Wesenheit; die Person [Hypostase] aber bringt die Eigentümlichkeit des Einzelnen zum Ausdruck."[245]

Die von *Basilius* festgelegte Begrifflichkeit von dem einen Wesen *(usía)* bzw. Natur *(phýsis)* und den drei Hypostasen bzw. drei *prosopa*[246] ist bis heute *die Formel trinitarischer Orthodoxie.* Sie ermöglichte es, Einheit und Dreiheit in Gott so zu benennen, dass sowohl die Dreiheit eine Realität besitzt wie auch – anscheinend – der Monotheismus gewahrt bleibt; alles, was der Begriff Gott einschließt, ist zahlenmäßig nur einmal in dem einen Wesen gegeben und zugleich allen drei Hypostasen gemeinsam.

b) Ein latenter Tritheismus

Dennoch sind mit dieser Formel keineswegs alle Fragen beseitigt; denn *Basilius* geht in seiner Argumentation aus von der Dreiheit, auch von den gesonderten ökonomischen Funktionen des Vaters, des Sohnes, des Geistes, und er fragt erst dann – in einem zweiten Schritt – nach der Einheit. In den Vergleichen, die er zur Erläuterung seiner Begrifflichkeit heranzieht, erscheinen Vater, Sohn und Geist wie verschiedene „Exemplare" *einer* Gattung – wie es für Petrus, Andreas oder Johannes gilt oder generell für individuelle Menschen, die einer Gattung „Mensch" oder „Lebewesen" zugehören. Und jeder der drei Hypostasen wird ein unterschiedliches ökonomisches Handeln zugewiesen; zur Erschaffung der Engel schreibt *Basilius:* „Denke im Akt, der sie schuf, als erste Ursache den Vater, als schöpferische den Sohn, als vollendende den Geist, sodass die ‚dienenden Geister' (Hebr 1,14) durch den Willen des Vaters existieren, durch das Wesen des Sohnes zum Sein gelangen, durch den Beistand des Geistes vollendet werden."[247]

Deswegen besitzen Vater, Sohn und Geist doch eine je spezifische Realität: „… man muss bekennen, dass jede Person [Hypostase, Verf.] als wirkliche Hypostase existiert"[248]; anders bestehe die Gefahr, „ins Judentum" zu verfallen, gleich wie „dass, wer das Gemeinsame der Wesenheit nicht bekennt, ebenso dem Polytheismus verfällt"[249]. Dass hier die Einheit des Wesens gelehrt wird, ist eindeutig; ebenso aber liegt auf der Hand, dass der Dreiheit eine je gesonderte Existenz zugesprochen wird, die einen innerhalb des gemeinsamen Wesens gegebenen Tritheismus nicht vermeiden kann.

Bei seiner Differenzierung von *usía* und *hypóstasis,* die in der griechischen philosophischen Tradition weithin synonym verwandt wurden, lehnt sich *Basilius* an neuplatonische Sprechweisen an, die einen gewissen Unterschied zwischen beiden Begriffen kennen: *Usía* ist dort das – gänzlich allgemeine – Wesen, *hypóstasis* konnte die Bedeutung von – konkreter – „Verwirklichung" des Wesens oder dessen – konkretem – „Vollzug" besitzen. In diesem Sinne fasst *Basilius* die drei Hypostasen als drei unterschiedliche „konkrete" Realisationen des einen Gottseins auf. Zu fragen bliebe hier, ob das göttliche Wesen, das dreifach konkret hypostasiert, wirklich im Sinne einer numerischen Identität aufgefasst ist; jedenfalls spricht *Basilius* auch von „Wesensgemeinschaft" und „Naturgemeinschaft"[250].

Leo Scheffczyk stellt für die drei Kappadokier fest: „Insofern trifft es zu, dass die Kappadozier das ὁμοούσιος [*homo-úsios,* Verf.] doch im Sinne des ὁμοῖος κατ' ουσίαν [*homoios kat' usían,* ähnlich im Wesen, Verf.] deuteten und damit den Brückenschlag zu den Homöusianern vollzogen …"[251]

Wie wenig der Monotheismus durch die Vorstellung des einen Wesens gesichert ist, zeigt der Versuch des *Basilius,* die Einheit Gottes – wie in der subordinatianischen Tradition – statt im „Wesen" Gottes im „Vater" zu verankern; seine Vorstellung der Einheit der drei Hypostasen sieht so aus: *ek* (aus), *diá* (durch), *en* (in)[252]: Es gibt eine Monarchie des Vaters, *aus* dem sich alles *durch* den Sohn herleitet und *im* Geist auswirkt: „Denn in der Tat, es gibt nur einen einzigen Ursprung für alle Seienden, er schafft *durch* den Sohn und vollendet *im* Heiligen Geist."[253]

c) Eine stärkere Betonung der Einheit Gottes bei bleibendem „Tritheismus"

Auch die beiden anderen Kappadokier, *Gregor von Nazianz* und *Gregor von Nyssa,* verbleiben in den von *Basilius* vorgeschlagenen Bahnen. *Gregor von Nazianz* betont die Homousie Gottes[254] und: „Für uns gibt es nur einen Gott, weil es nur eine Gottheit gibt."[255] Bei ihm ist die numerische Selbigkeit Gottes eindeutiger als bei seinem Freund *Basilius;* aber ebenso wie dieser begründet er die Einheit Gottes mit subordinatianischem Sprachgebrauch in der Monarchie des Vaters: „Wenn wir auch an drei glauben, so werden die doch auf einen zurückgeführt, die aus ihm ihren Ursprung haben."[256]

Auch *Gregor* kann also die Gefahr eines binnengöttlichen Tritheismus nicht vermeiden; zwar will er für Gott alle Bilder, die „von den irdischen Dingen" genommen sind, vermeiden – das wäre „äußerste Verrücktheit"[257] –, aber dann vergleicht er doch die Ungeteiltheit Gottes „in den Verschiedenen" mit „drei miteinander vereinigten Sonnen", die nur *eine* „Mischung des Lichtes" kennen, spricht von den „drei, die wir anbeten"[258], und – im Plural – von „Wirklichkeiten"[259]. Darüber hinaus wehrt er den Versuch ab, in Gott nur noch eine einzige Hypostase zu sehen, weil dann „in dem Bekenntnis des einen Vaters und Sohnes und Heiligen Geistes nur noch leere Namen gelassen werden"[260], und das will er auf keinen Fall. Von *Gregor von Nyssa* meint *H. Vorgrimler,* dass er von der Unendlichkeit des Wesens Gottes und „so auch trinitarisch von der Einheit des Wesens, nicht von der Dreiheit", ausgehe.[261] Das mag gelegentlich so scheinen, und ganz sicher kreist seine Theologie stärker um die Einheit Gottes, dennoch aber redet er derart profiliert von der selbstständigen Realität der Hypostasen, dass er faktisch einen Tritheismus propagiert. Dem Logos spricht er „Einfachheit" zu. Wenn man das anerkenne, „muss man auch einräumen, das Wort sei selbstständiges Leben, nicht nur teilnehmend am Leben. Wenn nun das Wort lebt, weil es selbst Leben ist, so besitzt es auch Willenskraft; denn es gibt nichts Lebendiges, das ohne

Willen wäre. Die Ehrfurcht gegen Gott verlangt aber die weitere Folgerung, dass dieser Wille mächtig sei."[262]

Was aber heißt das anderes, als dass der Logos ein für sich subsistierendes Subjekt ist, und genau dies führt *Gregor* im Folgenden aus: „... ebenso ist auch das Wort Gottes durch sein selbstständiges Sein von dem verschieden, von welchem es dieses selbstständige Sein hat; aber dadurch, dass es an sich selbst aufweist, was wir an Gott erkennen, ist es der Natur nach mit jenem identisch, an dem sich die gleichen charakteristischen Eigenschaften finden."[263] Alles Reden von der Einheit scheint nicht weiterzuführen, als diese *gattungsmäßig* zu verstehen, und anders ist es auch nicht möglich, wenn von drei selbstständigen Realitäten gesprochen wird. Selbst wenn man zahlenmäßig *ein* Wesen annimmt, müssten nach *Gregor* die drei Hypostasen *in ihm* „selbstständiges Sein" besitzen.

d) Die etymologische Trinitätslehre

Wie schon ausgeführt, weist *Basilius* den drei Hypostasen noch – wie in der bisherigen Tradition – gesonderte ökonomische Funktionen zu, obwohl dies eigentlich nicht mehr denkbar sein sollte unter der Voraussetzung *eines* göttlichen Wesens. Aber so radikal war die Einheit noch nicht gedacht, und auch die beiden anderen Kappadokier zeigen in dieser Frage – trotz ihres Bemühens, die Einheit stärker zu betonen – Defizite.

Dennoch aber war mit dem Reden von dem einen Gott und seiner einen Wesenheit der Blick von dem ökonomischen Handeln auf die göttliche Sphäre selbst gelenkt, und es wurde mit der Zeit notwendig, die Dreiheit vor allem und bald ausschließlich *innertrinitarisch* zu begründen, weil sie ja *von Ewigkeit her* – und nicht erst seit dem „Anfang", also seit Beginn der Ökonomie – besteht. Dabei handelte es sich um *eine neue Aufgabe,* war doch die Trinitätslehre in ihrem Ursprung bisher ökonomisch – ausschließlich ökonomisch – begründet, so auch bisher von den Theologen aufgefasst und konzipiert: Sie erwies sich als Hypostasierung des Handelns Gottes nach außen.

Was aber bleibt übrig, wenn der Rückgriff auf dieses Handeln in der Zueignung zu einzelnen Hypostasen zunehmend problematisch wird, weil die Trinität als ewige Größe aufgefasst wird? Dann gibt es nur noch die Begriffe *Vater, Sohn und Geist* bzw. einige andere seit neutestamentlichen Zeiten gebräuchliche Termini wie z. B. der Logos – das Wort – oder das Sprechen vom Sohn als „Ebenbild des unsichtbaren Gottes" (Kol 1,15).

Konsequent greift *Basilius* auf solche Wörter zurück, wenn er die hypostatischen Besonderheiten erklären will. Dem Sohn eben ist, wie der *Begriff* sagt, das Geboren- oder Gezeugtsein zu eigen, dem Vater das Zeugen und – für sich selbst – das Fehlen irgendeiner Herkünftigkeit: Niemand würde „entweder dem Vater die Geburt oder dem Sohne das Nichtgeborensein" zusprechen[264]; und wer vom Sohn spricht, denkt dabei auch notwendig an den Vater, und im Sohn kann man das Abbild des Urbildes erblicken mit Ausnahme des „Eingeborensein[s] des Vaters"[265]. Auch der Begriff Geist (griechisch: *pneuma,* von *pneo* = hauchen) diente *Basilius* dazu, dessen innergöttliche Eigentümlichkeit zu umschreiben: Er ist „nicht wie der Sohn gezeugt, sondern [...] Hauch seines [des Vaters, Verf.] Mundes. Mit ‚Mund' ist hier kein Teil des menschlichen Leibes gemeint und mit ‚Hauch' kein Atem, der vergeht. ‚Mund' ist vielmehr auf Gott geziemende Weise zu denken und ‚Hauch' als lebendige Wesenheit, die über die Heiligung gebietet."[266] Interessant ist hier, dass sogar von einer Wesenheit *(usía)* des Geistes die Rede ist, wo es eigentlich *hypóstasis* heißen müsste.

Je mehr in der Folgezeit die Einheit Gottes in den Vordergrund rückt und somit die Heilsökonomie tendenziell zur Umschreibung der hypostatischen Besonderheiten problematisch oder sogar untauglich wird – explizit bei *Augustinus,* der nur noch *ein* Handeln Gottes nach außen für denkbar hält[267] –, umso weniger bleibt, womit man – innertrinitarisch – Vater, Sohn und Geist in ihrer Verschiedenheit umschreiben kann.

Übrig bleiben ihre Namen oder andere biblische Symbolbegriffe. Diese werden jetzt herangezogen, um aussagen zu können, wer oder was sie sind. Auch *Gregor von Nazianz* legt etymologisch aus, was Vater, Sohn und Geist bedeuten: „… der Vater [ist] der Anfanglose, der Sohn ist der ohne Anfang Gezeugte, der Heilige Geist ist der ohne Zeugung Hervorgegangene oder Hervorgehende“[268], oder er spricht von „Ungezeugtsein, Gezeugtsein und Hervorgehen“[269] als den hypostatischen Eigentümlichkeiten.

Gregor von Nyssa begründet sogar die (gattungsmäßige) Homousie des Logos mit den Vokabeln Vater und Sohn: „… kein Vernünftiger wird sagen, ein Baumeister habe ein Haus gezeugt, sondern mit dem Namen Vater und Sohn wird erklärt, dass beide der Natur nach zusammengehören […] und […] der Sohn mit dem Vater gleichen Wesens ist“[270]; ähnlich gilt für den Begriff „Wort“: Man müsse, „sobald man ‚Wort‘ sagt, auch an den Vater des Wortes denken […], weil es kein Wort gibt, ohne dass es von jemand herrührt“[271]. Auch die hypostatische Besonderheit des Geistes wird, wie bei *Basilius,* von seinem Begriff her erklärt: „Der Heilige Geist ist dem Atem zu vergleichen, den wir beim Sprechen ausstoßen.“[272] *Gregor* geht sogar noch einen Schritt weiter und reflektiert *die logische Eigenart* dieser Aussagen. Konkret bezieht er sich auf den Vater und sein Wort: Es handelt sich um *Verhältnisbestimmungen,* um *relationale Termini:* „… weil ferner das Wort von dem, der es ausspricht, *verschieden* ist – denn dies bringt der korrelative Charakter des Ausdruckes ‚Wort‘ mit sich, indem man, sobald man ‚Wort‘ sagt, auch an den Vater des Wortes denken muss […] –, unterscheiden wir also, sage ich, wegen des soeben erwähnten korrelativen Charakters, welcher dem Worte als solchem zukommt, verstandesmäßig und notwendig das Wort, sobald wir davon hören, von dem, von welchem es ist …“[273]

An dieser Stelle werden erstmals hypostatische Besonderheiten durch einen Rückgriff auf die *relationale Struktur* der Bezeichnungen Vater und Wort erklärt – eine, wenn man so will, *formalisierte Etymologie. Augustinus* wird später auf diese Vorgaben zurückgreifen und seine Trinitätskonzeption mittels dieses Relationsverständnisses entfalten.[274] Was so gescheit und kompliziert aussieht, hat also ganz einfache Gründe: Wenn die Trinität unter Absehung von den für ihre Entstehung maßgebenden ökonomischen Funktionen erklärt werden soll, *bleiben nur noch die Namen übrig, die strukturell Verhältnisbezeichnungen in sich tragen;* die Trinität wird dann, wegen ihrer Inhaltlosigkeit, zu einem schwer ergründbaren Mysterium.

Natürlich sind diese Tendenzen bei den drei Kappadokiern erst in Ansätzen greifbar, weil sie – systemwidrig – auch noch die ökonomischen Aspekte zur Erklärung der Dreiheit zulassen und so trotz der Betonung des *einen* Wesens einen latenten Tritheismus kennen. Aber die Richtung ist gewiesen.

4. Der neue Konsens

Die trinitarischen Diskussionen der damaligen Zeit wurden im Osten sehr leidenschaftlich geführt. Über die Lage in Konstantinopel schreibt *Gregor von Nazianz:* „Diese Stadt steckt voller Handwerker und Sklaven, von denen jeder ein tiefer Philosoph ist und in der Werkstatt oder auf der Straße predigt. Willst du jemandem ein Silberstück wechseln, so macht er dir klar, worin sich der Vater vom Sohn unterscheidet; fragst du nach dem Preis eines Brotlaibs, so bekommst du zu hören, dass der Sohn geringer als der Vater sei; und wenn du dich erkundigst, ob dein Bad bereit sei, erhältst du zur Antwort: Der Sohn ist aus dem Nichts geworden …“[275] Die leidenschaftliche Teilnahme auch theologischer Laien an der Diskussion zeigt, dass es hier um Fragen ging, die ihnen existenziell wichtig waren. Umso erstaunlicher ist es, dass diese Auseinandersetzungen rasch abebbten.

So unbefriedigend die Trinitätskonzeption der Kappadokier war, setzte sie sich bald in der ganzen Kirche durch. Ihre griffige Formel schien endlich die Sache zu klären, jedenfalls machte sie die trinitarische Sprache handhabbar. Befördert wurde dies durch das Symbol, das in Chalzedon 451 dem *Ersten Konzil von Konstantinopel* im Jahre 381 zugesprochen, als Bestätigung der kappadokischen Lehre aufgefasst wurde und als *Ni-*

zäno-konstantinopolitanisches Glaubensbekenntnis zunehmend Einlass in die Liturgie fand. *Leo Scheffczyk* stellt fest: „Für den Osten gilt sogar die noch weiter reichende Behauptung, dass mit diesem Symbol und der ihm zugrunde liegenden Theologie der Kappadokier auch die theologische Entfaltung und Durchdringung des Trinitätsgeheimnisses im Wesentlichen zum Abschluss gekommen war, wenngleich *Johannes von Damaskus* auch noch eine lehrhafte Systematisierung leistete."[276]

Den Grund für die rasche Beruhigung der trinitarischen Diskussion hat man wohl darin zu sehen, dass das, was man mit den hellenistisch-christlichen Sprachmitteln zu diesem Thema sagen konnte, gesagt war; ein Mehr an Einheit Gottes hätte die im Osten soteriologisch unverzichtbare Dreiheit realitätslos gemacht, eine noch stärkere Betonung der Dreiheit den Monotheismus vollends aufgehoben. *Die kappadokische Formel war das Maximum des Formulierbaren.*

Deswegen ist im Großen und Ganzen die Meinung *Scheffczyks* vom Abschluss der Trinitätsdiskussion im Osten zutreffend; über die Kappadokier hinaus gibt es keine einschneidenden Veränderungen mehr, und diese Form der Trinitätslehre prägt die Theologie der orthodoxen Kirchen bis heute. Dabei scheint sich aber eine gewisse Tendenz erkennen zu lassen, die Zahl „Drei" zu Ungunsten der Einheit noch mehr hervorzuheben.

Vor allem im Zusammenhang mit der christologischen Diskussion versuchte man, das aporetische Nebeneinander der zwei Naturen miteinander zu versöhnen, indem man nach einem Einheitspunkt suchte, der zwar – das durfte nach Chalzedon nicht mehr sein – nicht natural ist, dennoch aber eine gewisse Inhaltlichkeit besitzen sollte: Der *Monenergetismus* nahm *eine* Energeia (ein Tätigkeitsprinzip), die des Logos, in Jesus Christus an, der Monotheletismus *einen* Willen, den des Logos. Offensichtlich schrieb man dem Logos eine eigene Energeia und einen eigenen Willen zu. So formulierte schon das *Zweite Konzil von Konstantinopel* im Jahre 553, das fünfte sogenannte ökumenische Konzil, dass „einer aus der Dreifaltigkeit"[277]

Mensch wurde; in dieser Redewendung erscheint der Logos als so etwas wie ein Subjekt, und die Inkarnation ist nur ihm zuzueignen. Der zitierte Passus wird vom *Dritten Konzil von Konstantinopel* im Jahre 680/81, dem sogenannten Trullanum und sechsten „ökumenischen Konzil", trotz seiner Verurteilung von Monenergetismus und Monotheletismus, wiederholt. Ebenso förderte die Lehre von der *Anhypostasie* der menschlichen Natur – sie hat keine eigene Hypostasis, keine „Personalität" – und von ihrer *Enhypostasie* im göttlichen Logos – erst durch die Einigung mit dem Logos „hypostasiert" Jesus Christus im Logos – die Vorstellung von der Subjekthaftigkeit des Logos; diese wurde ja immerhin so aufgefasst, dass sie mit einer menschlichen „Person" Jesu kollidieren musste.[278] *Luise Abramowski* charakterisiert diesen Konsens zutreffend: „Freilich haftet der schließlich erreichten neunicänischen Lösung das Problem der Gefahr einer Dreigötterlehre an, wenn man die drei Hypostasen nur als drei Exemplare der einen göttlichen *οὐσία* versteht."[279]

VI. Die trinitarische Entwicklung im lateinischen Westen

1. Das trinitarische Desinteresse

Schon die bisherige Übersicht mag deutlich gemacht haben, dass der lateinische Westen für die Ausbildung der Trinitätslehre bis hin zum Ersten Konzil von Konstantinopel keine große Rolle gespielt hat. Er nahm an den Diskussionen nur am Rande teil und war selbst von ihnen nicht bewegt; seine soteriologischen Ängste und Hoffnungen kreisten um andere Fragestellungen.[280] Das ist auch der Grund, warum er gelegentlich mäßigend und vermittelnd in die heftigen östlichen Auseinandersetzungen eingreifen konnte; warum sich „die Griechen" hierbei so leidenschaftlich engagierten, verstand im Westen kaum ein Theologe – von den griechischsprechenden wie *Irenäus* oder *Hippolyt* einmal abgesehen.

Wenn der Westen gelegentlich Einfluss nahm, dann meist mit der Tendenz, die Einheit Gottes zu wahren. „Gott" war dem Westen wichtiger als Vater, Sohn und Geist. Die Notwendigkeit, die ökonomischen Funktionen Gottes zu hypostasieren, wurde hier nur selten empfunden.

Im Westen wurde auch der aus der östlichen Diskussion übernommene Inkarnationsgedanke weniger an einem separaten Logos *(verbum)* festgemacht als an Gott selbst. „*Gott* wurde Mensch", diese Aussage war wichtiger als „das *Verbum* wurde Mensch"; während im Osten das Logos-Sarx-Schema verbreitet war, bevorzugte der Westen das Deus-Homo-Raster, wie die Antiochener, aber aus anderen Gründen. Er kannte also kein nennenswertes soteriologisches Interesse an einer Vermittlung des „heiligen Tausches" zwischen Unendlichkeit und Endlichkeit durch eine göttliche Zwischengestalt, den Logos. Hier stand der Mensch unmittelbar Gott gegenüber, und der Schwerpunkt dieses Verhältnisses lag nicht in der Sehnsucht nach

„seinshafter“ Vergöttlichung, sondern in der Erlösung von der Sünde[281]; so lautet die lateinische Version des Tauschprinzips: „Christus ist also […] zur Sünde geworden, wie wir [durch ihn, Verf.] zur Gerechtigkeit.“[282]

Zwar besaßen die östlichen Dogmen Autorität und wurden gehorsam angenommen; insofern wurde auch im Westen die Inkarnation dem Verbum zugesprochen. Aber meist schon ein paar Sätze weiter ist dann bei denselben Theologen wieder von dem *Deus incarnatus*, dem menschgewordenen Gott, die Rede.

Wie immer gibt es hierbei natürlich Ausnahmen. So vertritt z. B. der Nordafrikaner *Laktanz* († nach 317) eine stark von der Engellehre geprägte Logosvorstellung. Aber er ist insoweit untypisch, als er sich bei einem Aufenthalt in Kleinasien gnostische und platonische Gedanken angeeignet hatte. Jedenfalls schreibt er – wie die Apologeten – die Inkarnation dem Logos zu; allerdings ist – gnostisch – die zweite Hypostase, die aus Gott hervorgeht, der zweite „Geist“, ein böses Wesen bzw. der Teufel.[283]

Die grundsätzliche Tendenz, die Einheit Gottes in den Vordergrund zu stellen, lässt sich an einigen Beispielen verdeutlichen: Sowohl *Irenäus* wie *Tertullian* greifen zwar die *Justin'sche* Logoslehre auf, wollen aber die hypostatische Entfaltung auch explizit auf die Ökonomie beschränken und halten für Gott selbst an einer monarchianischen Vorstellung fest.[284] Auch in Rom selbst gab es, wie schon kurz erwähnt[285], eine deutliche Linie des Beharrens auf der Einheit Gottes – bis hin zu modalistischen Vorstellungen. Der römische Bischof *Zephyrin* († 217) gab zu trinitarischen Streitigkeiten eine Stellungnahme[286] heraus, „die allerdings nicht ganz frei von modalistischen Einflüssen war“[287]. Auch sein Nachfolger *Kallistus I.* († 222) äußerte sich ähnlich. Zwar ist der Wortlaut seiner Thesen verloren gegangen, aber seine Meinung lässt sich aus der Polemik des Hippolyt gegen ihn erschließen.[288] *Hippolyt* behauptet, *Kallistus* habe ihn – aufgrund seiner Logoslehre – einen Ditheisten genannt. *Kallistus* sah also wohl die Einheit Gottes bedroht. Ähnlich plädierte der römische Bischof *Dionysius* († 268) in einem Schreiben an seinen bischöflichen Namensvetter in Alexandrien für die Einheit Gottes; trotz des Sprechens von Vater, Sohn und Geist dürfe die *Monas,* Gott, nicht in drei zerrissen werden: „Der Reihe nach möchte ich mich aus gutem Grunde zunächst gegen jene wenden, die die heiligste Lehre der Kirche Gottes, die ‚Alleinherrschaft' [Gottes], in irgendwelche drei Kräfte und drei getrennte Hypostasen und Gottheiten auseinanderreißen, zerstückeln und zerstören. [...] Man [...] soll an Gott, den Vater, den Alleinherrscher, und an Jesus Christus, seinen Sohn, und an den Heiligen Geist glauben – aber so, dass der Logos mit dem Gott des Alls vereint ist."[289] Nach Nizäa interpretierten die Lateiner das *homo-úsios* ziemlich einhellig im Sinne einer numerischen Selbigkeit des Wesens; in diesem Umstand wird wiederum das Interesse an dem einen Gott deutlich, die drei Hypostasen scheinen – abgesehen von der Bezeichnung Gottes als Vater – nicht so sehr zu faszinieren.

2. Die Schwierigkeit der Übersetzung

Deswegen warf später auch die Rezeption der Theologie der Kappadokier – insbesondere das Sprechen von drei Hypostasen – Probleme auf. Im Lateinischen wurde *hypóstasis* mit *substantia* übersetzt, was z. B. für *Hieronymus* häretisch klang[290], und auch für *Augustinus* war ein Bedeutungsunterschied zwischen *usía* und *hypóstasis* „bisher unbekannt und deswegen überraschend"[291]. Er spricht von *einem* Wesen *(essentia)* Gottes und erläutert: „Wesen heiße ich dabei das, was man im Griechischen mit *usía* ausdrückt. Dafür ist bei uns das Wort Substanz gebräuchlicher: Die Griechen sprechen freilich auch von Hypostase. Doch weiß ich nicht, wie sie *usía* und Hypostase unterscheiden wollen." Einige lateinische Theologen haben, wie *Augustinus* berichtet, die kappadokische Formel übernommen: „Lateinisch heißt das: Ein Wesen, drei Substanzen."[292] Zwar gab es schon die neue Übersetzung von Hypostase mit dem – im Grunde mit *substantia* gleichbedeutenden, aber ungebräuchlichen –

Begriff *subsistentia* durch *Marius Victorinus* († nach 362), aber sie war *Augustinus* noch nicht begegnet[293], obwohl er einige Schriften dieses christlich-lateinischen Neuplatonikers gelesen hatte. Deswegen konnte er mit drei Hypostasen nichts anfangen, wie *Luise Abramowski* hervorhebt: „Augustin hätte tres substantiae als für lateinische Ohren unerträglich sofort abgelehnt. *Boëthius* erweitert seine Formel noch um die üblichen tres personae, teilt aber schließlich mit, dass der kirchliche usus loquendi [Sprachgebrauch, Verf.] drei Substanzen in Gott ausschlösse. Wir sehen also, dass einhundert Jahre nach Augustin im Westen noch keine Sicherheit in der vollständigen neunicänischen Formel, eine *οὐσία*, drei Hypostasen, drei πρόσωπα, herrscht: Dass man für die eine *οὐσία* besser essentia sage, hatte Augustin schon vorgeschlagen, und für die drei πρόσωπα sagte man im Westen schon immer drei Personen (s. Tertullian)."

Zwar habe *Boëthius* schon das Reden von drei Subsistenzen gekannt, aber die „zu erhoffende Formel: eine essentia, drei subsistentiae, drei personae, bietet er gerade nicht."[294] Zu ihrer Ausbildung brauchte es noch länger; erstmals scheint eine römische Kirchenversammlung im Lateran im Jahre 649 den griechischen Begriff Hypostase mit dem lateinischen *subsistentia* übersetzt zu haben: *„unum Deum in tribus subsistentibus"*[295].

Die Probleme, die der lateinische Westen mit der kappadokischen Formel hatte, sind natürlich nicht nur sprachlicher Natur: Das im Osten rezipierte Reden von drei Hypostasen hatte dort den (tritheistischen) Beiklang von „konkreter Substanz", im Unterschied zum allgemeinen Wesen; aber aus den ererbten soteriologischen Zwängen heraus war man leichter bereit, das Defizit dieser Begrifflichkeit zu akzeptieren, war es doch gerade die irgendwie festzuschreibende „Realität" der Dreiheit, die man suchte. Weil die lateinischen Theologen dieses Interesse nicht kannten, stießen sie sich an der dreifachen Substanzialität, die die Einheit des *unus Deus* beeinträchtigen konnte. Dennoch aber wurden – in unsicherer Übersetzung – die östlichen Formeln übernommen.

3. Zur Trinitätslehre des Augustinus

Augustinus hat mit seiner Theologie die lateinisch-christliche Mentalität auf klassische Weise zur Sprache gebracht und die spätere abendländische Entwicklung, die auf der Latinität aufruhte, tiefreichend geprägt. Dies gilt auch für seine Trinitätsvorstellungen, die zwar – wie zu zeigen sein wird – in ihren Absichten den Monotheismus bewahren wollten, in ihrer Wirkgeschichte aber oft das Gegenteil provozierten.

a) Das Ausgehen von dem einen Gott

Der „Sitz im Leben" für die Trinitätsreflexionen des *Augustinus* ist die Spannung zwischen den lateinischen soteriologischen Interessen, die um den einen Gott kreisten, und den aus der östlichen Überlieferung überkommenen triadischen Rastern. Obwohl er an seiner Schrift „Über die Dreieinigkeit", *De trinitate,* rund zwanzig Jahre lang, von 399 bis 419, arbeitete, handelt es sich dabei für ihn mehr um eine intellektuelle Herausforderung: Er will die Problematik einer Versöhnung von Einheit und Dreiheit in Gott, die mit der von ihm für verbindlich gehaltenen Tradition – der *„fides"* – aufgeworfen war, theologisch „lösen", ein die spätere scholastische Methode und das Mittelalter vorwegnehmendes[296] *„fides quaerens intellectum"*[297]. Im Schlusskapitel seines Trinitätsbuchs formuliert *Augustinus* diesen Zusammenhang ganz deutlich: „Auf diese Glaubensregel *(regula fidei)* richtete ich mich aus, so gut ich konnte und soweit du [Gott, Verf.] mir die Fähigkeit dazu gegeben hast; ich suchte dich und verlangte, mit meinem Verstand zu sehen, was ich glaubte *[desideravi intellectu videre quod credidi].*"[298] Nicht aber lässt sich bei ihm ein soteriologisches Interesse an der Dreiheit feststellen; im Gegenteil, im Grunde merkt man seinen Argumentationen an, dass sie ihn stört, wenn er sie auch nicht zu bestreiten wagt.

Er geht aus – anders als die Kappadokier, die hierbei repräsentativ sind für die hellenistisch-christliche Mentalität – nicht nur von der (abstrakten) Einheit Gottes, sondern von dem („konkreten") einen Gott. Seine Bekehrung zum Christentum war verbunden mit der Abwendung vom Manichäismus, also einem dualistischen Denken, zugunsten der Hinwendung zu diesem einen christlichen Gott; zugleich war diese Wende wesentlich mitbedingt durch seine Begegnung mit dem damals in Italien bekannt gewordenen Neuplatonismus und dessen Vorstellung von Gott als einer schlechthinnigen einfachen Einheit.

Augustinus nennt Gott „eine einzige Wirklichkeit" und „eine einfache und unwandelbare Substanz"[299] – hier wird deutlich, warum er nicht von „drei Substanzen" sprechen kann: Substantia und essentia sind für ihn synonyme Begriffe. Ebenso aber ist für ihn Gott eine *trinitas,* die „einer, alleiniger und wahrer Gott" ist *(unus et solus et verus Deus)*[300] und dennoch die Einfachheit Gottes nicht aufhebt:[301] „Wie nämlich der Vater Gott ist, der Sohn Gott ist, der Heilige Geist Gott ist – niemand zweifelt daran, dass es sich hier um Aussagen hinsichtlich der Substanz handelt –, so heißen wir diese erhabene Dreieinigkeit doch nicht drei Götter, sondern nur *einen* Gott."[302] Alles, was man von Gott aussagen kann, gilt nur für seine eine Substanz. „Demgemäß ist der eine dreieinige Gott *eine* Substanz, *eine* Natur, *eine* Gottheit, *eine* Majestät und *eine* Herrlichkeit [...]. Ihm eignet *eine* Wirkung und *ein* Wille."[303] *Augustinus* lehnt die kappadokische Vorstellung – näherhin die des *Gregor von Nyssa* – ab, die die Trinität mit drei menschlichen Personen vergleicht, die zu einer Gattung Mensch gehören, und den drei Hypostasen unterschiedliche ökonomische Funktionen zuweist. In Gott gibt es auch keine qualitativen oder akzidentellen Unterschiede, dies würde seine Einheit aufheben – noch ganz abgesehen davon, dass bei Gott alle „Qualitäten" mit seiner Substanz identisch sind.[304] Und es gibt auch nur *ein* Handeln Gottes nach außen; selbst die Inkarnation ist eine untrennbar gemeinsame Aktivität von Vater, Sohn und Geist[305], also: Gottes; die ganze Trinität nahm den Menschen (Jesus) an.[306] Die Ökonomie ist in allen ihren Aspekten von dem einen Gott und nicht von den „Personen" – denen man sie nur in einem uneigentlichen Sinn *appropriieren,* zueignen, kann – bewirkt.

Reinhold Seeberg fasst die Konzeption des *Augustinus* zutreffend zusammen: „Man wird demgemäß sagen dürfen, dass Augustin die Elemente stark empfunden hat, die [für uns, Verf.] in dem Begriff des einen persönlichen Gottes zusammenlaufen. Diesen Begriff selbst hat er so wenig als ein anderer antiker Denker gebildet."[307] Wenn man so will, reetablierte *Augustinus* unter dieser Hinsicht den ursprünglichen Monotheismus.

b) Die formalisierte Etymologie bzw. die relationale Trinitätskonzeption

Wenn Vater, Sohn und Geist nicht mehr ökonomische Größen, sondern „von Ewigkeit her" sind, wird eine Erklärung ihrer Eigentümlichkeit problematisch. Diese Entwicklung hatte mit *Origenes* begonnen, der Sohn und Geist als innergöttliche Größen ansah, aber dem Problem noch entging, indem er die ökonomischen Funktionen wie Weltkonstitution, in einer ersten, vorzeitlichen Schöpfung, und Christologie, in der ebenso vorzeitlichen Entscheidung der Seele Jesu zum Logos, in die Präexistenz verlegte und so in Gott selbst verschiedene Stufungen vornahm. Nizäa hatte diesen Weg mit der Lehre von der Homousie des Sohnes mit dem Vater verlegt, aber in Gott noch zweie angenommen, die doch noch gewisse Unterschiede – wenn auch nur das Vater- und Sohnsein – und ökonomische Funktionszuweisungen kannten. Seit den Kappadokiern wurde auch der Geist in Gott integriert und die Formel von dem einen Wesen in drei Hypostasen etabliert; Letztere besaßen zwar durchaus noch spezifische heilsgeschichtliche Funktionen, gehörten aber auch schon „vorher" zu dem einen Wesen Gottes. Jetzt wurde es notwendig, ihre *„ewigen"* Besonderheiten zu reflektieren; hierbei blieb nur der Rückgriff auf die bloßen Begriffe Vater, Sohn und Geist, die etymologisch ausgelegt und von *Gregor von Nyssa* schon in ihrer formalen Struktur als relationale Begriffe erkannt wurden.[308]

Augustinus schließlich *lehnte jede ökonomische Hilfestellung für die Umschreibung der Besonderheiten der Dreiheit ab.* Es gibt nur *ein*

Handeln Gottes nach außen. Ebenso waren für ihn „qualitative", das hieße bei Gott: substanzielle, Unterschiede der Personen undenkbar. Dennoch aber musste er – das war für ihn Glaubenslehre – ausgehen von den drei Personen, wenn er auch diesen Begriff nicht mochte[309] und in seiner Anwendung unsicher war.[310] Worin aber besteht dann ihre jeweilige Eigentümlichkeit, wie sollte er dann doch noch die personalen Besonderheiten erklären? Auch ihm blieb nichts anderes – weil prinzipiell in diesem Fall nichts anderes mehr zur Verfügung steht – als der Rückgriff auf die etymologische Bedeutung von Vater, Sohn und Geist und anderer biblischer Würdenamen sowie auf deren formale Eigenart: *auf den relationalen Charakter dieser Begriffe.* Also lehrte er die Personen als relationale „Realitäten".

Zu diesem Vorgehen mag ihn, zusätzlich, eine zweite Überlegung motiviert haben, die sich aus der Eigenart der damaligen philosophischen Reflexionen ergab. Einen Hinweis darauf gibt – noch viel später – *Boëthius* († 524 oder 526). Er hatte in christologische Auseinandersetzungen eingegriffen und hierbei versucht, den Begriff Person, dessen Verständnis bei *Augustinus* noch nicht eindeutig ist, zu definieren als *individua substantia rationa(bi)lis naturae,* als „individuelle Substanz geistiger Natur"[311]. „Person" wäre also geistige Individualität, und diese gab es nach *Boëthius* in Jesus Christus nur einmal: als Person des göttlichen Verbum.[312] Obwohl er auch ein Opusculum zur Trinität verfasste[313], vermied er es, diese Definition auch hier ins Spiel zu bringen, weil das – drei „Individualitäten" – ein tritheistisches Verständnis nach sich gezogen hätte. Wohl ein wenig besorgt, dass andere so verfahren könnten, schließt er sich näher an *Augustinus* und seine relationale Trinitätslehre an: „Vater, Sohn und Heiliger Geist werden von der Gottheit nicht in substanzieller Weise ausgesagt, sondern anderswie. […] Es ist aber klar, dass es sich [bei den göttlichen Relationen, Verf.] um eine Aussage *ad aliquid* handelt. […] Man kann Gott daher nicht einmal die Trinität in substanzieller Weise zuschreiben …"[314]

Hinter diesen Ausführungen stehen Überlegungen, die schon *Augustinus* erwogen hatte: Wenn Gott ganz als einfach und einer gedacht wird, kann es in ihm weder substanzielle noch akzidentelle Pluralität geben: „Wenn sonach auch keine Aussage über Gott ein Akzidens betreffen kann, weil es ein solches bei Gott nicht gibt, so betrifft doch nicht jede Aussage über ihn die Substanz. [...] Wenn daher auch Vater und Sohn verschieden sind, so liegt doch keine Substanzverschiedenheit vor."[315] Um dennoch von einer Dreiheit sprechen zu können, bot sich der Relationsbegriff an: „Denn die Bestimmungen Vater und Sohn betreffen nicht die Substanz, sondern eine Beziehung."[316] Diese umschreibt ein *esse ad* oder, wie *Boëthius* sagt, ein *esse ad aliquid,* d. h. also ein „Sein *in Bezug auf* (etwas)". Nach dem damaligen philosophischen Denken, das seine Begriffe anhand des vorfindlichen bzw. kosmischen Seienden bildete, tangierte eine solche Relation nicht das Sein selbst, die Substanz, und stellte auch keine Qualität eines Seienden dar. Um es an einem Beispiel zu veranschaulichen: Ein hölzerner, vierbeiniger, brauner Tisch bestimmter Ausmaße und Gestaltungsmerkmale z. B. verändert weder seine „Substanz" noch seine Qualitäten, wenn er seine räumliche Relation – er stehe in einem Raum oder draußen vor der Tür – oder seine Funktion – er diene als Ess- oder Schreibtisch – wechselt: „Eine beziehentliche Bestimmung [ist] keine substanzielle."[317] Anders sähe dies aus bei einem – heute verbreiteten – Relationsverständnis, das diese vom Menschen her, also *intersubjektiv,* denkt: Intersubjektive (personale, soziale o. ä.) Relationen verändern – in Freundschaft, Liebe, Hass, Verantwortung usf. – die Subjekte tiefreichend. Für *Boëthius* und *Augustinus* konnten aber mittels des Relationsbegriffs „Wirklichkeiten" umschrieben werden, die das Sein Gottes anscheinend nicht tangieren. Er diente also dem Anliegen, die Einheit Gottes weiterhin als gänzlich *einfach* und von *Pluralität unberührt* zu verstehen; er sollte den Monotheismus – trotz des Redens von Vater, Sohn und Geist – begrifflich, näherhin philosophisch-theologisch, absichern.

So führt *Augustinus* aus: „Die Aussagen jedoch, welche in eigentümlicher Weise je eine Person in der Dreieinigkeit betreffen, besagen keine absolute Wirklichkeit, sondern das Verhältnis der drei Personen zueinander oder ihr Verhältnis zur Schöpfung."[318] Oder: „Vater ist also ein beziehentlicher Ausdruck, ebenso Urgrund oder allfallsige sonstige Bezeichnungen. [...] Weiterhin ist Sohn ein beziehentlicher Ausdruck, ebenso Wort und Bild"[319], und auch der Geist ist „eine beziehentliehe Bezeichnung, da der Heilige Geist eine Beziehung zu Vater und Sohn einschließt"[320]. Der trinitarische Relationsbegriff ist also zum Ersten die formallogische Struktur aller zur Umschreibung der Dreiheit zur Verfügung stehenden Symbolbegriffe, vor allem von Vater, Sohn und Geist, zum anderen dient er *Augustinus* zur Abwehr aller substanziell zu deutenden Dreiheit und damit zur Wahrung des Monotheismus. Der Relationsbegriff erscheint wie die äußerste Möglichkeit, gerade noch eben sprachlich eine Dreiheit festhalten zu können, ohne die Einfachheit Gottes zu pluralisieren.

Letztere Absicht ist allerdings nicht ganz erreicht worden: Die Trinität sollte ja nach der Tradition, die als normativ galt, eine göttliche Realität darstellen, und so fügt *Augustinus* hinzu, dass die Trinität der *eine* Gott *ist.*[321] Darüber hinaus führt diese Begrifflichkeit aber auch in die Aporie: Wie können bloße Relationen, die ja Beziehungen *von jemand/etwas zu jemand/etwas* sind, ihre Ausgangs- und Bezugspunkte, die Personen, zuallererst konstituieren? Wenn es keine „Personen" in Gott – unter Absehung von den Relationen – gibt, sondern die Relationen die Personen *sind,* wie kann das gedacht werden? Wer/was hat dann zu wem/was eine Beziehung, da doch das „wer/was" ohne Beziehung nicht existiert? Der Hinweis auf das Mysterium Gottes ist hier unangebracht, weil die Prozesse und Überlegungen, die zur trinitarischen Anwendung des Relationsbegriffs führten, durchaus in allen Stadien und Gesichtspunkten verstehbar sind; vielmehr lässt sich erkennen, dass die neue trinitarische Begrifflichkeit eben das nicht leisten kann, was sie leisten soll.

Die Insuffizienz von Begriffen und Definitionen ist nichts anderes als eben logische Insuffizienz und keinerlei Verweis auf ein göttliches Geheimnis. Mehr noch: Die begriffliche Unzulänglichkeit gründet in der Unlösbarkeit der „Sache": die von der östlichen inkulturierten christlichen Theologie her erforderliche Dreiheit, die mittlerweile ihre ökonomische Begründung eingebüßt hatte, so mit dem westlichen *einen* Gott und der Einfachheit seiner Substanz zu verbinden, dass sie *nicht nichts* ist und dennoch nicht die Einfachheit Gottes beschädigt – eine aporetische Aufgabenstellung.

c) Die (fälschlich) so genannte psychologische Trinitätslehre

In der antiken Theologie spielte der *Imago-Gedanke* eine große Rolle: Die Welt und insbesondere der Mensch sind „Bild" Gottes; hierbei wurde die Aussage von Gen 1,27 – anders als in den alttestamentlichen Kontexten[322] – grundsätzlich im Sinne naturaler Analogie verstanden. Von daher lag es, auch für *Augustinus,* nahe, für die trinitarische Gottesvorstellung nach vergleichbaren *Ternaren,* „Dreiheiten", in der Schöpfung zu suchen.

Er war sehr stark von Vorstellungen des Neuplatonismus geprägt. Dennoch aber teilt er nicht dessen Auffassung von einem emanativen Zusammenhang zwischen Gott und Kosmos; Gott ist nicht immanentes Weltprinzip, sondern steht, wie in der Bibel, der Schöpfung als der andere gegenüber. Den Vorgang des Schaffens versteht *Augustinus* somit nach dem Modell der Arbeit eines Handwerkers, der das Werk nach seinen Plänen gestaltet. Allerdings geht Gottes Schaffen noch über das Tun eines Handwerkers hinaus: Er schafft auch das Substrat – aus dem Nichts –, das er dann formt. Deswegen gibt es zwischen Gott und Schöpfung keine Analogie naturaler Art; Gott ist *causa exemplaris* (nicht: *formalis*) seiner Schöpfung. Die Kluft zwischen Gott und Kreatur ist unendlich.

So weiß *Augustinus* darum, dass die Analogien nur unter Vorbehalt benutzt werden können: „Etwas anderes ist daher die Dreieinigkeit in ihrem eigenen Bestande, etwas anderes das

Bild der Dreieinigkeit in einem anderen [im geschöpflichen, Verf.] Sein." Es handele sich eben nur um ein Bild. „In jener höchsten Dreieinigkeit […] herrscht eine solche Untrennbarkeit, dass, während eine Dreiheit von Menschen nicht ein Mensch genannt werden kann, jene Dreieinigkeit ein Gott genannt wird."[323] Deswegen vermeidet *Augustinus* in *De trinitate* schon früher gebräuchliche und auch von ihm herangezogene[324] Vergleiche aus der kosmischen Realität, ebenso auch die naheliegenden Verweise auf dreifache soziale Gegebenheiten, z. B. Vater, Mutter, Kind o. Ä. Er wählt seine Analogien aus dem Bereich, den man damals „Psychologie" nannte, also aus dem menschlichen Geistesleben, Analogien, die auf den *einen* menschlichen Träger, die „Person", bezogen sind – und hat dann Schwierigkeiten damit auszuführen, dass diese Ternare bei Gott dagegen die *drei* „Personen" verständlich machen sollen.

Augustinus führt eine Reihe solcher Dreiheiten, die im Grunde immer das Gleiche meinen, an: „Sein, Erkennen und Wollen" *(esse, nosse, velle)*[325], „Gedächtnis, Verstehen und Willen" *(memoria, intelligentia, voluntas)*[326], „Geist, Liebe, Kenntnis" *(mens, amor, notitia)*[327], die alle *ein* Leben sind[328], oder er vergleicht die Relationen mit dem menschlichen Selbstbewusstsein, in dem der Geist sowohl Subjekt wie Objekt ist: „… so wird [fit] eine Dreiheit aus dem Gedächtnis, der inneren Schau und dem Willen, der beide verbindet"[329], und er fährt fort: „Bei diesen dreien nun herrscht keine Substanzverschiedenheit mehr"[330], oder: Gott fällt nicht „zur Dreiheit auseinander […], sondern es ist eine einzige Wirklichkeit, die alle diese Tätigkeiten in sich schließt […]; es ist ja eine einfache und unwandelbare Substanz"[331].

Augustinus will zwar mit diesen Analogien eine Dreiheit in Gott verstehbar machen, ist sich aber der Unangemessenheit der Vergleiche bewusst. In seiner späteren Rezeption aber in Mittelalter und Neuzeit dienten sie dazu, die dreifachen Relationen ein wenig anschaulicher zu machen, und verstärkten die Tendenz, in Gott dann doch die Unterschiede der Personen deutlicher zu konturieren und damit die Dreiheit mehr zu verstärken, als *Augustinus* dies beabsichtigt hatte.

d) Der Geist als Band der Liebe

Mit *Augustinus* hätte sich der Westen im Grunde dem Monotheismus wieder annähern können; die soteriologischen Gründe für eine zweite und dritte Hypostase waren der lateinischen Tradition fremd. Und tatsächlich kennen Mittelalter und Neuzeit oft eine soteriologische Konzentration auf *Gott*, der die Welt erschaffen, sich geoffenbart und inkarniert hat sowie in der Kirche wirkt und die Geschichte zu ihrem Ziel lenkt.

Dennoch entstanden im lateinischen Westen zwei trinitarische Denkmodelle, die den Monotheismus wieder stärker gefährden sollten; *Augustinus* und *Boëthius*[332] brachten sie, beinahe unbeabsichtigt und auf jeden Fall in ihrem Sinne kontraproduktiv, ins Spiel.

Augustinus erweiterte in zwei Texten die bisher üblichen relationalen Bestimmungen des Heiligen Geistes[333], indem er diesem die Aufgabe zuweist, zwischen Vater und Sohn *Übereinstimmung (concordia)* und eine *Verbindung* herzustellen.[334] Ähnlich sagt er in *De trinitate:* „Also ist der Heilige Geist eine unaussprechliche Gemeinschaft *[communio]* von Vater und Sohn."[335]

L. Abramowski weist auf ein „Bruchstück aus den Oracula chaldaica" (Fragment 31)[336] hin, „eine Art von heiliger Schrift für die Neuplatoniker" (zweite Hälfte des zweiten Jahrhunderts), deren (vorchristliche) Texte über den Neuplatoniker *Porphyrius* auch den Christen bekannt wurden (*Augustinus* zieht zwei Schriften des *Porphyrius* in *De civitate Dei* heran). In diesem Fragment ist davon die Rede, dass aus zwei Ursprüngen, aus Monade und Dyade, „das *Band* der ersten Trinität" fließe. *L. Abramowski* schließt daraus: „Dies sieht aus wie der Ursprung sowohl für den Gedanken vom heiligen Geist als Band der Trinität wie für die umstrittene Vorstellung vom Hervorgang des Geistes ex patre *filioque*, aus Vater *und Sohn.*"[337]

Bisher war diese Vorstellung nur aus einer Polemik des *Athanasius* bekannt, die *L. Abramowski* als gegen *Eusebius von Cäsarea,* der „unsere Hauptquelle für die ‚Orakelphilosophie' des Porphyrius"[338] sei, und die Eusebianer gerichtet sieht: „Ferner verbindet nicht der Geist das Wort mit dem Vater, vielmehr empfängt der Geist vom Worte."[339] *Athanasius* bezog also Stellung gegen eine trinitarische Version[340], die seinem monarchianischen Anliegen widersprach, und ist wohl Ursache, dass diese Vorstellung im Osten „weiter keine Karriere gemacht" hat.[341]

Aufgrund seiner vermuteten Vorlagen weist *Augustinus* – wenn man so will: unbedacht oder sogar gegen seine sonstigen Intentionen – dem Geist eine *eigenständige,* jetzt gänzlich *innertrinitarische* Funktion zu: Er ist *vinculum, Band* der Gemeinschaft zwischen Vater und Sohn: „Vater und Sohn [sind] der Urgrund des Heiligen Geistes"[342]; der Geist schließt „eine Beziehung zu Vater und Sohn in sich"[343] oder ist „eine gewisse unaussprechliche Gemeinschaft von Vater und Sohn"[344]. *Augustinus* präzisiert weiterhin, worin das Bandsein des Geistes besteht: Er ist die *Liebe* zwischen Vater und Sohn: Er ist „die Einheit der beiden anderen", „ihre Liebe oder die Einheit, weil er die Liebe ist"[345].

Vielleicht beruht diese Aussage auf einer theoretischen Überlegung: Wie kann im geistigen Bereich ein „Band" oder „Einheit" gedacht werden? Hier bietet sich der Rückgriff auf die Liebe an. *L. Abramowski* scheint aber auf plausible Weise darlegen zu können[346], dass er sich in diesem Fall auf *literarische Quellen* stützen konnte; sie zeigt, dass „die Eusebianer mit leicht beizubringenden biblischen Belegen *unsere* Einheit untereinander als eine solche des heiligen Geistes und der Liebe verstanden, das ‚Band der Liebe' ist der heilige Geist, der als Liebe und daher als die verbindende Kraft an uns wirkt"[347]. Diese Vorstellung, die das ökonomische Wirken des Geistes *unter uns* anspricht, sei – neunizänisch, weil jetzt immanent auf die Trinität bezogen – „auf das innergöttliche Verhältnis übertragen" worden: „... der Geist war nun das Band, [...] [das] den Logos und den Vater vereint"[348]. Die Interpretation des „Bandes" als Liebe geht also wahrscheinlich auf die neunizänische Transponierung der ökonomischen Funktion des Geistes in Gott selbst hinein zurück.

Damit hat *Augustinus* allerdings, das muss berücksichtigt werden, entsprechend seiner vermuteten Vorlage dem Geist eine gottimmanente Funktion gegeben „nur" in der Art, wie sie nach den Versuchen, die Einheit Gottes stärker zu betonen, auch schon bei den Kappadokiern zu erkennen war: Vaterschaft, Sohnschaft und Hauchung/Gehauchtwerden bzw. Hervorgehen sind ebenfalls nicht mehr ökonomische, sondern binnengöttliche Funktionen. Von *Augustinus* wird der Geist damit aber *aus seiner bloß passiven Rolle herausgenommen;* er ist – aktiv – Gemeinschaft, Band, Liebe zwischen Vater und Sohn. So verstärkt sich der Eindruck, als sei er so etwas wie ein „Subjekt". Der Weg ist beschritten, die Trinität als Gemeinschaft dreier Subjekte in einem Wesen zu begreifen.

Eine der wichtigsten Besonderheiten der westlich-lateinischen Trinitätslehre, dass nämlich der Geist nicht vom Vater (allein) *durch* den Sohn, sondern von Vater *und Sohn (filioque)* ausgehe und ein *Band der Liebe* zwischen beiden sei, ist also mit großer Wahrscheinlichkeit außerchristlichen Ursprungs und von *Augustinus* wohl aufgegriffen worden, weil er die Brisanz dieser Vorstellung nicht erkannte: dass sie sowohl eine *Neuerung* gegenüber der östlichen Trinitätslehre war – was viel später, im Jahre 1054, zur einzigen theologischen Begründung des Schismas zwischen Ost- und Westkirche wurde – wie auch einer von ihm ungewollten *Auffassung der Trinität als einer Gemeinschaft dreier liebender Subjekte* Vorschub leisten musste.

4. Zur Persondefinition des Boëthius

Der weströmische Konsul und Philosoph *Boëthius* äußerte sich in seiner Schrift „Gegen Eutyches und Nestorius" *(Contra Eutychen et Nestorium)* zu den unterschiedlichen Terminologien in Ost und West im Zusammenhang mit christologischen und trinitarischen Diskussionen; seine Ausführungen zeigen, dass damals weder das Verständnis der griechischen Terminologie noch ihre Übertragung ins Lateinische auch nur einigermaßen geklärt waren.[349]

Er glaubt, den Begriff Person sowohl für die Christologie wie für die Trinitätslehre heranziehen zu können, und versucht, ihn zu definieren: „Wenn sich Person nur bei Substanzen findet, und zwar nur bei vernunftbegabten; wenn außerdem alle Substanz eine Natur ist; wenn schließlich Person nicht in Allgemeinbegriffen, sondern nur in Einzelwesen enthalten ist, dann ist die Definition der Person gefunden: Person ist die individuelle Substanz einer rationalen Natur [persona est naturae rationabilis individua substantia]."[350]

Aufgrund der sprachlichen Weiterentwicklung im lateinischen Westen, in der *persona* (ursprünglich, bei *Tertullian,* im Sinne von „Rolle" oder „rechtlicher Vertretung" gebraucht) allmählich – noch nicht bei *Augustinus* – zur Bezeichnung von Individualität wurde, und im Kontext der christologischen Diskussion, in der für Jesus Christus ein Einheitspunkt zwischen den beiden Naturen gesucht wurde, der – im Gefolge des Konzils von Chalzedon – nicht natural sein durfte, schuf *Boëthius* eine Definition, deren Wirkgeschichte nicht überschätzt werden kann.

Wenn er auch seine Begrifflichkeit noch nicht so klar durchdacht haben mag, so gab doch seine Formel den Anstoß, Individualität nicht – wie bisher – nur als Folge der Realisation einer allgemeinen Wesenheit in der Materie oder ihrer Spezifizierung durch Akzidenzien zu begründen; erstmals konnte Geist selbst als *per se individuell* – später wird man sagen: als reflexiv, d. h. seiner selbst bewusst usf. – aufgefasst werden. Damit hat *Boëthius* die geistesgeschichtliche Entwicklung Europas tief geprägt bis hin zur späteren Ausbildung von Individualismus und Personalismus.

In der Theologie setzte seine Definition allerdings verhängnisvolle Prozesse in Gang: In der *Christologie* musste jetzt das *una persona* – als lateinische Übersetzung des einen *prósopon* des Symbols von Chalzedon – im Sinne einer einzigen Individualität bzw. (im modernen Sinn) Personalität des Gottmenschen Jesus Christus aufgefasst werden; nach *Boëthius* ersetzt deswegen die *una persona* des göttlichen Verbum die des Menschen Jesus.

Diese christologische Verwendung des Personbegriffs zeigt, dass *Boëthius* die „Person" des Logos in einem Sinn aufgefasst hat, die der des Menschen so ähnlich ist, dass es keine zwei Personen – eine göttliche *und* eine menschliche – in Jesus Christus geben konnte. Er dachte also bezüglich der Trinität an drei geistige Individualitäten. Diese Vorstellung wurde gesamtabendländische Überzeugung – der christologische „Monopersonalismus"[351] der europäischen Theologie.

Dennoch schreckte *Boëthius* in der Trinitätslehre – wie schon ausgeführt – vor einer Anwendung seiner Definition zurück und lehnte sich wieder stärker an die relationale Begrifflichkeit des *Augustinus* an.[352] Dies konnte aber nicht verhindern, dass die Rezeptionsgeschichte ihre eigene Dynamik entfaltete: Zunehmend wurde die Dreiheit im Sinne einer (modernen) Dreipersonalität verstanden, eine Terminologie, die im Westen seit *Tertullian* und wiederbelebt durch *Augustinus* eine lange Tradition besaß, jetzt aber in ganz neuem Sinn als dreifache geistige Individualität verstanden wurde. Ein innergöttlicher Tritheismus wurde – gegen die soteriologischen Interessen des Westens – fortan immer bestimmender.

Die Definition des *Boëthius* verstärkte somit die Tendenzen, die mit der *augustinischen* Auffassung vom Geist als Band der Liebe zwischen Vater und Sohn angestoßen waren. Beide zusammen ließen eine Vorstellung entstehen, derzufolge *Gott eine Liebesgemeinschaft dreier Subjekte* ist.

VII. Die Verfestigung der westlichen Trinitätsauffassungen im Mittelalter

Die trinitarischen Vorstellungen des Mittelalters sollen hier nur in ihren grundlegenden Strukturen aufgezeigt werden. Eine Darstellung der Auffassungen einzelner Epochen oder Theologen würde sehr viel Raum erfordern, umfasst das Mittelalter doch eine Zeit von mehr als tausend Jahren, und wenn man – wie es wohl dem Denkansatz nach richtig wäre[353] – auch noch die antike lateinische Theologie dazu rechnet, noch einige Jahrhunderte mehr.

1. Die Sicherheit der Formelsprache und der Sieg der trinitarischen Etymologie

Es entsprach der lateinischen Mentalität wie der beginnenden scholastischen Methode, die Glaubensaussagen auf scheinbar eindeutige Formeln und Definitionen zu stützen. Diesem Bedürfnis kam ein Glaubensbekenntnis entgegen, das vielleicht um 500, wohl in Gallien, entstanden ist und später fälschlich *Athanasius* zugeschrieben wurde: das *Symbolum Quicumque* bzw. *Athanasianum*. Im ganzen Mittelalter, aber auch bei den Reformatoren – die Anglikanische Kirche verwendet es heute noch in der Liturgie – und auch in der Russischen Kirche wurde es hoch geschätzt.[354]

In ihm heißt es: „Wir verehren den einen Gott in der Dreifaltigkeit und die Dreifaltigkeit in der Einheit, ohne Vermengung der Personen und ohne Trennung der Wesenheit. Eine andere nämlich ist die Person des Vaters, eine andere die des Sohnes, eine andere die des Heiligen Geistes. Aber Vater und Sohn und Heiliger Geist haben nur Eine Gottheit, gleiche Herrlichkeit, gleich ewige Majestät. […] Ewig ist der Vater, ewig der Sohn, ewig der Heilige Geist. Und doch sind es nicht drei Ewige, sondern Ein Ewiger. […] So ist der Vater Herr, der Sohn Herr, der Heilige Geist Herr, und doch sind es nicht drei Herren, sondern nur Ein Herr […]; so verbietet uns […] der katholische Glaube, drei Götter oder Herren anzunehmen.“ Dann folgt eine Erklärung der ewigen trinitarischen Eigentümlichkeiten von der etymologischen Bedeutung der entsprechenden Symbolbegriffe her, wobei für den Geist das *filioque* gelehrt wird: „Der Vater ist von niemandem gemacht, noch geschaffen, noch gezeugt. Der Sohn ist vom Vater allein, nicht gemacht, noch geschaffen, sondern gezeugt. Der Heilige Geist ist vom Vater *und vom Sohn,* nicht gemacht, noch geschaffen, noch gezeugt, sondern hervorgehend …“[355]

Auch in Spanien wurden diese Formelsprache sowie die immanent-etymologische Trinitätsinterpretation und das *filioque* etabliert. Eine *Synode,* die im Jahr 675 – als elfte Kirchenversammlung dieser Region – in *Toledo* stattfand, verabschiedete ein *Glaubensbekenntnis,* in dem die Einheit Gottes, vergleichbar dem *Symbolum Quicumque,* herausgestellt wird: „Wir bekennen und glauben, dass die heilige und unaussprechliche Dreifaltigkeit […], der eine Gott, von Natur aus ein Wesen, eine Herrlichkeit und Kraft besitzt.“ Danach wird die Dreiheit von ihren Symbolbegriffen her erläutert: „Wir bekennen, dass der *Vater* nicht gezeugt, nicht geschaffen, sondern ungezeugt ist. […] Wir bekennen auch den *Sohn,* der aus dem Wesen des Vaters ohne Anfang vor der Zeit geboren und doch nicht geschaffen wurde. Denn nie war der Vater ohne den Sohn, nie der Sohn ohne den Vater. Und doch ist nicht der Vater vom Sohn, so wie der Sohn vom Vater. […] Wir glauben auch, dass der *Heilige Geist,* die dritte Person in der Dreifaltigkeit, ein und derselbe Gott mit dem Vater und dem Sohn ist: eines Wesens und auch einer Natur. Aber er ist nicht gezeugt noch geschaffen, sondern geht von beiden hervor und ist beider Geist […]; er geht zugleich von beiden aus, da er als die Liebe oder die Heiligkeit beider angesehen werden muss.“[356]

Noch deutlicher werden die Begriffe Vater, Sohn und Geist gegen Ende des Symbols zur Erklärung der ewigen Trinität genutzt: „Obwohl also diese drei eins sind, dieses Eine drei ist, bleibt doch jeder Person ihre Eigentümlichkeit. Dem Vater kommt Ewigkeit ohne Geburt zu, dem Sohn Ewigkeit mit Geburt, dem Heiligen Geist Hervorgang ohne Geburt mit der Ewigkeit …“[357]

Diese „klare“ Formelsprache findet sich auch bei Theologen dieser Zeit, die die bisherigen begrifflichen Ergebnisse systematisch zusammenfassen und im Mittelalter hoch geschätzt wurden, vor allem *Maximus Confessor* († 662) und *Johannes von Damaskus* († 750). Letzterer stellt die etymologische Auslegung der Begriffe Vater, Sohn und Geist auch explizit heraus: Der Vater ist von Ewigkeit her Vater und war nie ohne Sohn: „Denn ohne Sohn könnte er nicht Vater *heißen* [Hervorhebung vom Verf.]. War er einmal ohne Sohn, dann war er nicht Vater.“[358] Als östlicher Theologe lehrt er allerdings den Hervorgang des Geistes nur aus dem Vater und spricht von dem „Ineinander der Hypostasen“[359], von ihrer *Perichorese.*

Diese Beispiele mögen genügen. Diese Formelsprache wurde von jetzt an Gemeingut des abendländischen Christentums bis heute. Sie selbst wurde seither weder in Frage gestellt noch weiterentwickelt, sondern lediglich unterschiedlich interpretiert.

Nur wenige Schriften der antiken Theologen zur Trinität – außer vor allem die des *Augustinus* – waren dem Mittelalter zunächst bekannt. Über lange Zeitstrecken hinweg wurden lediglich einzelne Sätze zu sogenannten *Catenen*sammlungen zusammengestellt, und erst seit der „Karolingischen Renaissance“ wurden einige griechische Ganzschriften ins Lateinische übersetzt. Infolgedessen wusste man nur relativ wenig über die Etappen und Motive für die Entstehung der tradierten Definitionen; man kannte lediglich die Formeln.

Damit war eine zweifache Möglichkeit eröffnet: Zum einen konnte sich so eine Interpretation der Formeln entfalten, die diese im Licht der *eigenen* soteriologischen Interessen auffasste (vgl. das folgende Kapitel), zum anderen bestand die Gefahr, ältere trinitarische Aussagen wie die von der *una essentia* und den *tres personae* von späteren Begriffsdefinitionen, z. B. von der Persondefinition des *Boëthius* her, zu bestimmen und auf diese Weise ihren ursprünglichen Inhalt misszuverstehen (vgl. das übernächste Kapitel).

2. Die „drei – ich weiß nicht was" oder: Das Interesse an dem einen Gott

Der lateinische Westen kannte ein soteriologisches Interesse an dem einen Gott. Dieses wird dort deutlich, wo trotz der jetzt geltenden Dreipersonalität Gottes dennoch davon gesprochen wird, dass es in ihm nur *ein* Erkennen, *einen* Willen, *eine* Energeia, d. h. *ein* Tätigkeitsprinzip, und *ein* Handeln nach außen gibt.

Dies betonen nicht nur der das Mittelalter prägende *Augustinus,* sondern auch andere Theologen und Synoden im Frühmittelalter. Eine Synode, die im Jahr 649 im *Lateran* stattfand und als erste den Subsistenzbegriff als Übersetzung für die griechische *hypóstasis* benutzte[360], hebt die „eine und dieselbe Gottheit" hervor und betont die „eine Natur, Wesenheit, [...] Wille, Wirken"[361].

Auch gibt es Schwierigkeiten mit der Verwendung des trinitarischen Personbegriffs. *Anselm* von Canterbury († 1109) geht zwar fraglos vom trinitarischen Dogma aus: „Siehe, es leuchtet ein, dass es jedem Menschen frommt, an eine unaussprechliche dreifache Einheit und *eine* Dreiheit zu glauben." Aber dann fügt er hinzu: „Und zwar an ‚eine' Dreiheit wegen der *einen* Wesenheit, ‚dreifach' aber und ‚Dreiheit' wegen der *drei – ich weiß nicht was.*"[362] Hier macht sich seine Verlegenheit bemerkbar, der Dreiheit einen Begriff zuzuordnen. Danach geht er auf die tradierte Begrifflichkeit ein – „wenn ich sagen würde: [...] drei Personen" [...]. Denn man darf sie [die Drei, Verf.] nicht für drei Personen halten, weil mehrere Personen alle so gesondert voneinander bestehen, dass es notwendig so viele Substanzen gibt, als Personen sind; was man bei mehreren Menschen erkennt, die so viele für sich bestehende Substanzen [sind], als Personen sind. Wie es daher in der Höchsten Wesenheit nicht mehrere Substanzen gibt, so auch nicht mehrere Personen."[363] Dennoch aber will er, der mit seinem Intellekt den Glauben, die *fides,* nicht in Frage zu stellen, sondern „nur" tiefer zu erkennen sucht, sich dem normativen Sprachgebrauch fügen. Aber bemerkbar ist seine Unzufriedenheit mit dieser Terminologie und sein Interesse daran, die Einheit Gotttes zu bewahren.

Auch *Petrus Lombardus* († 1160) zitiert in seinem Sentenzenbuch recht breit die Bedenken des *Augustinus* gegen den Personbegriff[364], vertritt aber in der Christologie einen radikalen Monopersonalismus, und auch *Thomas* von Aquin geht intensiv auf die Schwierigkeiten ein[365]: Der Begriff sei nicht biblisch, als Übersetzung des griechischen *prósopon* von den Masken in den Theaterspielen hergeleitet, seine Gleichsetzung mit *hypóstasis* problematisch usf. Andererseits aber sieht er das „Glaubensbekenntnis des Athanasius", das Symbolum *Quicumque*[366], als normativ an und rekurriert einfachhin darauf, dass „Person" in der Anwendung auf die göttliche Person etwas anderes als im allgemeinen Verständnis sei. Hinsichtlich der Trinität diene sie der Bezeichnung von Ursprungsbeziehungen (*relationes* originis).[367] „Die Relation ist aber im göttlichen [Bereich] nicht wie ein Akzidens, das irgendeinem Träger anhaftet, aufzufassen; vielmehr ist sie subsistierend, wie auch das göttliche Wesen subsistiert."[368]

Das Problem, inwiefern diese subsistierenden Relationen die Einfachheit Gottes nicht aufheben, beantwortet *Thomas* mit Verbalismen: „*Göttliche Person* bezeichnet nämlich die Beziehung *[relatio] als für sich bestehend* [...], wenn auch das in göttlicher Natur Bestehende nichts anderes ist als die göttliche Natur selbst."[369] Immerhin gelingt es *Thomas,* ein „Personenverständnis, das über eine Orientierung an Selbstbewusstsein und Selbstbesitz hinauskommt"[370], zu formulieren; seine Theologie ist in diesem Punkt wesentlich differenzierter und problembewusster als die der meisten anderen. Aber eine Lösung bietet auch er nicht.

Zwar bleibt auch in der neuen Wendung der Begriff Person für ihn noch ungeliebt, aber er kann ihn wenigstens als „angemessen" – die Thomas'sche Minimalqualifizierung – erklären: „Danach lässt sich nun Folgendes sagen: Die Bedeutung des Namens *Person* war vor den falschen Aufstellungen der Irrlehrer noch nicht erkannt; deshalb war auch der Name *Person* nur im Gebrauch wie einer der anderen beziehungslos gebrauchten Namen. Nachher aber ist der Name Person so weit angeglichen worden, dass er für einen beziehungshaften gelten konnte, und zwar aus der Angemessenheit seiner Bezeichnung heraus, sodass er ebendies, dass er als Beziehungsname gilt, nicht nur aus dem Gebrauch hat, sondern aus seiner Bedeutung."[371] Das heißt nichts anderes, als dass der Begriff so lange „umdefiniert" werden muss, bis er in seiner relationalen Interpretation wenigstens als angemessen betrachtet werden kann.

Leider aber vertrat *Thomas* in der Christologie ein Konzept, das dem Menschen Jesus keine menschliche Person zusprach, weil offensichtlich die Person des *Verbum* dann als eine zweite Person auf der gleichen Ebene wie die des Menschen aufgefasst wurde: „Nun verbinden sich aber gerade bei allen anderen Menschen Leib und Seele, um für sich [per se] zu bestehen [und eine Person zu bilden, Verf.], im Gegensatz zu Christus, wo sie sich vereinigen, um von einer höheren Person getragen zu werden. Deshalb entsteht in Christus aus Leib und Seele kein neuer Träger Seiner menschlichen Natur, sondern beide zusammen gehen in eine Person ein, die schon vorher bestand."[372] Damit konterkariert *Thomas* im Grunde seine eigenen Differenzierungen bezüglich der göttlichen Personen; diese sind doch so menschenanalog gedacht, dass die des *Verbum* nicht mit einer Person Jesu hätte koexistieren können.

Mehr zu sagen war zu dieser Zeit wohl nicht möglich. Die Formeln selbst konnten nicht mehr beiseitegeschoben und durch andere Begrifflichkeiten – aber man wusste offensichtlich auch keine besseren – ersetzt werden. Von irgendeiner „Drei – ich weiß nicht was" *musste* gesprochen werden. Da weder das historische Material zugänglich noch schon historisch-kritisch zu denken möglich war, also auch niemand ahnen konnte, was mit der Drei gemeint war und warum es sie gab, blieb man bei der tradierten Redeweise.

Noch deutlicher wird die real empfundene Funktionslosigkeit der Dreiheit dort, wo sie nicht unmittelbar selbst thematisiert und pflichtgemäß scholastisch diskutiert wird, aber ihrer ursprünglichen Entstehungsgeschichte und -motivation nach in besonderer Weise hätte zur Sprache kommen müssen: in der Christologie. In diesem Bereich zeigt sich oft: In der mittelalterlichen (und auch neuzeitlichen) Theologie, der es soteriologisch vor allem um die Erlösung von unseren Sünden bzw. um die Rechtfertigung geht, steht der *Deus incarnatus* im Mittelpunkt[373]: Jesus Christus hat uns am Kreuz von unseren Sünden erlöst bzw. gerechtfertigt, weil er sowohl Mensch wie *Gott* war, unsere Sünde auf sich nehmen und doch nicht von ihr erfasst werden, an unserer Stelle leiden und auch – weil er *Gott* war – Genugtuung leisten konnte. Auch die faktische Zuwendung der Rechtfertigung durch die Gnade an die einzelnen Menschen wird meist weniger als eine spezifische Tätigkeit des Geistes reflektiert denn als ewiger prädestinierender Ratschluss *Gottes,* der rettet, wen er will. Die Zueignung von Inkarnation und Heiligung an eigene Hypostasen wurde zwar beibehalten, war aber für den eigenen Glauben nicht zentral.

So lässt sich folgern, dass das Trinitätsdogma zwar bewahrt, bekannt und mit aller begrifflichen Mühe scholastisch reflektiert wurde, aber es spielte – zumindest unter dieser Hinsicht – *soteriologisch keine Rolle;* das Christentum hätte für viele Theologen auch in seinen zentralen Lehren „funktioniert", wenn Gott als undifferenziert einer vorgestellt worden wäre. Die Trinitätslehre bewegte nichts und niemanden, und die Dreiheit der Personen bzw. – für den einfachen Gläubigen ohnehin unverständlich – der Relationen ließ Ratlosigkeit zurück.

3. Die dreifache Liebesgemeinschaft

In einer anderen Linie aber entwickelte sich im Mittelalter eine trinitarische Konzeption, die zwar die Dreiheit verstehbar und auch soteriologisch bedeutsam machte, aber die Einheit Gottes mehr als gefährdete. Motiv für diese Konzeption war zum einen der Personbegriff, der mittlerweile immer mehr und auch vertieft im Sinne der Definition des *Boëthius* aufgefasst wurde, zum andern die Lehre des *Augustinus* vom Geist als Band der Liebe zwischen Vater und Sohn.

a) Drei selbstbewusste Personen in Gott

Zur Bezeichnung der Dreiheit in Gott standen dem Mittelalter zwei lateinische Begriffe zur Verfügung: *subsistentia* als Übertragung des griechischen *hypóstasis* und *persona* als Äquivalent für *prósopon* und zugleich auch *für hypóstasis.* Die Vokabel Subsistenz war sehr abstrakt und allenfalls in der theologischen Fachsprache, nicht aber in Verkündigung und Liturgie verwendbar. Sie spielt somit eine untergeordnete Rolle, und wo sie aufgegriffen wird, erklärt man sie von den *Augustin'schen* Relationen her. Wenn der Begriff eigenständige Assoziationen in die Trinitätsspekulation eingebracht haben sollte, dann nur in dem Sinn, dass er die Substanzialität der Relationen auch von der Wortbedeutung her nahelegt; aber der Theologie blieb ohnehin kein anderer Weg, als diese zu behaupten, weil alles, was in Gott ist, in seinem Wesen subsistieren muss.

Wichtiger wurde der Terminus *persona,* der durch die Definition des *Boëthius* immer deutlicher als subjekthafte geistige Individualität aufgefasst wurde. In diesem Sinn hat schon das erwähnte[374] *elfte Konzil von Toledo* im Jahre 675 den Personbegriff aufgefasst; es unterscheidet in Gott zwischen „derselbe" – die Person – und „dasselbe" – die Natur oder das Wesen: „Obwohl wir also gesagt haben, dass diese drei Personen *ein* Gott sind, kann man doch nicht sagen, der Vater sei derselbe wie der Sohn, oder der Sohn sei derselbe wie der Vater, oder der Heilige Geist sei der Vater oder der Sohn. Nicht nämlich ist der Vater derselbe wie der Sohn, noch ist der Heilige Geist derselbe wie der Vater oder der Sohn, obwohl freilich der Vater dasselbe ist wie der Sohn, dasselbe der Sohn wie der Vater, dasselbe der Vater und der Sohn wie der Heilige Geist: der Wesenheit nach *ein* Gott."[375] Hier wird eine ähnliche Entwicklung sichtbar wie parallel in der Rezeption der christologischen Formel von den zwei Naturen in der *una persona*. Die Naturen werden zunehmend als „Washeiten" aufgefasst, die in der einen Person, dem „Wer" des göttlichen Logos / Verbum zusammenkommen; die menschliche Natur Jesu ist – für sich betrachtet – nicht-personal (anhypostatisch), sie gewinnt erst Personalität mit ihrer Annahme durch die Person des Verbum, in der sie „enhypostasiert". Offensichtlich wurde also die göttliche Person des Sohnes so verstanden, dass neben ihr eine Person des Menschen Jesus die Formel von der *una persona* verletzt hätte; die göttliche Person entspricht einer menschlichen Person.

Auch diese Linie lässt sich in dem *Glaubensbekenntnis von Toledo* aufzeigen. „Von diesen drei Personen [in Gott] hat nur die Person des Sohnes [...] einen wahren Menschen ohne Sünde von der heiligen Jungfrau empfangen. [...] In diesem Sohn Gottes halten wir an zwei Naturen fest, eine der Gottheit, eine der Menschheit. [...] Wenn wir behaupten, im Sohn seien zwei Naturen, werden wir deswegen auf keinen Fall vorbringen, in ihm seien zwei Personen – damit nicht, das sei ferne, zur Trinität eine Quaternität komme. Gott das Wort nämlich hat nicht die Person eines Menschen, sondern [seine] Natur angenommen, und zur ewigen Person der Gottheit hat es die der Zeit unterworfene Substanz des Fleisches angenommen."[376] Die göttlichen Personen werden also auf der gleichen Ebene gedacht wie die menschliche Person Jesu, sodass Letztere, wenn es sie denn gäbe, wegen ihrer Verbindung mit dem *Verbum* die Trinität zu einer Quaternität machen würde.

Darüber hinaus wird im Gefolge des *Augustinus* die relationale Interpretation der göttlichen Personen aufgegriffen. Wie es für eine simplifizierende Rezeption zu erwarten war, verstand man aber den aporetischen Charakter der *Augustin'schen* Auffassung nicht, nach der die Relationen die Personen zuallererst konstituieren sollten. Viel einfacher und plausibler ließen sich diese Beziehungen denken, wenn sie – wie beim Menschen auch – zwischen schon existenten Personen bestehen. Auch hierzu hatte allerdings *Augustinus* selbst schon Anknüpfungspunkte gegeben, vor allem mit seiner Lehre vom Geist als Band der Liebe. Jetzt aber werden seine Restriktionen weithin beiseitegelassen. So heißt es im *Glaubensbekenntnis der elften Synode von Toledo:* „In den Personennamen, die eine Beziehung ausdrücken, wird der Vater auf den Sohn, der Sohn auf den Vater, der Heilige Geist auf beide bezogen. […] Insofern nämlich der Vater Vater ist, ist er nicht zu sich, sondern zum Sohn hin. Und insofern der Sohn Sohn ist, ist er nicht zu sich, sondern zum Vater hin. Auf gleiche Weise wird auch der Heilige Geist nicht auf sich, sondern auf den Vater und den Sohn bezogen."[377]

Die Trinität erscheint so als eine Dreiheit von „Wers", von Vater, Sohn und Geist, die zueinander in Relation stehen, durch den Geist sogar „als die Liebe […] beider"[378], von Vater und Sohn. Somit gewinnt die Zahl Drei anschauliche Realität: „Diese Heilige Dreifaltigkeit, die der eine und wahre Gott ist, sieht nicht von der *Zahl* ab, wird aber nicht von der Zahl erfasst. In der Beziehung der Personen wird die Zahl ersichtlich. Aber in der göttlichen Wesenheit kann man nichts Zählbares feststellen."[379] Was heißt das anderes, als dass die Zahl Drei „Wer"-heiten betrifft, während die „Was"-heit nur undifferenziert *eine* ist? Trotz dieser begrifflichen Festlegungen kam es gegen Ende des achten Jahrhunderts in Spanien zu einem neuen christologischen Versuch, dem sogenannten spanischen Adoptianismus, in dem das Menschsein Jesu Christi stärker betont wurde.[380] Hiergegen nahm *Alkuin* († 804), der „Hoftheologe" *Karls des Großen,* Stellung und ließ seine Konzeption von einem *Konzil in Frankfurt* im Jahr 794 bestätigen.

In diesem Zusammenhang argumentiert er ganz vom Personbegriff des *Boëthius* her. Die zwei Naturen Jesu Christi versteht er sachhaft, wie Leib und Seele des Menschen: „Wie jeder beliebige Mensch eine Person aus Geistseele und Fleisch ist, so ist Christus eine Person: das Wort und der Mensch ...“[381] Dabei ist es für ihn eindeutig, dass diese Person die „Person des Sohnes Gottes“ ist. „In der Annahme des Fleisches nämlich durch Gott ging die Person des Menschen verloren, nicht die Natur.“[382] Diese Thesen wurden vom *Konzil in Frankfurt* im Jahr 794 amtlich legitimiert: „Es blieb also die Person des Sohnes in der Trinität, zu welcher Person die menschliche Natur hinzukam, damit auch eine Person sei Gott und Mensch.“[383] Damit war sowohl ein christologischer *Monopersonalismus* wie auch für die trinitarische Person eine *Analogie,* wenn nicht sogar eine begriffliche Deckungsgleichheit, mit der menschlichen Person etabliert.

Die Weichen für die gesamte spätere Geschichte sowohl der Christologie wie der Trinitätslehre waren jetzt gestellt. In der Folgezeit kam es nur noch zu vertieften Reflexionen über das, was Person ist, die meist diese Linien verschärften. *Hugo* von St. Viktor († 1141) definierte die Person als „selbstbewussten Geist“ *(spiritus rationalis [...] per se discernens se)*[384], und dies war das Wort schon ewig auch „vor dieser Vereinigung“ mit Jesus: „Keinesfalls begann das Wort, Person zu sein, als es Mensch zu sein begann; sondern es nahm den Menschen [Jesus, Verf.] an, damit der Mensch Person zu sein anfange. [...] Deshalb hat das Wort, die Person, den Menschen angenommen, nicht eine Person, sondern die Natur.“[385] Hier wird deutlich, dass sich *Hugo* in der Trinität drei selbstbewusste Subjekte vorstellt. Differenziertere Theologen nahmen zwar durchaus die Problematik wahr, die damit gegeben war, und versuchten, sie mit gelehrten Erörterungen aufzufangen. *Richard* von St. Viktor († 1173) z. B. will bei der Dreiheit in Gott „besser“ von „Existenzen, denn [...] Substanzen oder Subsistenzen“ sprechen[386] und hält auch die Persondefinition des *Boëthius* für unzureichend[387], aber sein eigener Vorschlag kann die Aporien keinesfalls beseitigen: „Einfacher und verständlicher vielleicht wäre zu sagen: ‚Person ist ein durch sich selbst Existierender, nach einer bestimmten einmaligen Weise vernunfthafter Existenz'."[388] Wie durch diese Formulierung ein innergöttlicher Tritheismus besser vermieden werden könnte, ist nicht ersichtlich.

Auch *Thomas* von Aquin († 1274) diskutiert die Schwierigkeit, den drei Personen trotz der einfachen Einheit Gottes Realität zuzuschreiben, und greift dabei auf die relationale Deutung des Personbegriffs durch *Augustinus* zurück: „Wie jedoch die Beziehungen in den geschaffenen Dingen als Dazukommendes innehaften, so sind sie in Gott die göttliche Wesenheit selbst. Daraus folgt, *dass in Gott Wesenheit und Person ihrer Wirklichkeit nach nicht etwas anderes sind und dass doch die Personen wirklicherweise voneinander unterschieden werden.* Die Person nämlich bezeichnet die Beziehung als etwas, das in göttlicher Natur für sich bestehend ist. Vergleicht man aber die Beziehung mit der Wesenheit, so unterscheidet sie sich nicht wirklicherweise, sondern nur begrifflich; vergleicht man sie dagegen mit der entgegenstehenden Beziehung, so kommt ihr kraft der Gegenüberstellung ein wirklicher Unterschied zu. Und so bleibt eine Wesenheit und drei Personen."[389]

Diese Ausführungen haben den Vorteil, ein allzu simples Realitätsverständnis für die drei göttlichen Personen zu problematisieren. Aber im Letzten bietet *Thomas* doch nur sich gegenseitig ausschließende Sätze, was auch nicht anders sein kann, solange die immanente Dreiheit irgendeine Form von Realität haben soll. Zudem wären seine Bedenken bezüglich der Dreiheit ernster zu nehmen, wenn er nicht in der Christologie einen Monopersonalismus vertreten hätte, der dann doch die Person des *Verbum* in Konkurrenz zu einer menschlichen Person Jesu sah.[390]

Auch in der weiteren Geschichte bis heute finden sich viele originelle Interpretationen des Verhältnisses von Einheit und Dreiheit in Gott, und manche von ihnen sind sehr tiefgründig und sogar faszinierend zu lesen. Aber sie gehen alle von einer christlichen Legitimität oder besser Normativität des trinitarischen Dogmas aus und führen – für unsere Fragestellung – nicht weiter.

b) Der „Jubel selbstloser Liebe"

Die aus neuplatonischen Wurzeln von den Eusebianern übernommene Vorstellung, eine dritte Hypostase – der Geist – gehe von der ersten und zweiten Hypostase aus und verbinde sie, war von *Augustinus* aufgegriffen worden, woraus sich das *filioque* der lateinischen Trinitätslehre herleitet. Ebenso fand *Augustinus* schon die eusebianische Lehre, dass der Geist unter den Gläubigen ein Band der Liebe sei, in einer neunizänischen Bedeutungsverschiebung vor, derzufolge diese Liebe göttlich-immanent interpretiert wurde; so war für ihn der Geist das Band der Liebe zwischen Vater und Sohn.[391]

Diese westliche Erweiterung der aus der östlichen Theologie übernommenen Trinitätslehre setzte sich im frühen Mittelalter zunehmend durch und findet sich schon in dem vermutlich um 500 in Gallien entstandenen *Symbolum Quicumque*.[392] Auch in Spanien wurde das *filioque* sehr früh schon rezipiert: auf der ersten Synode von Toledo (475?), der dritten (589), vierten (633), sechsten (638) und, wie ausgeführt[393], elften Synode von Toledo (675).[394] Ebenfalls in Spanien scheint das *filioque* erstmals in das dem Ersten Konzil von Konstantinopel zugeschriebene[395] Glaubensbekenntnis eingefügt und während der Messe gebetet worden zu sein. Auch *Karl der Große* „ließ es [...] in seiner Aachener Kapelle nach dem Evangelium beten"[396]. Obwohl es auch Widerstände gegen diese Praxis gab, konnte sich das *filioque* durchsetzen und wurde im Jahr 1054 zur theologischen Begründung des Schismas zwischen Ost- und Westkirche. Gelegentlich wurde die Funktion des Geistes, der vom Vater *und vom Sohn* ausgeht, auch in amtlichen Dokumenten darüber hinaus als die „Liebe [...] beider" umschrieben.[397] Der europäischen Theologie waren somit Vorgaben gemacht, hinter die sie nicht mehr zurück konnte und wollte. Gerade *das filioque* und die Aussage vom Geist als „Band der Liebe" zwischen Vater und Sohn eröffnete eine Möglichkeit, die gesamte Trinität unter Absehung von allen heilsgeschichtlichen Funktionen – die östliche Lehre von einem Hervorgehen des Geistes *vom Vater durch den Sohn* lenkte beinahe notwendig den Blick auf die ökonomische Zielsetzung des „Vorgangs“ – ausschließlich immanent zu verstehen und dieser immanenten Konzeption einen plausiblen Sinn zu geben.

In welche Richtung die Argumentation ging, sollen zwei Beispiele deutlich machen: Der schon erwähnte frühscholastische Theologe *Richard* von St. Viktor[398] führt die Trinität geradezu anschaulich auf die Liebe zurück: „Da so viele Gründe uns keine Ausflucht mehr gestatten, müssen wir einräumen: Jede Person in der Gottheit ist so großmütig, dass sie keinerlei Schätze, keinerlei Freuden unmitgeteilt für sich haben will. Und weil Gott so mächtig ist, [...] muss man folgern, dass die Dreifaltigkeit der göttlichen Personen schlechthin notwendig ist. [...] Wäre ein Gott nur eine Person, dann hätte sie niemanden, dem sie die Reichtümer ihrer Größe mitteilen könnte. Und hinwieder wäre sie auf ewig des süßen Glücks beraubt, mit dem innige Liebe sie hätte bereichern können. Wenn aber die volle Güte dem höchst guten Gott nicht gestattet, seine Schätze geizig zurückzubehalten, so gestattet die volle Seligkeit dem ganz seligen Gott auch nicht, sie zu entbehren, und zur Verherrlichung seiner Majestät erfreut er sich ebenso sehr daran, sie großmütig zu verschwenden wie in ihrem Genusse zu sein. Daraus ersiehst du von Neuem, *wie unmöglich es ist, dass in Gott eine Person der Gemeinschaft der anderen entbehre. Gesetzt aber, es wäre nur ein Mitgenosse da, dann könnte Gott zwar seinen herrlichen Reichtum verschenken, hätte aber niemanden, dem er das Entzücken restloser Liebe mitteilen könnte.* Es gibt aber gerade nichts Erfreulicheres, nichts Herzerquickenderes als den Jubel selbstloser Liebe. Solchen Jubel müsste einer, der im Empfang der ihm zuteilgewordenen Liebe keinen Mitgenossen hätte, einsam erfahren. *So kann also die Kommunion in der Liebe nur stattfinden, wenn drei Personen da sind.*“[399] Drastischer lässt sich die Notwendigkeit der Dreiheit in Gott nicht mehr begründen. *Herbert Vorgrimler* merkt zu Recht an: „Augustinus hatte den Gedanken angedeutet, aber wegen der Gefahr des Tritheismus nicht weitergeführt.“ Wenn er aber meint, der Ansatz des *Richard* sei „der erste originelle seit Augustinus“[400], ist das wohl zu weitgehend; denn im Grunde war diese Ausfaltung der *Augustin'schen* Wendung zu erwarten, sobald die drei göttlichen Personen in Analogie zu drei menschlichen Subjekten aufgefasst wurden und die theologischen Hemmungen bezüglich der Einheit Gottes entfielen. Die Vorstellungen des *Richard* sind weniger originell denn undifferenziert und volkstümlich. Jedenfalls erscheint jetzt die Trinität nicht mehr als eine aporetische oder wenigstens schwer zu deutende Vorstellung. *Diese* Trinität ist äußerst plausibel, lässt keine Fragen zurück und erklärt alles gänzlich immanent und logisch; zudem ist sie liebenswert.

Bonaventura († 1274) machte sich diese Argumentationen zu eigen und verstärkte sie noch; durch ihn wurden sie in die Theologie der Franziskaner, eine der beiden – neben der der Dominikaner – großen theologischen Schulen des Hochmittelalters, aufgenommen. In seinem „Pilgerbuch der Seele zu Gott" schreibt er: „Denn ‚vom Guten sagen wir, dass es sich mitteile'. Also teilt sich das höchste Gut auf die vollkommenste Weise mit. Die höchste Selbstmitteilung muss aber wirklich und innerlich, substanziell und persönlich, naturhaft und willensmäßig, frei und notwendig, fehlerlos und vollkommen sein. Wenn also in dem höchsten Gut nicht von Ewigkeit her ein wirklicher und wesensgleicher Hervorgang statthätte und es nicht *durch Zeugung und Hauchung* eine dem Hervorbringenden gleich erhabene Hypostase gäbe – ein ewiges Mitprinzip des ewigen Prinzips –, *also einen Geliebten und Mitgeliebten,* einen Gezeugten und Gehauchten, nämlich Vater, Sohn und Geist, dann wäre es nicht das höchste Gut …" Im Folgenden meint *Bonaventura,* dadurch sei „die Dreieinigkeit des Vaters, Sohnes und Hl. Geistes notwendig gegeben"[401].

Richard und *Bonaventura* leiten also die trinitarische Struktur Gottes *zwingend* aus dem Satz ab, dass das Gute sich selbst mitteilen oder verschwenden müsse *(„bonum est diffusivum sui"*[402]*);* darüber hinaus wenden sie populäre Vorstellungen über die zwischenmenschliche Liebe nach dem Modell einer Gemeinschaft von Vater, Mutter und Kind sowie von der Minimalform jeglicher Gemeinschaft *(tres faciunt collegium)* auf die – vorgegebenen – göttlichen Personen an. Abendländische Stereotypen von einer idealen Existenzweise – wer möchte hierzulande schon (anders wäre es z. B. in fernöstlichen religiösen Zusammenhängen) gerne in dauernder Einsamkeit leben? – werden in Gott hineinprojiziert. Man konnte so verfahren, weil sich die Anwendung des Personbegriffs im Sinne des *Boëthius* etabliert hatte und die westliche Erweiterung des trinitarischen Dogmas um das *filioque* und die Lehre vom Geist als „Band der Liebe" hierfür die Basis geschaffen hatten. Wenn es sich bei diesem Entwurf auch nicht um eine originelle, sondern eher um eine trivialisierte und die Spannung zwischen Einheit und Dreiheit überspielende Variante handelt, so ist doch, wenn man so will, im Endergebnis *eine völlig neue Form der Trinitätslehre entstanden.* Ohne irgendeinen Bezug zur Heilsgeschichte, aus dem mittels Hypostasierung der wichtigsten ökonomischen Funktionen die Trinitätslehre resultierte, wird die Trinität jetzt gänzlich immanent plausibel gemacht; der aporetische Status der Lehre, der sich seit *Origenes* aus der Verlagerung von der Ökonomie zur Immanenz zunächst ergeben hatte, ist damit beendet. Wieso es in Gott drei Personen gibt – ja: geben *muss* –, liegt jetzt auf der Hand. Diese Personen konnten jetzt – noch abgesehen von ihren näheren Definitionen – auch nicht mehr anders als in Analogie zu drei menschlichen Subjekten und Subjektivitäten aufgefasst werden: Genosse und Mitgenossen, Liebender, Geliebter und Mitgeliebter – Begriffe dieser Art ließen keinen anderen Schluss mehr zu. Dass diese Drei die Einheit Gottes nicht aufheben sollen, wurde (und wird) zwar verbal vehement bekannt, führt(e) aber keineswegs zu einer Korrektur oder auch nur Problematisierung dieses Ansatzes.

4. Exkurs: Die triadische Selbstentfaltung Gottes[403]

Die Theologie des *Johannes Scottus Eriugena* († vor 880), eines der bedeutendsten Denker des Mittelalters, ist außergewöhnlich, und sie fügt sich in keine der bisher zur Trinität vorgestellten Linien ein. An ihr aber lassen sich die Auswirkungen kulturgeschichtlicher Raster auf die christliche Gottesvorstellung ein weiteres Mal ablesen.

Johannes war tiefreichend beeinflusst von der lateinisch- und griechisch-christlichen Tradition, vor allem vom Neuplatonismus. So ist es nicht verwunderlich, dass er bei dem Versuch, Gott und die Welt zusammenzudenken, drei Stadien lehrt, in denen sich Gott, der schlechthin einfache und eine, zur Welt hin vermittelt. Anders aber als im Neuplatonismus sieht er diese drei Schritte weniger als statisch seinshafte Größen; sie sind für ihn vielmehr Etappen eines *Prozesses,* in dem sich Gott in die Welt hinein entfaltet: „Das ‚Werden' wird mit dem Gottesbegriff nicht länger für gänzlich unvereinbar gehalten. Dadurch entsteht eine Neigung zur Dynamik im Gottesbild, die den antiken und auch neuplatonischen Vorlagen Eriugenas völlig fremd war."[404] Diese Betonung von Dynamik, Bewegung bzw. auch einer Entwicklung nach dem Modell organischen Werdens hat wohl ihren Grund in der keltischen Mentalität dieses Iren, der ein prozessual-organologisches Denken eigentümlich war.

Dem entspricht auch, dass er in seinem Hauptwerk *De divisione naturae (Periphyseon)* alle Wirklichkeit, Gott und die Welt, unter dem Begriff *natura*[405] zusammenfasst. Er gliedert die *natura* in eine *erste Natur,* die „schafft und nicht geschaffen wird" *(natura quae creat et non creatur);* diese ist Gott, die höchste und alles übersteigende Ursache, von der wir nur erkennen können, dass sie ist, nicht, was sie ist. Gott ist so sehr überseiend, dass er auch als „Nichts" bezeichnet werden kann.[406] Noch nicht einmal er selbst kann sich erkennen. Diese erste Natur ist – im Sinne des Neuplatonismus – gänzlich eine und einfach.

Aus ihr resultiert von Ewigkeit her, notwendig und zugleich gewollt, die *zweite Natur;* sie ist „geschaffen und selbst schöpferisch" *(natura quae creatur et creat).* Sie ist der Inbegriff der platonischen Ideenwelt. Die Ideen sind Gedanken Gottes und selbst die Ursprungsgründe *(causae primordiales)* für die sichtbare Welt. Gott schafft diese zweite Natur aus sich selbst, und „in die Prinzipien der Dinge herabsteigend, schafft er gleichsam sich selbst und beginnt, in Etwas zu sein"[407].

Die *dritte Natur* ist der sichtbare Kosmos, der die Engelwelt, die Menschen und die körperlichen Dinge umfasst. Sie ist „geschaffen und selbst nicht schöpferisch" *(natura quae creatur et non creat),* in ihr entfalten die *causae primordiales* ihre Wirkung und kommen zur Erscheinung. Der ganze Prozess der Selbstentfaltung Gottes mündet in die *vierte Natur,* die „weder schafft noch geschaffen ist" *(natura quae nec creat nec creatur);* in ihr kommt die Bewegung zum Ziel, die Schöpfung kehrt zu Gott zurück. Gott ist dann alles in allem und hat auch selbst einen „Gewinn": Er vermag sich selbst zu erkennen.

Eriugena hat ein System entworfen, in dem die gesamte Wirklichkeit als ein Vorgang der prozessualen Selbstentfaltung Gottes aufgefasst wird, der ihr Anfang, ihre Mitte und ihr Ziel ist *(„est igitur principium, medium et finis").*[408]

Gott und Geschöpfe sind dabei nicht etwas Unterschiedliches, sondern „ein und dasselbe" *(„non duo a se ipsis distantia [...], sed unum et id ipsum").*[409]

Dieser organologische Monismus ist allerdings durch christliche Korrekturen variiert: Die zweite Natur ist zwar notwendig, aber auch aufgrund des Willens Gottes aus ihm hervorgegangen, auch Sündenfall und Erlösung kennen Implikate freier Entscheidung.

Zunächst hat es den Anschein, als entwerfe *Eriugena* unter Berücksichtigung der christlichen Eschatologie eine *Quaternität,* nicht eine triadische Schrittfolge, um Gott und Welt/Geschichte zu erklären. Dieser Eindruck ist nicht ganz richtig, obwohl er selbst auf diese Erweiterung des neuplatonischen Systems zur vierten Natur hin stolz gewesen zu sein scheint. In Wirklichkeit aber realisierte sich die Schöpfung, auch die Erschaffung Adams, in der zweiten Natur, und die dritte Natur, die sichtbare Welt, ist nur entstanden als Folge des Sündenfalls, als ein „‚Fall' in Raum und Zeit", der „mit der Sünde Adams verbunden" ist, sodass diese Natur nur einen provisorischen Charakter hat[410]; ihre Wirklichkeit aber liegt in der zweiten Natur begründet. Die wirkliche („erste") Schöpfung erfolgte also – wie bei *Origenes* – vor Anbeginn der Zeit in der zweiten Natur, sodass die dritte nur eine vorübergehende Phase darstellt, deren Realität in den *causae primordiales* der zweiten Natur liegt und die nur eine Art neuer, durch die Sünde bewirkter Aggregatzustand dieser Natur ist: Die dritte Natur wird also „mehr und mehr aus dem Verbund der vier Naturen herausgelöst"[411]. So sind die wirklichen und relevanten Prozessphasen die erste, die zweite – gewissermaßen mit einem Anhang: der dritten – und die vierte Natur – ein wiederum triadisches System.

Anscheinend ist es so – das hatte sich ja auch schon bei der Analyse der frühjüdischen Vorstellungen und der Anfänge der christlichen Trinitätstheologie gezeigt –, dass unter der Herrschaft bestimmter Denkraster die Vermittlung von Gott zur Welt hin nur in einem Dreischritt gedacht werden kann. Dies gilt, mit einer kleinen Variante oder Komplikation, auch für das Denken des *Johannes Scottus Eriugena.*

Aber warum griff er dafür nicht einfach auf die schon lange etablierte Trinitätslehre zurück? Gelegentlich tut er es; dann spricht er von einer Verbindung von Wort/Sohn mit der zweiten und des Geistes mit der dritten Natur. Aber diese Anspielungen nahm *Eriugena* gleich auch wieder zurück: War doch die Trinität mittlerweile eine gänzlich *immanente* „Realität" in Gott und durfte nicht mehr den geschaffenen Bereichen, also der Ökonomie, zugeordnet werden. Deswegen konnte *Eriugena* Sohn und Geist nicht, wie es in den Anfängen der Trinitätsspekulation war, ganz eng mit den ökonomischen Prozessen verbinden. Sie gehörten grundsätzlich nur in die erste Natur hinein, in den einfachen und einen Gott.

Dort aber wurde die Trinität aporetisch: Gott ist für *Eriugena* „eine ungeteilte Gottheit" *(una deitas individua)*[412] oder „ein einfaches und ungeteiltes eines" *(simplex et indviduum unum)*[413], dennoch aber muss er aufgrund der bisher gelaufenen kirchlichen Lehrentfaltung hier, in die erste Natur, die Trinität platzieren. „Am wahrscheinlichsten ist es daher, dass Eriugena die Trinitätslehre einfach als zum christlichen Gottesbegriff gehörig rezipiert hat"[414], ohne deswegen die Einheit Gottes auch nur ansatzweise zu pluralisieren. Die Trinität ist ein Moment der normativen Überlieferung, die zur Zeit des *Eriugena* schon so in die Immanenz Gottes gebunden war, dass sie nicht mehr den prozessualen Stufen des Systems zugeordnet werden durfte. Er konnte somit die drei trinitarischen Hypostasen nicht mehr zur Erklärung der Weltwirklichkeit und ihres Zusammenhangs mit Gott ins Spiel bringen; es ist jetzt immer – natürlich der in sich trinitarische – Gott selbst, der sich auswirkt.

Um dennoch die Gesamtwirklichkeit als *einen* Prozess der Selbstentfaltung Gottes verstehen zu können, musste er die Trinitätskonzeption – jetzt außerhalb der einfach übernommenen trinitarischen Tradition – neu „erfinden", in der zweiten/dritten und der vierten Natur. Im Klartext: Unter bestimmten kulturellen Gegebenheiten *muss* sich – das zeigt das Konzept des *Eriugena* – der Monotheismus triadisch differenzieren. Auch hier erweist sich diese – neben der bloß übernommenen und jetzt funktionslosen Trinitätsüberlieferung – *neue Triade* als ein Produkt bestimmter geistesgeschichtlicher Kontexte.

Dieser Entwurf des *Eriugena* war für seine Zeit so außergewöhnlich, dass er keine unmittelbaren Folgen für die Geschichte der Trinitätslehre in einem engeren Sinn hatte. Dennoch aber hat er seinen Einfluss insofern entfaltet, als vor allem in der platonischen mittelalterlichen Tradition, z.B in der Schule von Chartres, das prozessuale Denken an Bedeutung gewinnt und jetzt mit der Trinität verknüpft wird: „Die Welt ist Ausgang von Gott durch dessen personal-schöpferische Willenssetzung, ihre Dynamik ist die Rückkehr zum Geist-Gott, sie ist selbst eine geschlossen-lebendige Bewegung."[415] Bis hin zum Denken *G.W.F. Hegels* († 1831) von Gott als „absolute Bewegung in sich selbst"[416] finden sich immer wieder einmal Entsprechungen zum Ansatz des großen Iren der karolingischen Zeit.

VIII. Nichts Neues seit dem Mittelalter

Eine Denkgeschichte ist nie abgeschlossen. So kennt auch die trinitarische Reflexion bis heute eine Fülle unterschiedlichster, mehr oder weniger tiefgründiger, manchmal auch origineller Entwürfe. Wenn es also darum ginge, einen Gesamtüberblick über die Trinitätstheologie zu versuchen, müsste die weitere Entwicklung ebenfalls angesprochen werden.

Das aber ist nicht Ziel dieser Studie. Sie sollte lediglich aufzeigen, wie und warum es zu dem in den Kirchen normativen *trinitarischen Formelbestand* kam. Dessen Ausbildung aber ist in den östlichen Kirchen mit dem vierten Jahrhundert, im westlichen Christentum seit der Früh- und Hochscholastik im Wesentlichen abgeschlossen.

Alle weitere Theologie baut auf diesen Grundlagen auf; sie selbst aber bleiben unhinterfragt, werden für alles weitere Nachdenken vorausgesetzt und dann, teilweise von neuen Fragestellungen her, ausgelegt. Die Interpretationen sind ihrerseits natürlich wiederum von den jeweiligen Kontexten, vor allem von den soteriologischen Interessen, her bedingt.

Von daher versteht es sich von selbst, dass es eine breite „abendländische" Linie gibt, in der die trinitarische Formel zwar – pflichtgemäß – wiedergegeben wird, in der Sache aber zugunsten des einen Gottes zurücktritt: *Gott* hat die Welt geschaffen, sich offenbart, ist Mensch geworden und hat uns erlöst bzw. gerechtfertigt. In einer anderen Linie tritt die Dreipersonalität – bis hin zur Vorstellung einer innergöttlichen Liebesgemeinschaft – in den Vordergrund; hier wird dann der Monotheismus problematisch.

Noch anders sieht es in den sich allmählich in ihren Konturen abzeichnenden Theologien Afrikas und Asiens aus, die die trinitarischen Formeln von ganz fremden soteriologischen Traditionen her rezipieren und in ihr Denken inkulturieren.

Darüber hinaus spielen alle möglichen geistesgeschichtlichen Einflüsse, von der Philosophie bis hin zur Soziologie, und auch gesellschaftliche Entwicklungen, wie sie sich z. B. in der Befreiungstheologie oder in der Feministischen Theologie spiegeln, eine Rolle. Je nachdem wird die trinitarische Formelüberlieferung mit spezifischen Schwerpunkten angeeignet: Die Trinität als solidarisches Kollegium, die Personen als dialogisch-relationale Größen, der Geist als „Geistin" usf.

Alles das ist recht interessant und wäre eine eigene Untersuchung wert. Allerdings bereichert es zwar die trinitarischen Spekulationen, kann aber nicht das Phänomen selbst, das trinitarische Dogma, begründen und intellektuell sichern. Deswegen stürzen Gebäude dieser Art ein, wenn ihnen das Fundament entzogen wird, auf dem sie so selbstverständlich aufbauen. Um dieses Fundament aber sollte es in dieser Studie gehen. Es sollte der Weg aufgezeigt werden, wie und aus welchen Motiven heraus der „Vater Jesu" um Sohn und Geist ergänzt, der ursprünglich undifferenzierte Monotheismus zur Trinität pluralisiert wurde. Dies scheint mit den angeführten Gesichtspunkten und Belegen hinreichend, wenn auch in aller Kürze, dokumentiert zu sein, sodass auf eine Darstellung der weiteren Geschichte verzichtet werden kann.

IX. Vom Monotheismus zur innergöttlichen Liebesgemeinschaft

1. Die kontextuelle Bedingtheit des trinitarischen Dogmas

Jesus selbst stand in der Tradition des jüdischen Monotheismus, näherhin des palästinischen Frühjudentums. Sein Denken und Handeln richtete er auf diesen einen Gott aus, von dem er sich gesandt und dem er sich nahe fühlte, sodass er ihn – wiederum frühjüdischer Praxis folgend – „Vater" nannte.

Es ist erklärungsbedürftig, wie und warum dieser grundlegende Monotheismus seit dem zweiten nachchristlichen Jahrhundert bini- und trinitarisch „angereichert" wurde. Dies wäre relativ einfach, wenn die normativen Urkunden des Christentums, vor allem das bald so genannte Neue Testament, eine solche Lehrentfaltung nahegelegt hätten. Dem ist aber nicht so. Das Neue Testament kennt allenfalls an einigen wenigen Stellen den Einbruch hellenistisch-christologischen Denkens, in dem Jesus als göttlich oder sogar als inkarnierter Logos erscheint; diese Passagen sind somit potenzielle Ansatzpunkte für eine Binitätslehre. Vom Geist wird Ähnliches nicht ausgeführt. In den weitaus überwiegenden Teilen des Neuen Testaments aber ist Jesus der Beauftragte Gottes, eschatologischer Mensch, der nach seinem Tod zu Gott erhöht wurde. Die sporadischen triadischen Formeln sind keineswegs im Sinne einer „impliziten" Trinitätskonzeption aufzufassen.

Diese Sachverhalte werden in der späteren Trinitätstheologie bis heute weithin einfach übersehen oder, wenn das darin gegebene Problem einmal thematisiert wird, durch interpretative Klimmzüge umgedeutet. Dabei war diese Schwierigkeit seit Längerem bekannt. Schon im vierten Jahrhundert schrieb *Gregor von Nazianz:* „Das Alte Testament hat den Vater deutlich verkündet, den Sohn [dagegen] auf eine schwer zu erkennende

Weise. Das Neue hat den Sohn offenbart und die Gottheit des Heiligen Geistes nur versteckt angedeutet. Jetzt wohnt der Geist unter uns und offenbart sich deutlicher. Als die Gottheit des Vaters noch nicht anerkannt war, wäre es nicht klug gewesen, offen die des Sohns zu verkünden. Und als die Gottheit des Sohns noch nicht angenommen war, konnte man nicht – ich spreche allzu kühn – [den Menschen] noch den Heiligen Geist dazu aufbürden."[417]

Immerhin ist *Gregor,* dem Kenner der Bibel, der Sachverhalt bewusst; es verwundert jedoch nicht, dass er, der Trinitätstheologe, die trinitarischen Defizite der Bibel im Licht der späteren Theologie „bewältigt". Erstaunlicher ist dies schon in der gegenwärtigen Theologie, die durch das Purgatorium der Aufklärung und des historisch-kritischen Denkens gegangen sein sollte, die exegetische Literatur und auch die Untersuchungen zur Geschichte der Entwicklung der Trinitätslehre hervorbringt und kennt. Auch hier begegnet der Versuch, das Neue Testament und die Überlieferung von dem späteren Formelgut her zu interpretieren und damit ihre ansonsten behauptete kritische Funktion nicht ernst zu nehmen.

Lässt man sich aber auf die historischen Tatsachen ein, dann ist man gezwungen festzustellen: Trinitätsvorstellungen bildeten sich im Christentum erst seit dem zweiten Jahrhundert aus, die „eigentliche" immanente Trinitätslehre erst im dritten Jahrhundert. Hierbei waren kulturelle Mentalitäten wirksam, die diese Entwicklung – dies zeigt auch ein Blick auf vergleichbare frühjüdische Tendenzen – hervorbringen *mussten.* Darüber hinaus gab es auch mehr „zufällige" Faktoren, die einzelne Aspekte der Trinitätsgeschichte prägten.

a) Kulturgeschichtliche Zwangsläufigkeiten

Die Trinitätsvorstellung ist eine „Weiterentwicklung" des in der jüdischen Religion entstandenen und vom Christentum beerbten Monotheismus. Dieser hat sich in einem langen religionsgeschichtlichen Prozess herausgebildet. Nach der Übernahme Jahwes aus außerisraelitischen Herkünften wandelte sich dieser Gott vom Berg- und Vulkangott, Stammes- und Wegegott zum nationalen Gott Israels und schließlich zur universal und einzig geltenden Größe. Zwar blieb Jahwe dabei ein Gott der Geschichte: Er stand an ihrem Anfang, übte über sie die Königsherrschaft aus und bewirkte ihre Zukunft – zunächst die der Sippen, dann die des Volkes, schließlich, mit dem Aufkommen eschatologischen Denkens, aller Völker in einem neuen Äon und, nach der Ausbildung der Auferstehungshoffnung im Frühjudentum, auch die der einzelnen Frommen und bald aller Menschen.

Die hebräische Sprache kannte für Jahwe nicht den Gattungsbegriff „Gott"; weil Jahwe ganz als das geschichtlich handelnde „Gegenüber", als personen-analog, empfunden wurde, bestand offensichtlich kein Bedarf, einen solchen Begriff auszubilden. Später allerdings gab es ein Äquivalent, *Elohim,* das Jahwe als Inbegriff aller (kanaanäischen) *Els* charakterisierte, dann aber – so in der griechischen Übersetzung des Alten Testaments – mit *theós,* „Gott", übertragen wurde.

Diese griechische Übersetzung bezeichnete Jahwe also als zur *Gattung* Gott gehörig, und wenn er auch als der Einzige dieser Gattung aufgefasst wurde, war jetzt zum einen die Möglichkeit gegeben, sich wenigstens theoretisch auch noch andere dieser Gattung vorzustellen, zum anderen war eine Unterscheidung zwischen einem „Wesen" Gottes und dessen Realisierung in *einer* oder in *mehreren* „Konkretionen" (Hypostasen) möglich geworden – eine der Grundlagen der späteren trinitarischen Entwicklung.

Mit dem Begriff Gott verband der Hellenismus eine Reihe von Assoziationen, die dann auch von den hellenisierten Juden internalisiert wurden: Gott ist der letzte und eine Grund des Kosmos und so auch des Menschen, also *immanentes Prinzip,* er (oder besser: *es*) ist all-mächtig, all-wissend, ewig, zum Handeln unfähig: Er ist einer (eines), unveränderlich und somit zum unmittelbaren Kontakt mit der Pluralität und Veränderlichkeit nicht imstande.

Wie dargestellt, brachte die Hellenisierung der Juden in der Diaspora einen Synkretismus aus Monotheismus und griechischem Gottesbegriff. In ihrer neuen kulturellen Prägung „brauchten" diese Menschen beide Vorstellungsreihen, um für ihre Art, Welt und Geschichte zu problematisieren und die Sinnfrage zu stellen, eine „Lösung" zu finden.

Jahwe wurde das höchste, einfache und unveränderliche Sein, das selbst nicht mehr unmittelbar die Vermittlung zur Welt – in der Schöpfung – und zur Geschichte – im heilsökonomischen Handeln – wahrnehmen konnte. Zugleich blieb er die Wirklichkeit, die der Welt – als der ganz andere in der Diastase von Schöpfer und Kreatur – gegenüberstand und auch deswegen nicht selbst Prinzip der kreatürlichen Realität werden konnte, dennoch aber Schöpfung und Heil in Gang setzt.

So lag es nahe oder war sogar zwingend, unter und neben ihm andere Hypostasen göttlicher Art anzunehmen, die das ökonomische Vermittlungsgeschäft, also Demiurgie und heilsgeschichtliches Handeln, wahrnehmen konnten. Diese mussten Gott ganz nahestehen oder selbst göttlich sein, damit Gott selbst der blieb, der hinter allem steht, sie konnten aber nicht im gleichen (absoluten) Sinne göttlich sein, weil sie eine Affinität zur Pluralität und zur Veränderung haben mussten.

Im Frühjudentum übernahmen diese Funktion zunehmend die Weisheit, zwei Engel als „Hände Gottes" oder der aus der hellenistischen Philosophie und näherhin wohl der Stoa übernommene Logos, das die Welt zuinnerst konstituierende Prinzip. Wie diese Hypostasen auch hießen und welchen religiösen Traditionen sie auch entnommen waren, „benötigt" wurden sie *zur Erklärung der Ökonomie;* der Sache nach stellen sie Hypostasierungen der ökonomischen Funktionen Gottes dar. In den triadischen Auffassungen wurde *jede* der Funktionen, Demiurgie und Wirken in der Geschichte, *je für sich* hypostasiert, in den binitarischen Konzepten gab es nur *eine* Hypostasierung des ökonomischen Handelns generell, sodass Weisheit oder Logos dann *für beide Aspekte* zuständig waren. In beiden Varianten beginnt jedenfalls ihr Dasein erst „im Anfang". *Damals* wurden sie von Gott geschaffen oder traten aus ihm hervor, womit zugleich die Möglichkeit gegeben war – zumindest für die Weisheit und den Logos –, sie vorher in Gott selbst hineinzunehmen als lediglich andere Bezeichnungen Gottes (und dort, wo dies reflektiert wurde – wie bei *Tertullian* –, sie auch nach Abschluss der Ökonomie wieder in Gott hineinzuintegrieren). Dieses Gottesdenken fand im Judentum wegen der „Repalästinisierung" seit dem späteren ersten Jahrhundert keine Fortsetzung, wurde dann aber von den Diasporajudenchristen und erst recht von den „Heidenchristen" wieder aufgegriffen und sogar von Letzteren, denen der jüdische und jesuanische Monotheismus ihrer eigenen Tradition nach fremd war, noch vehementer vertreten. Eine zusätzliche Motivation in diese Richtung ergab sich mit der Ausbildung einer hellenistischen Christologie, derzufolge Jesus als Christus zwischen der Welt des Unendlichen und des Endlichen, zwischen Gott und Mensch, vermitteln sollte und deswegen beiden Bereichen angehören musste. Jesus konnte in diesem Verstehen nur dann als *der* Heilsmittler angeeignet werden, wenn er göttlich oder sogar der inkarnierte Gott war.

Hierfür gab es zaghafte Anklänge an nur wenigen Stellen des Neuen Testaments, das trotz seiner Abfassung durch Diasporajudenchristen über weiteste Teile keine Präexistenzchristologie kennt. Die Anstöße durch diese Passagen waren keineswegs so prägend, dass sie z. B. in der Literatur der „Apostolischen Väter" oder im syrischen Christentum beherrschend wurden. Durch die hellenistischen Apologeten aber wurden sie aufgegriffen, ausgefeilt und mit der seit *Philon* vorliegenden Auffassung von Gott und seinem Logos verknüpft; eine Binitätsauffassung war entstanden, die zum Zwecke der Erklärung von Weltschöpfung und Heilshandeln Gottes, vor allem in Jesus Christus, unter diesen kulturellen Kontexten unvermeidlich war. Gelegentlich wurde – hier gaben (missverstandene) triadische Formeln des Neuen Testaments den Anstoß – am Rande auch der Geist erwähnt.

Dass sich die Bini- bzw. Trinitätslehre – außer zunächst in der syrischen und in der lateinischen Kirche – schließlich etablieren konnte, hat seinen Grund in der *hellenistischen Mentalität* der Kaiserzeit, die sich paradigmatisch in der *Gnosis* artikulierte, aber auch die christlich-hellenistischen Gemeinden erfasst hatte, in denen die Gnosis weithin Fuß fassen konnte. Für dieses Denken war es selbstverständlich und einleuchtend, dass es zwischen dem guten und einfachen Gott des Lichtes und der von Bösem und Materie geprägten Welt eine Fülle von vermittelnden Hypostasen geben musste; anders schien der Zusammenhang von Gott und Welt *rational* nicht erklärbar.

Auf diesem Hintergrund war es zu erwarten, dass auch Christen diese Überzeugung teilten, und es ist schon als eine beachtliche kritische Leistung der theologischen Schriftsteller am Ende des zweiten und am Anfang des dritten Jahrhunderts anzusehen, dass sie die ausufernden gnostischen Emanationen auf die Zahl von zwei aus Gott hervorgegangenen Hypostasen beschränkten. Eine darüber hinausgehende Kritik war damals noch nicht möglich; sie hätte zur Voraussetzung gehabt, die Bedingungen des eigenen Denkens in einer Art von Metareflexion zu hinterfragen. So etwas ist Zeitgenossen kaum möglich. Immerhin versetzte diese Reduktion auf Wort und Geist die zeitgenössischen Theologen in die Lage, das Gottesdenken, das sie von den Apologeten übernommen hatten, auf seine Aussagen und besonders auf seine Vereinbarkeit mit dem Monotheismus zu reflektieren. *Irenäus* und vor allem *Tertullian* lehrten jetzt mit aller Deutlichkeit einen *ewigen Monotheismus,* der aber *seit* „dem Anfang" *ökonomisch um Sohn und Geist erweitert* wurde: Zu Zwecken der Weltschöpfung und der Erlösung – Offenbarung an die „Väter", Inkarnation in Jesus und Heiligung – bedurfte Gott seiner „Hände" *(Irenäus); die Erweiterung des Monotheismus zur Trinität ist eine Sache der Heilsgeschichte,* die den ewigen Monotheismus nicht bedrohen sollte.

Auch die nächste Stufe der Trinitätsspekulation ist kulturgeschichtlich bedingt: die erstmalige Verlagerung der triadischen Hypostasen aus der Heilsgeschichte in „Gott selbst" hinein, also die Entstehung einer „immanenten" Trinitätsauffassung in der ersten Hälfte des dritten Jahrhunderts. Das geistige Rüstzeug dazu lieferte der *Neuplatonismus,* der drei göttliche Abstufungen kennt – das Eine *(tò én),* den Geist *(noûs)* und die (Welt-) Seele *(psyché)* –, die von dem schlechthin einfachen Einen zur Vielfalt des Kosmos hin vermitteln, selber aber der Sphäre des Göttlichen angehören.

In diesem Kontext sind die Reflexionen des *Origenes* zu sehen: Er erkennt, dass zum Gottesbegriff für Sohn und Geist gehört, dass es sie nicht erst seit „dem Anfang" gibt; sie sind von Ewigkeit her mit dem Vater in der göttlichen Sphäre anzusiedeln, wenn auch Sohn und Geist – auch das legte der Neuplatonismus nahe – mindere Formen des Göttlichen darstellen, ein innergöttlicher Subordinatianismus. Weil aber Wort und Geist in der Tradition ganz eng mit ihren ökonomischen Funktionen verknüpft sind, konnte *Origenes* sie davon (noch) nicht lösen. Auch hier bot ihm der Neuplatonismus Raster an. Er verlegte Schöpfung und Christologie in die Präexistenz; die erste – rein geistige – Schöpfung wie auch die Verbindung der Seele Jesu mit dem Logos spielten sich innerhalb des göttlichen Bereichs ab. Die zweite Schöpfung und auch die Inkarnation erfolgten erst aufgrund eines ebenso vorzeitlichen Sündenfalls, zum Zwecke der Läuterung der Seelen – auch das ist ein neuplatonisches Motiv.

Seitdem aber gibt es erstmals eine immanente Trinität, Gott ist schon *vor* „dem Anfang" triadisch strukturiert. Auf dieser neuen Stufe verlief von jetzt an die Diskussion. Zur Stabilisierung dieses „Qualitätssprungs" trug – ungewollt – *Arius* bei. Auch er teilte die Meinung des *Origenes,* dass zum wirklichen Gottsein die Ewigkeit gehöre. Aber von seiner syrisch-theologischen Herkunft her zog er daraus den umgekehrten Schluss: Also gibt es nur den einen und selben Gott. Der Logos, der vor der Schöpfung nicht war, ist eben deswegen nicht Gott, sondern Geschöpf. Dass *Arius* überhaupt, aus christologischen Motiven, an einem präexistenten Logos, der in Jesus inkarnierte, festhielt, lag an seiner Rücksichtnahme auf die soteriologischen Interessen seiner Gemeinde in Alexandrien. Seine Gegner, die durch das Konzil von Nizäa zunächst siegreich waren, mussten deswegen das umfassende Gottsein des Sohnes verteidigen. Diese Zielsetzung führte dazu, nicht nur seine Zeitlichkeit, sondern auch eine gattungsmäßige Minderausstattung, also einen innergöttlichen Subordinatianismus, zu bestreiten; Ergebnis war das *homo-úsios,* die Lehre von der Wesensgleichheit des Sohnes mit dem Vater.

Was diese denn nun wirklich bedeutet, blieb noch längere Zeit umstritten, und es gab die verschiedensten Interpretationen. Zugleich regte sich Widerstand gegen die Nennung des Geistes, der bisher nur am Rande mitdiskutiert worden war, auf gleicher Ebene, wahrscheinlich aus Kreisen, die vom Monotheismus wenigstens diese weitere Komplizierung abwenden wollten. Noch *Gregor von Nazianz* empfand es ja so, dass der Theologie mit dem Geist eine Art Last „aufgebürdet" wurde.[418] Aber das nizänische *homo-úsios* für den Sohn ließ es jetzt nicht mehr zu, den im Taufbefehl an dritter Stelle genannten Geist geschöpflieh aufzufassen; bald wurde die Gleichwesentlichkeit auch formell auf den Geist ausgedehnt.

Die von *Basilius* vorgeschlagene Formel von der einen *usía* und den drei Hypostasen oder *prósopa* war in dieser Situation eine logische begriffliche Zusammenfassung des Diskussionsstandes. Sie ist der sprachliche Abschluss und zugleich die Fixierung einer Komplizierung des christlichen Monotheismus durch die Einwirkung des Hellenismus. Dabei zeigt die Geschichte, dass die Entstehung einer Binitätsauffassung kulturgeschichtlich unausweichlich, die Hereinnahme des Geistes hingegen zwar durchaus passend, aber nicht zwingend war; hier gaben die triadischen Formeln des Neuen Testaments, die auf neue Weise gelesen wurden, den Ausschlag.

Ebenso ist das lange Festhalten der syrischen und der lateinischen Kirche an einem Monarchianismus Resultat ihrer kulturellen Prägung. Sie „brauchten" – aus unterschiedlichen Gründen – keine seinshaften Hypostasierungen der ökonomischen Funktionen. In der stärker geschichtlich orientierten syrischen Tradition „genügte" der eine Gott, der die Welt erschaffen, zu den „Vätern" gesprochen, Jesus auf eine besondere Weise erwählt hat und die Christen heiligt. Die lateinische Kirche sah in Gott stärker den einen rechtsetzenden Willen, der den Menschen für ihre *impietas,* für ihre Schuld, Strafe auferlegt und durch den Kreuzestod des gerechten Jesus versöhnt wird.

Schließlich aber übernahmen beide Kirchen die griechischen Konsensformeln. Auch das ist von den damaligen Kontexten her plausibel: *Wenn* es in der Großkirche eine Einigung geben konnte – und sie war ekklesiologisch gefordert –, *dann* war sie nur auf der Ebene des dominierenden hellenistisch-christlichen Denkens möglich, weil auch Westsyrer und Lateiner hellenisiert waren, wenn auch nicht so tiefreichend, dass ihre eigenen Motivationen völlig verdrängt worden wären. So lässt sich erkennen, dass z. B. *Theodor* von Mopsuestia, der bedeutendste syrische Theologe, zwar die trinitarische und christologische Formelsprache übernimmt, ihr aber einen monarchianischen und bewährungschristologischen Sinn zu geben sucht. Und ebenso stellt *Augustinus,* trotz autoritativer Hinnahme der aus dem Osten tradierten Definitionen, in der Gottesfrage sehr stark den Gedanken der Einheit und in der Christologie die Rechtfertigung heraus.

Als Bilanz ergibt sich also, dass *die trinitarische Komplizierung* des dem Christentum als Erbe und Vorgabe mitgegebenen jüdischen Monotheismus *ein Produkt kulturgeschichtlicher Gegebenheiten und der daraus resultierenden soteriologischen Bedürfnisse* ist. Nichts an dieser Geschichte ist unverstehbar oder ein „Geheimnis", auch nicht die, wenigstens in der differenzierteren Theologie, sich ergebenden Aporien. Letztere dokumentieren vielmehr, dass ein damaliger Theologe zwar keine Chance hatte, aus seinen normativen Traditionen „auszusteigen" bzw. – historisch-kritisch – deren Kontingenz zu erkennen, aber doch, in ihnen stehend, die Problematik einer Vermittlung von Einheit und Dreiheit sensibel wahrnahm und darauf zu reagieren suchte. Lediglich dann gab es keine Schwierigkeiten, wenn eine Tradition monarchianisch war, sei es undifferenziert oder in „dynamischer" oder „modalistischer" Interpretation, oder wenn in simplifizierender Weise tritheistisch gedacht wurde.

b) Zwei historische „Zufälligkeiten“ und ihre Auswirkungen

Die Übernahme der östlichen Trinitätsentwicklung im lateinischen Westen lag, wie dargelegt, in der kulturgeschichtlichen Konsequenz seiner Einbettung in die hellenistische Gesamtkultur; ebenso ist es verständlich, dass er *innerhalb* dieses Konzepts zunächst, und teilweise auch bleibend, den Schwerpunkt auf die Einheit Gottes legte.

Darüber hinaus sind zwei, wenn man so sagen darf, historische „Zufälligkeiten“ von Bedeutung, die schließlich eine gegenüber der östlichen Theologie neue und dort auf Ablehnung stoßende Trinitätskonzeption zur Folge hatten: die Geschichte des Personbegriffs auf der einen und die Lehre vom Geist als „Band der Liebe“ sowie von seinem Ausgehen vom Vater *und vom Sohn* auf der anderen Seite.

Hierbei gilt die Kennzeichnung als „zufällig“ natürlich nur dafür, *dass* diese beiden Motive überhaupt ins Spiel kamen, nicht aber für ihre weitere Entfaltung. Dass *Tertullian* sowohl zur Charakterisierung der Dreiheit in Gott wie des Einheitspunktes zwischen göttlicher und menschlicher Natur Jesu Christi den Personbegriff einführte, ergab sich aus keinerlei Zwangsläufigkeiten. Einhundertfünfzig Jahre lang fristete dieser Begriff dann ein Schattendasein, bis ihn *Augustinus* wieder aufgriff. Zwar mochte auch er ihn nicht, aber er schien ihm unanstößiger zu sein als alle anderen lateinischen Äquivalente für das griechische Wort *hypóstasis.* Weder für *Tertullian* noch für *Augustinus* hatte *persona* schon die spätere Konnotation in Richtung auf Individualität eines geistigen Seienden. Aber immerhin schien zur Zeit des *Augustinus* diese Deutung schon ein wenig nähergerückt zu sein.[419] Dennoch aber konnte er noch sagen:

„Der Mensch [Jesus, Verf.] kommt zu Gott hinzu und es *entsteht eine* Person [accedit homo Deo *et fit* una persona].“[420] Die christologische *persona* ist also *Produkt* der Einigung von Gott – nicht: Verbum – und Mensch; sie ist nicht die ewige *persona* des Verbum, die zusätzlich zu ihrer göttlichen Natur eine menschliche angenommen hat. „Person" hat also für ihn noch nicht den Sinn der Definition des *Boëthius,* und der Sache nach erklärt *Augustinus* sie ja auch mittels des Relationsbegriffs, in der Absicht, Gottes einfaches Sein nicht zu pluralisieren.

Vor allem im Zuge der christologischen Diskussion nach Chalzedon, dessen Symbol bald immer mehr in *Kyrillscher* Interpretation (der sogenannte Neu-Chalzedonismus) verstanden wurde, suchte man nach einem beschreibbaren Einheitspunkt in Jesus Christus, der *nicht natural* sein durfte, da ja gemäß dem Symbol von Chalzedon die Naturen „unvermischt", wenn auch „ungetrennt", zusammenkommen. Eine Lösung wurde im Osten mittels der Vorstellung von *einer* Energeia (Monenergetismus), *einem* Willen (Monotheletismus) oder mittels der An- und Enhypostasielehre gesucht[421]; auch *Boëthius* wollte anhand des Personbegriffs einen Einheitspunkt umschreiben, der nicht natural war – die *individua substantia rationa(bi)lis naturae.*

Alle diese Denkmodelle zielen also in die gleiche Richtung. Dass im lateinischen Westen gerade die Person im Sinne von Individualität in den Vordergrund gestellt wurde, hat wohl auch kulturgeschichtliche Gründe, war man hier doch weniger vom allgemeinen, idealen Sein fasziniert, als auf die Praxis und das Konkrete ausgerichtet. Nicht zufällig wurde im Westen die erste Autobiografie der Weltliteratur geschrieben, die *Confessiones* des *Augustinus.*

Die Definition des *Boëthius* machte Karriere und wurde auch in der Trinitätstheologie immer beherrschender, sodass vielfach die Vorstellung von *drei Subjekten* mit je eigenem Selbstbewusstsein in Gott verbreitet war; dennoch aber wurde dieses Raster hin und wieder in der hohen Theologie durch einen Rückgriff auf die relationale Begrifflichkeit des *Augustinus* problematisiert.

Aber auch Letztere war seit dem Mittelalter verändert und mit konkreten „Inhalten" assoziiert durch eine Unbedachtsamkeit des *Augustinus,* der ein neuplatonisches Motiv – in neunizänischer Vermittlung durch die Eusebianer[422] – von der dritten Hypostase, dem Geist, als „Band" und als „Liebe" zwischen Vater und Sohn übernommen hatte, woraus auch das westliche *filioque* resultierte.

Bei Theologen, denen sowohl die starke Sorge um die Einheit Gottes wie auch ein Problembewusstsein fehlte, das dem des *Augustinus* nahekam, wurde daraus, in Verbindung mit der Entwicklung des „modernen“ Personbegriffs, seit der Frühscholastik die These, dass es *in Gott drei in Liebe miteinander verbundene Subjekte* gebe. Damit war erstmals, also seit dem zwölften Jahrhundert, die Trinität völlig „suffizient“ auf immanente Weise, ohne Rückgriff auf die Ökonomie, erklärt und sogar, wie man meinte, „notwendig“.

2. Religionswissenschaftliches Resümee und theologische Anfrage

Religionswissenschaftlich betrachtet, ist die Trinitätslehre erwachsen aus dem Synkretismus von Judentum und Christentum mit dem Hellenismus und der daraus folgenden Addition von jüdischem und christlichem Monotheismus mit dem hellenistischen Monismus. Gott konnte somit zugleich der personenanalog anzusprechende Adressat der Christen sein wie auch, durch Vermittlung des Logos, immanentes Schöpfungsprinzip und „Subjekt“ der Offenbarung, Inkarnation und Heiligung. Die Erweiterung dieser „Doppelung“ zur Trinität lag kulturgeschichtlich durchaus nahe, war aber im Wesentlichen eine Konsequenz, die man später aus den triadischen Formeln des Neuen Testaments, vor allem aus dem Taufbefehl, zog.

Die Zusammenfügung dieser beiden entgegengesetzten Gottesvorstellungen wurde dadurch erleichtert, dass der monotheistische Gott im hellenistischen Christentum ganz von selbst mit seinshaften und gattungsmäßigen Zügen versehen wurde, die ihm seiner Herkunft aus der Tradition Israels nach fremd waren, zugleich aber auch der Logos durch seine Inkarnation in Jesus „persönliche“ Färbung annahm. Diese „Erleichterung“ trug aber dazu bei, dass das ökonomisch-trinitarische Reden nicht selten in die Nähe eines Polytheismus – eines Bi- oder Tritheismus – kam. Um dem entgegenzuwirken, musste die Verlagerung der zweiten und dritten Hypostase in Gott selbst hinein und dann die Lehre von dem einen Wesen geschaffen werden. Im Ergebnis erscheint so die Trinitätslehre als ein *Versuch, Monotheismus, Monismus und Polytheismus zu verbinden, also alle wichtigen weltreligiösen und hochkulturellen Gottesvorstellungen.* Tendenziell aber ging es den meisten Theologen bei diesem Unternehmen – das zeigt die Geschichte – darum, den Monotheismus dabei als *den* zentralen Aspekt des Gottesglaubens festzuhalten, so unvollkommen das im Einzelnen auch gelungen sein mag.

Vielleicht erklärt sich die Faszination der Trinitätslehre daraus, dass sie die Vorzüge all der genannten Gottesvorstellungen – auf eine spannungsreiche Weise – zu verbinden sucht: die Wärme und das Hoffnungspotenzial, das der Monotheismus erweckt, die rationale Plausibilität eines letzten immanenten Prinzips sowie die kommunikative und soziale Lebendigkeit des Polytheismus. Schon *Gregor von Nyssa* war der Meinung, dass die Trinitätslehre „die Mitte zwischen beiden Meinungen", zwischen Polytheismus und jüdischem Monotheismus, darstelle – den hellenistischen Monismus identifizierte er wohl mit dem Monotheismus: „Behalten wir aus der jüdischen Lehre die Einheit der Natur, aus der heidnischen aber bloß die Unterscheidung der Personen, so ist auf beiden Seiten die Gottlosigkeit durch die entsprechenden Heilmitttel geheilt."[423]

Was der Religionswissenschaftler einfachhin konstatieren kann, bedeutet aber zugleich eine Anfrage an die Theologie nach der Legitimität eines solchen Konstrukts. Wenn es feststeht – und daran scheint kein Weg vorbeizuführen –, dass Jesus selbst nur vom Gott Israels, den er Vater nannte, und nichts von seiner eigenen späteren „Vergottung" wusste: Mit welchem Recht kann dann eine Trinitätslehre *normativ* sein? Muss man sie nicht vielmehr als einen Inkulturationsvorgang, der nur innerhalb der damaligen Kontexte unausweichlich und wohl auch legitim war – weil anders das Christentum nicht lebbar war –, verstehen, also als eine kontingente, kontextuelle Komplizierung der jesuanischen Gottesvorstellung?

Darf man die wenigen neutestamentlichen Stellen, die Anstoß für eine spätere binitarische Reflexion gaben und die ihrerseits ganz deutlich ein neues Gedankengut einbringen, als bleibende Maßstäbe des christlichen Gottdenkens auswählen? Wie also ist eine Lehrentwicklung zu legitimieren, die eigentlich erst im zweiten Jahrhundert begann, erst im dritten die Wendung zu einer – gänzlich neuen – immanenten triadischen Aussage fand, im vierten Jahrhundert – mehr schlecht als recht – in Formeln gebracht und im lateinischen Westen wiederum eine gegenüber der bisherigen Geschichte andersartige Variante hervorgebracht hat? Wenn man die Trinitätslehre auf „Offenbarung" gründet, muss man auch sagen können, wo und auf welcher Stufe denn um alles in der Welt diese Offenbarung erfolgt sei: durch Jesus, durch neutestamentliche Aussagen, durch die Apologeten oder gar *Origenes* oder *Augustinus?*

Wie auch die einzelnen Etappen zu interpretieren sein mögen, so steht doch fest, dass die Trinitätslehre, wie sie sowohl im Osten wie – erst recht – im Westen am Ende „Dogma" wurde, keinerlei biblische Grundlage besitzt und auch keine „ununterbrochene Aufeinanderfolge" *(continua successio)* kennt. Die Behauptung einer Übereinstimmung der verschiedenen Gottesvorstellungen, die mittels der Anwendung des Schemas „implizit – explizit" gesucht würde, hat mit den Tatsachen nichts mehr zu tun. Auch helfen bloß verbale Vorschläge – etwa dass die immanente die ökonomische Trinität einfachhin sei – nicht weiter. Allmählich muss sich die Theologie den Fakten stellen.

Diese Folgerung ist keineswegs eine willkürliche Infragestellung der verbindlichen Lehre, sondern Resultat der historischen Gegebenheiten, die eben nicht anders waren. Die *Geschichte* der Trinitätslehre selbst ist *ihrerseits* eine Anfrage an die Theologie, wie sie mit ihren eigenen Normen und mit der behaupteten Kontinuität zum für das Christentum kanonischen Anfang umgehen will.

X. Zur Debatte

1. Vorbemerkung

Nach Erscheinen der ersten Auflage dieses Buches ergaben sich Auseinandersetzungen mit der Amtskirche bis hin nach Rom. Die Problematisierung der trinitarischen Entwicklung erregte Anstoß. Und wie immer wurde nicht die wirkliche Ursache in den Blick genommen, nämlich die tatsächlich gelaufene Geschichte, sondern der, der sie zu erarbeiten und möglichst sachgerecht zu schildern versucht hat.

Der damalige Trierer Bischof, Hermann Josef Spital, beauftragte Prof. Dr. Bertram Stubenrauch von der Theologischen Fakultät Trier mit einer Rezension, die in der Trierer Theologischen Zeitschrift publiziert wurde (s. unten, 161–164). Meine Erwiderung, ebenfalls gedacht als Beitrag für die Trierer Theologische Zeitschrift, wurde von dieser nicht angenommen und war bislang unveröffentlicht (s. unten, 164–172).

Mir wurde nahegelegt, mich mit den Thesen des schon verstorbenen Prof. Dr. Wilhelm Thüsing, Universität Münster, die von Prof. Dr. Thomas Söding, Münster, posthum veröffentlicht wurden, zu beschäftigen und sie anzunehmen. Das Ergebnis war eine Art Rezension zu den trinitarischen Ausführungen des Buches von Thüsing, auch diese bisher nicht publiziert (s. unten, 172–179).

Neues an Argumenten und Gesichtspunkten ist seitdem nicht mehr erkennbar. Insofern sind die hier aufgeführten Texte exemplarisch für die Diskussion.

2. Rezension zu Karl-Heinz Ohligs Buch „Ein Gott in drei Personen?"

Bertram Stubenrauch

Der Verf. legt im Blick auf die christliche Trinitätslehre einen dogmengeschichtlichen Abriss vor, der von einer ganz bestimmten Fragestellung geprägt ist: Welche kulturellen Momente haben dazu geführt, aus der Predigt Jesu den Glauben an eine Gemeinschaft dreier göttlicher Personen abzuleiten? Es wird zur Antwort gegeben: Hellenistisches Denken habe den jüdischen Gottesbegriff in einer Weise kosmologisiert und gleichzeitig transzendiert, dass es unmöglich geworden wäre, ihn weiterhin gut semitisch als die Ansage eines persönlich engagierten und handlungsfähigen Geschichtsgottes zu begreifen. Aus diesem Grund sei das Christentum gezwungen gewesen, dem solchermaßen unbeweglichen „Ideengott" zur Welt hin vermittelnde Hypostasen – den Logos und das Pneuma – zuzugesellen. So gelte denn: „Bini- oder trinitarische Vorstellungen bildeten sich dort, wo jüdischer Monotheismus und hellenistisches Gottesdenken zusammenkamen" (32). Indes, so ist der Verf. überzeugt, hätten Jesus selbst und seine Jünger, in der Tradition des jüdischen Monotheismus stehend, den einen Gott Jahwe verkündet, nichts sonst: Gott, der Vater, ist absolut einer und einzig; „es gibt keinen Hinweis auf bi- oder trinitarisches Verstehen" (42). Vor diesem Hintergrund stellt Ohlig die Frage, „wie es denn dazu kommen konnte, dass sich der ererbte jüdische Monotheismus, den Jesus von Nazaret zweifellos teilte, im Christentum zu einer trinitarischen Auffassung verwandelte, wieso und mit welchem Recht das Christentum vom – angeblich doch normativen – Gottesverständnis Jesu und ‚der zwölf Apostel' abgewichen ist" (27). Oder noch einmal anders gewendet: „Sind die trinitarischen Vorstellungen als Spekulationen zu betrachten, weil sie nachweisbar keinen erkennbaren Zusammenhang zur Predigt Jesu haben?" (41–42)

Die trinitarische Dogmengeschichte wird von Ohlig zum Zweck einer Beweisführung im Schnellverfahren durchkämmt.

Gleichwohl bleiben seine historischen Beobachtungen korrekt; die dogmengeschichtlichen Zusammenhänge sind durchaus erkannt und scharfsinnig beschrieben – sofern man toleriert, dass ein gewisses Maß an Ungenauigkeit im Dienst heuristischer Vereinfachung in Kauf genommen werden muss. Probleme ergeben sich freilich aus der Art und Weise, wie Ohlig die Entfaltung des trinitarischen Glaubensbewusstseins der frühen Kirche bewertet. Im Licht der oben genannten Fragen liest sich der dogmenhistorische Streifzug wie eine denkerisch zwar stringente und kulturgeschichtlich zwingende, aber schon in der Anlage bedauernswerte Verfälschungsgeschichte der jesuanischen Verkündigung. Hier fordert das Buch zum Widerspruch heraus: Ohlig geht von der unbewiesenen Annahme aus, die Entwicklungsgeschichte des christlichen Glaubens konstituiere (und verändere) den Glauben selbst. Er betrachtet das dogmatische Ringen der Kirche demnach nicht als den Versuch, geschichtliche und nur schwer zu schildernde Erfahrungen in Worte zu fassen und mithilfe unterschiedlicher Verständniskategorien zugänglich zu machen. Vielmehr: Dogmenentwicklung wird mit Religionsentstehung bzw. Religionsverfälschung gleichgesetzt. Bildlich gesprochen: Ohligs Einschätzung der trinitätstheologischen Arbeit des Christentums mutet an, als würde ein Dichter, der den Mondschein besingt und um die entsprechenden Ausdrucksmittel ringt, den Mond durch seine Mühe allererst hervorbringen und zu einer Fiktion machen.

Warum Ohlig den kirchlichen Trinitätsglauben als ein im Wesentlichen kultur- und situationsbedingtes Denkprodukt betrachtet, liegt an einer dem Buch zugrundeliegenden, wenngleich nicht näher beschriebenen christologischen Vorentscheidung: Wird die Person Jesu der Seinsmitte Gottes ferngehalten, ist trinitarischer Glaube in der Tat ideologisch.

Mit der Christusfrage steht und fällt alles andere; diesbezüglich bleibt das Buch aber schon auf bibeltheologischer Ebene fragwürdig: Über das *Gottesverhältnis* Jesu, an dem Entscheidendes hängt, schreibt Ohlig knappe eineinhalb Seiten und übergeht den entsprechenden Frage- und Forschungsstand (vgl. 40–42). Das *Osterereignis,* das für die nahezu schlagartige Ausbildung der im Neuen Testament erfassten Christologie verantwortlich zeichnet, wird ganz außer Acht gelassen. Aber man darf nicht übersehen, dass gerade Ostern dazu Anlass gab, auf Jesus bezogene jüdisch-apokalyptische Existenzaussagen in griechische Seinsaussagen zu übersetzen. Keine geringeren als die palästinensisch-jüdischen Auferstehungszeugen selbst haben, indem sie von der Erhöhung des Gekreuzigten und der Sendung des Geistes sprachen, bestätigt, dass in Jesus und im Pneuma Gott selbst an den Menschen herangetreten ist und damit zu erkennen gab, wie er immer war und immer sein wird. Der Verf. hat in anderen Veröffentlichungen den Zusammenhang von jüdischer Apokalyptik und griechischer Ontologie durchaus betont. Umso eigenartiger berührt, dass er in einem Buch, das den Triebfedern des trinitarischen Glaubens nachspürt, ausgeblendet bleibt.

Wenig überzeugend ist das Urteil Ohligs über die trinitarische Relevanz des Neuen Testaments insgesamt. Er hält die dort überlieferten triadischen oder trinitarischen Formeln für rhetorische Symbolismen; sie „sind in keiner Weise Hinweise auf eine trinitarische Differenzierung in Gott selbst" (49). Einmal abgesehen von der jeweiligen exegetischen Entscheidung: Es bleibt verdeckt, dass das Neue Testament insgesamt trinitarisch durchwirkt und veranlasst ist und gerade deshalb geschrieben wurde, weil fromme Jüdinnen und Juden den einen Gott ihrer Geschichte als Vater, Sohn und Geist erfahren hatten. Dieses Widerfahrnis wurde seit Ostern bekenntnishaft, aber auch *narrativ* begründet und weitergegeben. Dazu waren Formeln nicht das einzige Mittel. Erst in späterer Zeit mag die Versuchung zu abstrakten Denkspielen virulent geworden sein. Doch selbst mittelalterliche Theologen waren sich entgegen der Behauptung Ohligs bewusst (vgl. 124–127), dass Formeln nur festhalten wollen, was Menschen auf lebendige Weise erfahren konnten: Gott, der Vater, hat *sich selbst* in Sohn und Geist mitgeteilt, ohne mit Sohn und Geist identisch zu sein.

Dem Verf. ist nach eigenem Bekunden daran gelegen, dem „Gottesverständnis Jesu wie ‚der zwölf Apostel'" (27) treu zu bleiben. Von daher hat er ohne Zweifel das Recht, die Dogmengeschichte kritisch zu sichten und auch einmal ungewohnte, selbst provozierende Fragen zu stellen. Aber sobald solche Fragen einen Widerspruch zur kirchlichen Glaubensentfaltung suggerieren, müsste ein Buch wie das vorliegende noch konsequenter sein: Wenn das Christentum und sein Glaube an den trinitarischen Gott geistesgeschichtlichen Zwängen und damit einer Depravation erlegen ist, wieso konnten dann Jesus selbst und auch die Apostel von einer derartigen offenbarungswidrigen Kulturdiktatur unberührt bleiben? Der Ansatz Ohligs bedroht letzten Endes die eigenen Voraussetzungen. Aber vielleicht regt gerade deshalb dieses Buch dazu an, der epistemologischen Grundlage des trinitarischen Dogmas gesteigerte Aufmerksamkeit zu widmen.

3. Zur Interpretation von Ergebnissen theologiegeschichtlicher Forschung

Theologische Anmerkungen zur historischen Untersuchung der trinitarischen Vorstellungen in meiner Studie

Karl-Heinz Ohlig

Schon früh war die Theologie wegen der besonderen Kanonizität der Heiligen Schrift gezwungen, Dogmen als schriftgemäß aufzuweisen. Recht bald versuchte sie auch, sie in Übereinstimmung mit der *regula fidei (kanon tes aletheías)* bzw. der – möglichst alten – Tradition zu sehen. Beide Bemühungen wurden im Dekret des Konzils von Trient „Über die anzunehmenden heiligen Schriften und Überlieferungen" als verbindlich vorgeschrieben, um die Reinheit des Evangeliums, die *puritas evange-*

lii, zu wahren.[424] *Neue Lehren*, die nicht mit dem *depositum fidei* übereinstimmen, darf es nicht geben.[425]

Diese verpflichtende Suche nach dogmatischer Kontinuität wurde (und wird) allerdings oft recht oberflächlich oder assoziativ betrieben. Vor allem wenn ein Dogma in einer jeweiligen Epoche als sehr zentral angesehen und selbstverständlich als Offenbarung verstanden wird, erscheinen alle Stufen seiner theologischen Geschichte als Wege, die zu ihm hinführen, und werden auch so verhandelt; Sprünge und Brüche in einer konkreten Dogmengeschichte werden dann nicht als Problem empfunden und harmonisierend in die ohnehin, „vom Ende her", feststehende dogmatische Überzeugung integriert.

Diese Vorgehensweise ist durch die historisch-kritische Exegese des Neuen Testaments sowie eine ebensolche Erforschung der nachneutestamentlichen Theologiegeschichte schwierig geworden. Auch der Systematiker kann ihre Ergebnisse nicht mehr einfachhin übergehen und lediglich über das fertige Dogma spekulieren. Wenn sich z. B. zeigen sollte, dass eine spätere dogmatische Lehre im Neuen Testament keine Basis hat und es lange Jahrhunderte brauchte, um sie herauszubilden, gibt es Probleme sowohl mit den eigenen katholisch-theologischen Prinzipien wie auch mit einem historischen Verstehen der Fakten selbst. Wichtig und auf Dauer unvermeidlich wird es dann, zum einen aufzuzeigen, wieso es gerade in bestimmten Kontexten zur Ausbildung einer bestimmten Vorstellung oder eines Vorstellungskomplexes gekommen (eine historische Fragestellung, Ziel dieses Buches), zum anderen, wie eine Lehre im Hinblick auf die theologische Kontinuität zu interpretieren ist (eine theologische Fragestellung).

In dieser Hinsicht erweist sich der Umgang mit der Entwicklung des trinitarischen Dogmas in dreifacher Weise als schwierig. 1. Wenn auch in der katholischen Exegese seit Längerem weithin rezipiert ist, dass Jesus eindeutig („undifferenziert") monotheistisch dachte, ebenso der Hauptstrom der neutestamentlichen Exegese von einem klaren Monotheismus geprägt und nur an wenigen Stellen eine Präexistenzchristologie gegeben ist (die nicht notwendig, sondern nur unter bestimmten Bedingungen später zu einer Binitätslehre „entfaltet“ wurde), kurz: wenn die neutestamentlichen Texte selbst keine trinitarischen Vorstellungen erkennen lassen[426], dann stellt sich die Frage, wie damit umzugehen ist. 2. Wenn eine Untersuchung der nachneutestamentlichen Entwicklung zeigt, dass es ökonomische (d. h. in der Heilsgeschichte platzierte) binitarische, gelegentlich auch trinitarische Aussagen erst seit dem verstärkten Einbruch hellenistischen Denkens ins Christentum (Gnosis und Apologeten des zweiten Jahrhunderts), eine „Verlagerung“ der ökonomischen Binität/Trinität in die Ewigkeit Gottes hinein erst seit dem dritten Jahrhundert (Origenes) und eine erstmals im Vollsinn trinitarische Lehre in der zweiten Hälfte des vierten Jahrhunderts gab, die damalige sprachliche Einigung recht unvollkommen war und die westliche Tradition seit Augustinus wieder gänzlich neue Assoziationen ins Spiel brachte, verbietet sich die Annahme einer bloßen „Explikation“ der Trinitätslehre aus von Anfang an vorgegebenen „impliziten“ Ansatzpunkten. 3. Wenn sich die Geschichte der Trinitätslehre infolgedessen als nachneutestamentliche kulturbedingte Veränderung des bei Jesus und im Neuen Testament gegebenen Monotheismus erweist, muss vom Theologen, nicht vom Historiker, erklärt werden, welche Legitimität sie besitzt.

Auf diese Fragen werden – vereinfacht – zwei Antwortmodelle vorgeschlagen. Zum einen kann die Geschichte mit ihren ärgerlichen Abläufen für vernachlässigbar erklärt werden. Glauben und Offenbarung zeigen dann, wie es sich verhalte; nur darauf komme es an, was vom Lehramt oder irgendeinem anderen Bezugspunkt, z. B. der Auferstehung her, feststehe. Manche gehen sogar so weit zu behaupten, dass z. B. der historische Jesus nicht nur so ungreifbar sei, dass er als Basis des Glaubens nicht infrage komme, sondern sogar in seiner (jüdischen) Eigenart und seinem (jüdischen) Selbstverständnis dem christlichen Glauben im Wege stehe; aber das sei auch nicht wichtig, weil Letzterer auf der Auferstehung oder dem Christusglauben aufbaue.[427] Ähnlich ließe sich auch zu den Ergebnissen der Theologiegeschichte die Meinung vertreten, dass das Gottdenken des ersten christlichen Jahrhunderts oder der weiteren frühen Etappen keine Rolle spiele; für den Glauben seien nur die späteren kirchlichen Symbole von Bedeutung, die von ökumenischen Konzilien verabschiedet wurden. Hierbei treten dann aber noch zusätzliche Probleme auf, weil sich z. B. die binitarischen Formulierungen von Nizäa nicht mit dem seit den Kappadokiern erzielten Konsens decken, das nizäno-konstantinopolitanische Glaubensbekenntnis den „Vätern" des Ersten ökumenischen Konzils von Konstantinopel wahrscheinlich gar nicht vorlag[428] und die – missverstandene – Trinitätslehre des Augustinus erst recht spät in westliche Glaubensbekenntnisse Eingang fand.

Ein zweites Antwortmodell, das auch der Verf. für richtig hält, will die Geschichte ernst nehmen und betont, dass die zentralen Dogmen des Christentums ihre Basis in der Schrift und in der – *continua successione* – weitergegebenen Tradition haben müssen. Diese These scheint unausweichlich zu sein, wenn das Christentum damit steht und fällt, Jesus (und nicht irgendeine andere Instanz) als *den* Christus bzw. *das* Wort Gottes zu bekennen.

Insofern ist christlich normativ nur das, was in einer *Kontinuität* zu ihm begründet ist. Hierbei aber bedeutet „Kontinuität" nicht einfach eine faktische, also kulturelle Identität oder Repetition – sonst müssten wir die Naherwartung Jesu teilen oder wie er nach dem Gesetz leben –, sondern eine „freie", geschichtliche Kontinuität, die Inkulturation, Transkulturation und Weiterführung seiner Impulse zulässt. Schon das Neue Testament zeigt exemplarisch innovative Transpositionen auf, z. B. in der Gründung einer Kirche aus Juden und Heiden, in der Christologie oder Ethik.

Im Einzelfall ist es also nicht immer leicht zu bestimmen, ob es für eine Lehre eine solche Verbindung zum Anfang gibt oder ob eine Diskontinuität vorliegt, die einen Bruch mit dem Bisherigen darstellt. Auf keinen Fall aber kann Kontinuität durch Reprojektion späterer Auffassungen auf Jesus bzw. das Neue Testament hergestellt werden. Wenn z. B. Jesus, wie – auch katholische – Exegeten detailliert ausführen, monotheistisch dachte, wenn sein besonderes Verhältnis zum „Vater" heilsgeschichtlich oder die Tauformel bei Matthäus nicht trinitarisch zu verstehen sind, hilft es nicht weiter (und lässt den Dogmatik *und* Exegese Studierenden mit seinen Problemen allein) zu behaupten, es gebe im Neuen Testament eine trinitarische Grundüberzeugung oder Basiserfahrung, auch wenn sie nicht in den Texten (und somit *gar nicht,* weil diese Schriftensammlung nun einmal aus Texten besteht) zu verifizieren ist, das Gottesverhältnis Jesu sei doch „implizite" Basis der Zwei-Naturen-Lehre oder die Tauformel ein „impliziter" Hinweis auf die Trinität.

Wenn die Literatur der „apostolischen Väter" des zweiten Jahrhunderts – von Ignatius von Antiochien und dem Zweiten Klemensbrief einmal abgesehen – Jesu Rolle heilsgeschichtlich umschreibt (Jesus z. B. als der „Knecht Gottes") und somit Gott nicht binitarisch differenziert werden muss, wenn erst durch Gnosis und Apologeten der eine Gott, seit Beginn der Schöpfung, seit dem „Anfang" (Gen 1,1), „pluralisiert" gedacht, wenn erst in der ersten Hälfte des dritten Jahrhunderts die triadische göttliche Struktur aus der Heilsgeschichte in die Ewigkeit Gottes transponiert wird, können alle diese inhaltlichen Innovationen weder einfachhin als „Entfaltung" des Konzepts Jesu oder des Neuen Testaments noch als „Vorstufen" der je späteren Lehre aufgefasst werden. Bloß verbale Harmonisierungen helfen nicht weiter; sie werden der Eigenständigkeit der verschiedenen Theologien nicht gerecht und machen die heutigen Vorstellungen zum Maßstab für die Vergangenheit. So mag es z. B. – für unsere „personalistische" und „dialogische" westliche Denkweise[429] – spirituell faszinierend sein, Gott nicht als einsamen Monarchen, sondern als ein Miteinander dreier liebender Subjekte zu verstehen; dass damit aber der christliche Gottesglaube seit seinen Anfängen wiedergegeben wird, kann wirklich nicht behauptet werden. Oder man könnte – wie von einem archimedischen Punkt aus – von dem seit Hegel ins Spiel gebrachten Begriff der „Selbstmitteilung" Gottes her Jesus Christus als auch seinshafte Offenbarung Gottes herleiten, aber dies hätte wiederum mit dem Verständnis Jesu und des Neuen Testaments nichts zu tun.

Ebenso wenig aber kann es der Theologe – anders der Historiker – bei der Analyse der geschichtlichen Abläufe mit der Feststellung von Brüchen bewenden lassen, soll nicht auf die Überzeugung von dem *einen* Glauben der Kirche(n) aller Zeiten, trotz der nicht nivellierbaren Pluralitäten, verzichtet werden. Für die Gemeinschaft, die sich Kirche Jesu Christi nennt, ist Kontinuität der Lehre theologisch unabdingbar. Deswegen ist es Aufgabe der Theologie, sie, wenn möglich, aufzuzeigen. Und zwar muss sie diesen Versuch, da es um geschichtliche Aspekte geht, mit den Methoden der historischen Vernunft unternehmen; alles andere wäre unredlich und brächte keine Hilfe, weil es niemanden auf Dauer überzeugen könnte.

In Bezug auf die Trinitätslehre geht es also darum darzulegen, ob, und wenn ja, in welcher Weise eine Verbindung zwischen den Jahrhunderte späteren Aussagen und dem eindeutigen Monotheismus Jesu und des Großteils des Neuen Testaments (oder z. B. der syrischen Kirche) besteht. Dass diese Übereinstimmung nicht auf der inhaltlichen Ebene oder mittels des Schemas „implizit – explizit" gefunden werden kann, liegt auf der Hand.

In diesem Buch habe ich im Einzelnen dargestellt, aus welchen Gründen eine binitarische oder trinitarische Variation des strengen Monotheismus im (hellenistischen) Frühjudentum, ab rund 150 v. Chr., und im (hellenistischen) Christentum, seit dem zweiten Jahrhundert nach Christus, erfolgte, oder, mehr noch, kulturgeschichtlich notwendig war. Kurz gefasst zeigt die Analyse der historischen Prozesse, dass bini- oder trinitarische Vorstellungen für einen hellenistischen Menschen die einzige Möglichkeit (außer einer kulturellen Transformation zum Juden) bereitstellten, den jüdischen bzw. jesuanischen Monotheismus anzunehmen.

Die Kausalität ergibt sich von daher, dass der von Diasporajuden in vorchristlicher Zeit wie später von „Heidenchristen" geglaubte *eine* Gott ganz von selbst in griechischem Sinn als einfacher, unveränderlicher, ewiger, immanenter Grund allen Seins vorgestellt wurde; er durfte sich also nicht „verändern", um nicht seine Einfachheit und Ewigkeit einzubüßen und sich mit Pluralität zu beflecken. Zugleich aber sollte er, auf jüdische bzw. christliche Weise, die Schöpfung in Gang gesetzt haben und in der Heilsgeschichte sprechen und handeln, für Christen zusätzlich und in radikaler Form in Jesus Christus (und in der Kirche). Dies aber hätte die Unveränderlichkeit Gottes nicht unberührt gelassen. Wenn Gott jedoch, kulturgeschichtlich notwendig, als unveränderlich gedacht wurde *und* zugleich tätig sein sollte, war dies für griechisch denkende Menschen nur unter der Annahme möglich, dass seine beiden Tätigkeitsbereiche – das schöpferische und das heilsgeschichtliche Handeln – mit ihrem Beginn, „im Anfang" (Gen 1,1), von einer zweiten Hypostase, die beide Bereiche abdeckte, oder von einer zweiten und dritten Hypostase, je eine für Schöpfung und Heilsgeschichte separat, wahrgenommen wurden; die *Mindest*annahme war also neben „Gott schlechthin" *eine* weitere *ökonomische* Hypostase, die dritte war gewissermaßen zusätzlich und nicht unbedingt erforderlich, sodass sie meist nur am Rande behandelt wurde und sich um die zweite Hypostase, den Logos – eine Binitätslehre –, die theologischen Diskussionen entzündeten. Die zweite (und dritte) Hypostase trat(en) „im Anfang" (Gen 1,1), also mit Beginn der Schöpfung, aus Gott, der „vorher" eine schlechthinnige Einheit war, als von ihm zu unterscheidende Größe(n) hervor und war(en) von minderer Göttlichkeit, sodass sie aktiv sein konnten – die „Hände Gottes" (Frühjudentum, Irenäus) –, ohne seine (für Letztere nicht postulierte) Unveränderlichkeit zu tangieren; „Gott selbst" aber konnte durch ihre Vermittlung Schöpfer, Offenbarer und Erlöser sein, ohne seine Einfachheit einzubüßen.

Nur mit dieser Annahme war es unter hellenistischen Bedingungen möglich, den *einen Gott* des Judentums und Jesu *und* zugleich das *Handeln* Gottes an Welt und Geschichte zu denken, anzunehmen und zu bekennen. Die Ausbildung der Trinitätslehre war also kulturgeschichtlich notwendig und zugleich *theologisch legitim,* da sie in ihrer *Funktion,* trotz andersartiger „Inhalte“, in Kontinuität zum monotheistischen Grunddogma von Judentum und Christentum steht.

Die weiteren Schritte der Trinitätsentwicklung brachten wiederum *inhaltliche* Vorstellungen hervor, die mit den vorherigen Auffassungen auf den ersten Blick nicht vereinbar sind: die „Verlagerung“ der „Trinität-seit-dem-Anfang“ in die Ewigkeit Gottes hinein („immanente Trinität“), die Überwindung des damit zunächst gegebenen (innergöttlichen, ewigen) Subordinatianismus, also der Sache nach eines Tritheismus, durch die Lehre von dem zahlenmäßig *einen* Wesen Gottes (so noch nicht in Nizäa, aber mit Einschränkungen bei Athanasius und den Kappadokiern) bis hin zur, wiederum gänzlich andersartigen, westlichen Lehre. Aber auch bei diesen Veränderungen lässt sich aufzeigen, dass sie, aus je anderen Gründen, kultur- und geistesgeschichtlich notwendig waren und das Grundthema Monotheismus auf spezifische Weise variierten.

In der Sache repräsentiert das trinitarische Denken also die Möglichkeit der damaligen christlichen Epochen, den einen Gott so zu denken, dass er für sie rezipierbar wurde und sie selbst Christen werden konnten. Vor allem für die Trinitätslehre der östlichen, griechischen Kirche ist diese „freie“ geschichtliche Kontinuität festzustellen. Die Entwicklung im lateinischen Westen seit Augustinus verlief wiederum anders; der Westen kannte und teilte nicht die östlichen Motivationen, übernahm aber deren Konfessionsformeln als normativ und suchte sie auf eigene westliche (also weder neutestamentliche noch „östliche“) Weise zu interpretieren. In einem Teil der lateinischen Tradition ist häufig einfach nur von „Gott“ die Rede, der schafft, sich offenbart und inkarniert – eine tendenziell näher am Monotheismus liegende Variante. Ein anderer theologischer Strang aber, der die Dreipersonalität und die inneren Vorgänge in Gott hervorhob, scheint sich weiter von den Ursprüngen entfernt zu haben, gegen die Intentionen, aber mit den Begriffen des Augustinus.

Grundsätzlich lässt sich also am Beispiel der Trinitätslehre feststellen, dass auch mit geschichtlichen Methoden die Kontinuität des christlichen Glaubens zu seinem kanonischen Anfang aufgezeigt werden kann; oder besser: Nur so kann sie festgestellt werden, weil die bloß inhaltliche Betrachtung der trinitarischen Aussagen sie in einen Gegensatz zum Glauben Jesu stellen könnte. Die Ergebnisse der historisch-kritischen Forschung gefährden also nicht den Glauben, sondern lassen ihn in seiner geschichtlichen Identität, in diesem Fall in seinem konstitutiven und bleibenden Monotheismus, deutlicher hervortreten. Die trinitarische Entwicklung muss also vom Anfang, vom Monotheismus her, nicht dieser von der späteren Trinitätslehre her „gelesen" werden.

Nun ist aber die Sprache von Verkündigung, Liturgie und Theologie aufgrund der gelaufenen Geschichte trinitarisch angelegt; darüber hinaus besitzt sie eine wichtige Funktion für die kirchliche Gemeinschaftsbildung. Wegen der Schwierigkeit dieser Sprache wird sie aber sehr unterschiedlich – monotheistisch bis tritheistisch – von den Christen verstanden, wie schon Karl Rahner feststellte[430]; man müsste hinzufügen, dass beinahe jeder Theologe ein anderes Trinitätskonzept vertritt. Dies kann auch kaum anders sein, wenn Formulierungen und Glaubensbekenntnisse eine Rolle spielen, die meist mehr als anderthalb Jahrtausende alt sind und in einem spannungsreichen Verhältnis zum Neuen Testament stehen. Ohne diese Sprachtradition verändern zu wollen, könnte eine historisch-kritische Untersuchung ihrer Geschichte für die heutige Interpretationspluralität einige historisch wie theologisch verantwortbare Hinweise geben über die zu wählende Richtung.

4. Zu Wilhelm Thüsings Thesen[431]

Karl-Heinz Ohlig

Thüsing will in diesem dritten Band die Theologie des Neuen Testaments in den Dienst „einer ganzheitlichen Gesamttheologie" stellen und sie als Fundament der Theologie als Ganzer aufweisen (Vorwort, IX). Mit anderen Worten: Er will zeigen, wie die neutestamentliche Theologie für die spätere dogmatische Entwicklung in Anspruch genommen werden kann.

Hiermit begibt er sich auf das Gebiet der Dogmatik und Dogmengeschichte, deren Ergebnisse er einfach voraussetzt und auch vom Neuen Testament her keiner Überprüfung unterzieht, vielmehr von diesem her argumentativ stützen will. Er verlässt die exegetische Argumentation zugunsten einer dogmatischen (in Kapitel 10 z. B. interpretiert er das Neue Testament mittels häufiger Verweise auf dogmatische Publikationen, z. B. von W. Pannenberg, K. Rahner, W. Breuning, W. Kasper).

Für die trinitarische Diskussion wichtig ist – neben seinen Ausführungen zur Erhöhungs- und Präexistenzchristologie in Kapitel 8 – vor allem Kap. 10 (bes. 10.4).

In der Grundaussage, die Thüsing allerdings nicht durchhält, besteht ein Konsens mit mir: „Die Trinitätstheologie ist nachneutestamentlich letztlich um der Einzigkeit Gottes willen entwickelt worden" (392). Dies entspricht exakt dem, was ich weiter oben geschrieben und dann auch im Einzelnen erläutert habe. Darüber hinaus stimme ich mit weiteren seiner Aussagen überein, z. B. dass „die trinitarische ‚Bekenntnisgrammatik' kaum generell als Deutekanon des Neuen Testaments" eingesetzt werden dürfe (407), mit den Ausführungen in Abschnitt 10.4.6 „Zur pastoraltheologischen Sprachregelung" oder mit der Feststellung, dass uns bei Paulus (ich ergänze: und bei den Synoptikern) „kein personifizierter Paraklet" begegne, „(bei Johannes in Wirklichkeit auch nicht)" (401) – was nichts anderes heißt, als dass trinitarische Aussagen über den Geist keine neutestamentliche Stütze finden – und in vielem anderen mehr.

Thüsing weiß offenbar um die Schwierigkeiten, die von der neutestamentlichen Exegese her für eine Begründung der Trinitätslehre bestehen. So übergeht er die Synoptiker, mit Recht, völlig, weil sich hier keinerlei Anknüpfungspunkte finden lassen; für ihn erscheint im Neuen Testament, völlig zutreffend, „Jesus als im Bekenntnis der Einzigkeit Gottes lebender Jude"

(396); Vorbehalte äußert er aber dagegen, die Trinitätslehre nur auf die hellenistischen Stellen des Neuen Testaments (johanneische Schriften, hellenistisch geprägte Traditionsstücke bei Paulus, Deuteropaulinen)[432] zu stützen – er meint, „dass die Trinitätstheologie eine Art Umweg gemacht hat" über Präexistenzchristologie und triadische Formeln (400).

Ausgehend von der auch von mir geteilten Überzeugung, dass die Trinitätslehre ihre Berechtigung vor allem auf Jesus bzw. das Jesusgeschehen oder „Christusereignis" stützen müsse, versucht Thüsing nun, dort nach Anklängen einer „keimhaften Trinitätslehre" zu suchen. Er glaubt, solche Bezüge vor allem im Kreuzestod Jesu und in der Auferweckung zu finden; darüber hinaus bezieht er sich auf weitere, mehr interpretative Stellen des Neuen Testaments.

Zum Kreuz: Gott hat „in der Todeshingabe seines Sohnes gezeigt [...], dass er nicht nur Liebe hat, sondern Liebe *ist* (vgl. 1 Joh 4,8.16)", schreibt Thüsing (397). „Wenn die dialogische Gemeinschaft von Vater und Sohn und die bis zum Tod führende Basileia-Existenz Jesu zu Recht als trinitätstheologisches Grunddatum anzusehen sind – und davon dürfen wir ausgehen –, dann ist die Verankerung des Kerns der Trinitätstheologie in der ‚Ursprungsstruktur des Christlichen' nicht zu bezweifeln" (396). Genau dieses „wenn – dann" bereitet aber einige Schwierigkeiten. Diese Perspektive findet sich nicht im Neuen Testament, und meines Wissens hat niemals einer der altkirchlichen Theologen, die die trinitarische Entwicklung beförderten, ausgerechnet den Tod Jesu als trinitarisches Zeichen verstanden. Eher im Gegenteil: Jesus ist göttlicher Logos *trotz* seines Kreuzestodes; allenfalls wird der Kreuzestod als Zeichen der Liebe Gottes *zu uns* verstanden, nicht aber einer innergöttlichen Differenzierung. Gedanken dieser Art finden sich auch sonst nicht innerhalb der exegetischen Fachliteratur.

Um auf die vorgeschlagene Weise argumentieren zu können, müssen ganz andere, neue Interpretationsraster ins Spiel gebracht werden. Dies tut Thüsing, indem er sich auf die „Konzeption Richards von St. Victor" (ohne Beleg, gemeint wohl: De

Trinitate III,14) beruft (400), der die Trinität als ein ewiges Geschehen der innergöttlichen Liebe deutet. Dass Richard, wie auch andere Vertreter dieses Konzepts, z. B. Bonaventura, hierbei den Gedanken des Dionysius Pseudo-Areopagita, *bonum est diffusivum sui* (de cealesti hierarchia 4), der sich aus der (heidnischen) neuplatonischen Emanationslehre herleitet, auf die Beziehungen in dem einen (christlichen) Gott anwendet, müsste zumindest zu denken geben. Darf man, von so späten und dem Neuen Testament fremden Gedanken her (den Neuplatonismus gab es zu neutestamentlichen Zeiten noch nicht), den Kreuzestod Jesu als eine Art ökonomischer Entsprechung zu im obigen Sinn verstandenen immanenten Vorstellungen deuten?

Davon ganz abgesehen, „funktioniert" die Deutung Thüsings nur, wenn man den Kreuzestod ganz „von oben", von Gott her, betrachtet (Gott gibt seinen Sohn hin) und dabei voraussetzt, was man erst „beweisen" will: „Die Offenbarung des ‚*Gott* ist Liebe' ist nicht zu verstehen, wenn Gott nicht in sich selbst lebendigstes Leben der Liebe ist bis zur paradoxalen Einheit von Deszendenz und Kulmination im Kreuz Christi, wenn er nicht ‚sich selbst investiert' bis in den Kreuzestod Jesu hinein" (409).[433] Wieso ist dieser Satz von Gott als der Liebe, der sich ja wohl resümierend und interpretierend auf die Verkündigung des barmherzigen Gottes, der auch uns Sünder in die Gottesherrschaft beruft, durch Jesus bezieht, nicht ohne immanente Trinität zu verstehen? Dann hätte ihn die Kirche über lange Jahrhunderte – wie die Exegeten noch heute – missverstanden.

Wie viel neutestamentlicher dachten doch manche mittelalterlichen Theologen, die den Kreuzestod von Jesus her, also geschichtlich (wenn auch, in damaliger Zeit leider üblich, antijüdisch), deuteten, wie z. B. Johannes Duns Scotus: „Deshalb muss man glauben, dass jener Mensch [Jesus, d. Verf.] gelitten hat wegen der Gerechtigkeit; er sah nämlich die Übeltaten der Juden. [...] Christus wollte sie von ihrem Irrtum zurückrufen durch seine Taten und Worte, *er wollte lieber sterben als zu schweigen, weil damals den Juden die Wahrheit gesagt werden musste* – und so ist er für die Gerechtigkeit gestorben. [...] Daraus folgt, dass der Mensch nämlich auch anders hätte erlöst werden können; doch aus seinem [Jesu; d. Verf.] freien Willen erlöste er uns auf diese Weise …" (Liber sententiarum III, d. 20, quaestio unica). Darf man geschichtliche Umstände, die das für sich genommen gar nicht hergeben, zum Anlass nehmen, ewige Realitäten ausgerechnet in ihnen zu begründen – obwohl bisher noch kaum jemand auf diese Idee gekommen ist?

Immerhin aber bestätigt Thüsing durch solche Argumentationen indirekt, dass es – außer den wenigen Anklängen in triadischen Formeln und in der Präexistenzchristologie (aber die will er nur als „eine Art Umweg" der Trinitätstheologie gelten lassen [400]) – keine anderen ernsthaft in Betracht zu ziehenden neutestamentlichen Anstöße gibt.

Das *Kerygma von der Auferweckung Jesu* wird m. E. von Thüsing für Aspekte in Anspruch genommen, die die neutestamentlichen Aussagen verfremden. Er führt z. B. die Präexistenzchristologie in vorpaulinischen Traditionsstücken (z. B. Phil 2,6–11 oder 1 Kor 8,6), bei den Deuteropaulinen und in den johanneischen Schriften auf die Auferweckung Jesu zurück. Hierbei geht er mit keinem Wort auf die Frage ein, wieso die Anwendung der seit dem Frühjudentum erhofften Perspektive „Auferweckung der Toten" – eines apokalyptischen Topos – auf den am Kreuz gestorbenen Jesus weder bei den Synoptikern noch bei Paulus selbst zu einer (hellenistischen) Präexistenzvorstellung führte; obwohl sie ganz zentral den Auferstehungsglauben vertreten, fängt für sie das Leben Jesu Christi mit seiner Geburt an. Auferweckung und Präexistenz haben *nichts* miteinander zu tun.

Um seine These systematisch zu begründen, muss Thüsing die Auferweckung Jesu in einem ganz einzigartigen Sinn verstehen, der sie von allen anderen Auferweckungen qualitativ unterscheidet. Das aber widerspricht der paulinischen Theologie: Obwohl Paulus in 1 Kor 15 die Auferweckung Jesu in den Mittelpunkt des Glaubens stellt, sieht er diese doch „nur" als Beginn eines Geschehens, *das uns alle betrifft;* Jesus ist auferweckt als „der Erste der Entschlafenen" (15,20), vgl.: „Erster ist

Christus; dann folgen, wenn Christus (wieder)kommt, alle, die zu ihm gehören" (15,23) usf. Für Thüsing aber ist die Auferweckung Jesu der Sache nach etwas gänzlich Singuläres, bringt Jesus zu einem „Leben in der Mitte des absoluten Geheimnisses" (281) – woher weiß er das? – und ist dadurch der „einzige Erkenntnisgrund" der Präexistenzchristologie: Jesus partizipiert „an der Zeitüberlegenheit Gottes" (ebd.), ist also präexistent. Dass Thüsing hierbei spätere griechisch-philosophische Gedanken, die „Zeitüberlegenheit Gottes", mit einem apokalyptischen, also jüdisch-geschichtlichen Topos vermischt, ist seine Privatsache und nicht aus dem Neuen Testament begründbar. Auf die mittlerweile hinreichend bekannten und nachweisbaren Motive für die Entstehung von Präexistenzvorstellungen – ein hellenistischer Versuch, bloß geschichtlichen Phänomenen, die man aber für absolut normativ hielt, eine metahistorische Verankerung zu geben[434] – geht er ebenfalls nicht ein.

Darüber hinaus meint Thüsing: „Vom Auferweckungsglauben aus kommt man notwendig zum Zusammendenken von Vater und Sohn im Heiligen Geist – also zu einer zunächst keimhaften Trinitätslehre" (399). Diese von Thüsing nicht schlüssig begründete Notwendigkeit vermag ich weder exegetisch noch systematisch zu sehen.

Thüsing bezieht sich oft auf 1 Joh 4,8.16b: *Gott ist die Liebe*. Hierzu meint er z. B.: „Im Hinblick auf die Einzigkeit Gottes ist die m. E. gesicherte Erkenntnis entscheidend, dass die Trinitätslehre als Auslegung von 1 Joh 4,8.16 aufgefasst werden kann, ja muss. [...] Gott ist Liebe. [...] Gott hat nicht nur Liebe, sondern ist in sich selbst Liebe; er ist in sich selbst Überfluss der Liebe ..." (398), also in sich trinitarisch. Abgesehen davon, dass bei Ausführungen dieser Art wieder der Satz des Pseudo-Dionysius eine Rolle spielt, kann sich Thüsing nicht auf eine Auslegungstradition in der Exegese berufen (er zitiert deswegen Dogmatiker). Rudolf Schnackenburg, um nur einen anerkannten katholischen Exegeten zu nennen, interpretiert in seinem ausgezeichneten Kommentar[435] diese Stelle ohne Erwähnung irgendeines trinitarischen Bezugs. Der „lapidare Satz" soll nach

Schnackenburg Gottes Verhältnis „im Hinblick auf den gottfernen und gottfeindlichen *kósmos*" ausdrücken (229, zu V. 8); Ähnliches schreibt er zu V. 16. Schnackenburg fügt sogar einen Exkurs ein: „Die Liebe als Wesen Gottes" (231–239), der *keinerlei trinitarische Andeutungen* erkennen lässt. Er zumindest hat – wie ich auch – die „gesicherte Erkenntnis" nicht wahrgenommen.

Auch in dem neueren katholischen Kommentar zu den Johannesbriefen[436] findet sich keinerlei trinitarische Erklärung (vgl. 81–84): „Der wirklich Glaubende weiß nicht, sondern spürt: Gott ist Licht (1,5), und Gott ist Liebe (4,8). Wer das Liebeslicht Gottes nicht wahrzunehmen vermag, lebt offensichtlich auf der von Gott abgewandten Schattenseite der ‚Weltkugel'" (82); und zu Joh 4,16b ff wird angemerkt: „Das heißt, dass die Motivation christlicher Ethik durch das Androhen von Strafen und das Einflößen von Furcht Zeichen für unreife Gotteserkenntnis und für mangelnde Liebe sind. Da muss sich die Kirchengeschichte, deren wichtigstes Disziplinarmittel über Jahrhunderte hinweg die Androhung der Strafe Gottes war, doch einige Anfragen von Joh gefallen lassen" (84). Diese Art der ethischen Auslegung scheint näher am Neuen Testament zu liegen als sachfremde (und von keinem Exegeten bisher erörterte) Spekulationen.

Immer wieder rekurriert Thüsing auf den Satz Karl Rahners, dass *die immanente die ökonomische Trinität* sei. Von daher versucht er, in heilsgeschichtlichen Bezügen keimhafte Ansätze zu finden, um eine immanente Trinität begründen zu können. Abgesehen davon, dass der Satz meines verehrten Lehrers Rahner keine für alle Zeiten verbindliche Interpretationsnorm sein kann und wohl schon von ihm aus der Not heraus, eine erst seit dem dritten Jahrhundert entwickelte immanente Trinitätslehre in eine Kontinuität von Anfang an hinzustellen, formuliert worden war – so hat er mir jedenfalls erklärt –, enthält er eine Menge von Ungenauigkeiten, auf die Thüsing nicht eingeht. Eine ökonomische Trinitätslehre wurde bis zu Origenes, von manchen auch noch darüber hinaus, vertreten. Sie besagt, dass zum Zwecke der Weltschöpfung und des Handelns Gottes in der Geschichte „im Anfang“ aus Gott der Logos/Sohn (und der Geist) hervorgetreten ist (sind); Gott selbst aber ist von Ewigkeit her ein Einziger. *Diese* ökonomische Trinität, die mindere göttliche Hypostasen mit einem zeitlichen Anfang kennt, kann doch wohl nicht die immanente *sein*. Wahrscheinlich meint Thüsing – aber das ist etwas anderes (auch bei Rahner ist das oft nicht ganz klar) –, im Heilshandeln Gottes, wie es das Neue Testament schildert, müssten sich immanent-trinitarische Strukturen erschließen lassen. Dies scheint der Grund für ihn zu sein, sie in der Basileia-Verkündigung bis zum Tod Jesu sowie in der Auferweckung aufweisen zu wollen, obwohl dies m. W. bisher noch kein Exeget vorgeschlagen hat. Aber selbst wenn es noch andere gäbe: Faktisch ist die Trinitätslehre bei ihrer Entstehung und Entwicklung *niemals* auf diese Weise begründet worden; ganz andere Motivationen haben sie hervorgebracht. Eine Lehre aber kann nicht aus anderen Gründen gültig sein als aus denen, die sie bewirkt haben.

Zudem wären noch viele Anmerkungen im Einzelnen zu machen (mit welchem katholisch-dogmatischen Recht z. B. das *filioque,* gegen die lateinische Tradition, zu einer bloß ökonomischen Aussage uminterpretiert wird [397–398], wieso das „neuchalkedonische“ *unus ex trinitate* abgelehnt wird [404], obwohl es auf zwei ökumenischen Konzilien, dem Zweiten und dem Dritten Konzil von Konstantinopel 553 und 680/81, verabschiedet wurde usf.).

Insgesamt aber lässt das Buch eine beachtliche Anstrengung erkennen, Ansatzpunkte für eine Trinitätslehre in den Anfängen des Christentums zu finden; leider überzeugen die vorgeschlagenen Hinweise nicht, weil sie die Möglichkeiten der Exegese, der sich Thüsing ansonsten in hervorragender Weise verpflichtet sah – ich habe viel von ihm gelernt –, überschreiten.

Anmerkungen

1 Diese Studie ist die überarbeitete Fassung einer Artikelserie „Einer oder drei? Vom ‚Vater Jesu' zur Trinität" in der Zeitschrift imprimatur (29, 1996,285–291; 340–346; 30, 1997,8– 13; 55–59; 108–111; 147–152; 199–204; 315–323; 31, 1998, 18–27; 74–80; 126–131; 174– 180; 219–226); in stark gekürzter Form ist sie erschienen unter dem Titel „Ein Gott in drei Personen. Die griechische Komplizierung des jüdischen Monotheismus" in einem von Rudolf Laufen, Düsseldorf, herausgegebenen Sammelband zur Zwei-Naturen- und Präexistenzchristologie: Gottes ewiger Sohn. Die Präexistenz Christi, Paderborn, München, Wien, Zürich 1997, 199–226.

2 Der zugrunde liegende griechische Begriff „Trias" wurde erstmals von Theophilos von Antiochien (2. Hälfte 2. Jh.) gebraucht (ad Autol. II 15).

3 Katholischer Erwachsenen-Katechismus. Das Glaubensbekenntnis der Kirche, hrsg. von der Deutschen Bischofskonferenz, Kevelaer u. a. 1985.

4 Katechismus der Katholischen Kirche, München u. a. 1993.

5 Bemerkungen zum dogmatischen Traktat „De Trinitate", in: Schriften zur Theologie, Bd. IV: Neuere Schriften, Zürich, Einsiedein, Köln 1960, 108.

6 Eine zweibändige Bibliografie, die von der Antike bis zum Redaktionsschluss reicht (Bibliotheca Trinitariorum. Internationale Bibliographie trinitarischer Literatur. International Trinitarian Literature, hrsg. von Erwin Schadel, Paris, München, New York, Bd. I: 1984, Bd. II: 1988), umfasst 5679 Titel; darüber hinaus sind seitdem, nach eigener Zählung, mehr als 200 Titel erschienen.

7 Dogmatik des christlichen Glaubens, Bd. III: Der Glaube an Gott den Vollender der Welt, Tübingen 1979, 540.

8 Diese hatte die zunächst übliche Übersetzung des griechischen Wortes für das, was an Gott dreifach sein soll *(hypóstasis,* „Hypostase", wörtlich: das zu Grunde liegende), mit dem lateinischen Begriff „substantia" („Substanz", das Zugrunde-Liegende) zunehmend als ungeeignet empfunden und durch den eigentlich gleichbedeutenden, aber ungebräuchlicheren Begriff „subsistentia" ersetzt („Subsistenz", das Zugrunde-Liegende).

9 Einzigkeit und Dreifaltigkeit Gottes im Gespräch mit dem Islam, in: Schriften zur Theologie, Bd. XIII: Gott und Offenbarung, Zürich, Einsiedeln, Köln 1978, 138.

10 Kirchliche Dogmatik, Bd. IIIII: Die Lehre von der Schöpfung, Zürich [3]1957, 52.
11 Ebd., 51ff.
12 Ebd., 52.
13 Der dreieinige Gott und die Gemeinschaft der Menschen. Orientierungen zur christlichen Rede von Gott, Mainz 1990, 33–34.
14 Ebd., 33.
15 Ebd.
16 Ebd.
17 Grundzüge der Christologie, Gütersloh [5]1976, 160.
18 Trinität und Reich Gottes, München 1980, 110; vgl. auch 146 u. 147.
19 R. Radlbek-Ossmann, … in drei Personen. Der trinitarische Schlüsselbegriff „Person" in den Entwürfen Jürgen Moltmanns und Walter Kaspers (Prof. Dr. W. Beinert zum 60. Geburtstag), in: Catholica 47 (1993), 40.
20 Ebd., 38–44.
21 In der Geschichte des dreieinigen Gottes. Beiträge zur trinitarischen Theologie, München 1991, 181.
22 Trinität und Reich Gottes, a. a. O., 181.
23 In der Geschichte des dreieinigen Gottes, a. a. O., 29.
24 G. Greshake, Der dreieine Gott. Eine trinitarische Theologie, Freiburg, Basel, Wien 1997; vgl. hierzu meine Rezension „Spekulation ohne historische Basis", in: imprimatur 30, 1997, 18–21.
25 Zur Trinitätslehre des Thomas von Aquin, in: Zeitschrift für Theologie und Kirche, 92, 1995, 471.
26 Vgl. z. B. R. Radlbeck-Ossmann, a. a. O., 44–49.
27 Ebd., 51.
28 L. Boff, Kleine Trinitätslehre, Düsseldorf 1990.
29 Ebd., 15.
30 In: K. Hilpert/K.-H., Ohlig (Hrsg.), Der eine Gott in vielen Kulturen. Inkulturation und christliche Gottesvorstellung, Zürich 1993, 169–200.
31 „Bantu-Philosophie". Ontologie einer Ethik (Titel der belgischen Originalausgabe: Bantou-Filosofie, dt. von Joseph Peters), Heidelberg 1956.
32 Afrikanische Theologie in ihrem gesellschaftlichen Kontext, Düsseldorf 1986, 92.
33 Ebd., 22.
34 K. Rahner, Einigkeit und Dreifaltigkeit Gottes im Gespräch mit dem Islam, in: Schriften zur Theologie XIII: Gott und Offenbarung, Zürich, Einsiedeln, Köln 1978, 147; ders., Der dreifaltige Gott als transzendenter Ur-

grund der Heilsgeschichte, in: Mysterium Salutis. Grundriß heilsgeschichtlicher Dogmatik, hrsg. von J. Feiner u. M. Löhrer, Bd. II: Die Heilsgeschichte vor Christus, Einsiedeln, Zürich, Köln 1967, 319–323.

35 Vgl. hierzu vom Verf., Trinität, in: Lexikon Alte Kulturen, hrsg. von H. Brunner, K. Flessel, F. Hiller u. Meyers Lexikonredaktion, Mannheim, Leipzig, Wien, Zürich 1993, 559–560.

36 Vgl. hierzu z. B. P. Gerlitz, Außerchristliche Einflüsse auf die Entwicklung des christlichen Trinitätsdogmas. Leiden 1963.

37 Schon im Jungpaläolithikum (40 000 bis 10 000 v. Chr.), in der Phase der Menschheitsgeschichte, aus der erstmals religiöse Dokumente in größerer Zahl erhalten sind, finden sich „triadische Motive". *L.-R. Nougier,* Die Welt der Höhlenmenschen (franz. Original: „Premiers eveils de l'homme", Paris 1984, übers. von Verena E. Müller), Zürich, München 1989, will in den gelegentlich an den Eingängen der bemalten Höhlen zu findenden Darstellungen von Vatertier, Muttertier und Jungem, die aus der Höhle hinauszuschreiten scheinen, numinose Dreiheiten erkennen. „Ich möchte diese Familien mit ihrer zusätzlichen kosmogonischen Bedeutung die ‚schöpferische Dreiheit' nennen, die aus den unterirdischen Tiefen emporsteigt" (ebd., 246). Diese triadischen Raster scheinen sich dann verstärkt zu spiegeln in den gleichzeitig aufkommenden und bald vermehrt auftretenden Symbolen, die offensichtlich sakral-numinose Konnotationen besitzen: Dreiecke mit und ohne Punkt in der Mitte sowie – immer wieder vorkommend – drei Striche oder drei Punkte, gemalt auf die Wände jungsteinzeitlicher Kultbauten im Nahen Osten, geritzt auf die Menhire der neolithischen Megalithkultur oder in bronzezeitliche Kultgeräte.

38 Vgl. oben, Einführung, S. 24.

39 So H. Beck, Triadische Götterordnungen: klassisch-antiker und neuplatonischer Ansatz, in: Theologie und Philosophie 67 (1992), 230.

40 B. Lang, Der monarchische Monotheismus und die Konstellation zweier Götter im Frühjudentum: Ein neuer Versuch über Menschensohn, Sophia und Christologie, in: Ein Gott allein? JHWH-Verehrung und biblischer Monotheismus im Kontext der israelitischen und altorientalischen Religionsgeschichte, hrsg. von Walter Dietrich und Martin A. Klopfenstein (Orbis biblicus et orientalis, 139), Göttingen, Freiburg/Schweiz 1994, 560.

41 Ebd.

42 Ebd.

43 Ebd., 561.

44 Ebd., 562.

45 Vgl. hierzu auch G. Schimanowski, Die frühjüdischen Voraussetzungen der urchristlichen Präexistenzchristologie, in: Gottes ewiger Sohn, a. a. O., 31–55.

46 Obwohl die Redaktion der neutestamentlichen Schriften in aller Regel (wahrscheinlich sogar ausschließlich) auf *hellenisierte* Judenchristen zurückgeht, ist ein wichtiger Teil, z. B. die synoptischen Evangelien, zwar – zu Lukas hinanwachsend – von hellenistischen Motiven geprägt, dennoch aber wird in ihnen das grundlegende „heilsgeschichtliche" Raster aller religiösen Deutung, wie es für jüdisches Denken prägend ist, nicht verlassen.

47 Vgl. hierzu vom Verf., Fundamentalchristologie. Im Spannungsfeld von Christentum und Kultur, München 1986, Teil I und II, 19–306, passim.

48 Vgl. hierzu vom Verf., Die Welt ist Gottes Schöpfung. Kosmos und Mensch in Religion, Philosophie und Naturwissenschaften, Mainz 1984, 39–43.

49 G. Schimanowski, a. a. O., 37.

50 Vgl. hierzu G. Kretschmar, Studien zur frühchristlichen Trinitätstheologie (Beiträge Historische Theologie; Bd. 21), Tübingen 1956; J. Barbel, Zur „Engel-Trinitätslehre" im Urchristentum, in: Theol. Revue 54, 1958, 49–58; J. Daniélou, Trinité et Angelologie dans la théologie judeo-chrétienne, in: Ressources des sciences religieuses 45, 1957, 5–41; K. Koch, Monotheismus und Angelologie, in: Ein Gott allein?, a. a. O., 565–581.

51 Vgl. K. Koch, Monotheismus und Angelologie, a. a. O., 574: „Eingangs war die Frage gestellt, ob die Durchsetzung des Monotheismus und die Ausgestaltung einer Angelologie in Zusammenhangg stehen. […] Ein Zusammenhang erscheint […] durchaus wahrscheinlich. Im späten Israelitentum sind maßgebliche Kreise von der schlechthinnigen Übermacht ihres Gottes überzeugt. Doch sie glauben nicht an eine ferne, graue, kahle, abstrakte Transzendenz, sondern an einen Grund aller Wirklichkeit, der den Menschen auf mannigfaltige Weisen begegnet, so mannigfaltig, dass sie sich im menschlichen Geist nur bedingt zu einer Einheit zusammenschließen lassen."

52 L. Scheffczyk, Lehramtliche Formulierungen und Dogmengeschichte der Trinität, in: Mysterium Salutis, hrsg. von J. Feiner und M. Löhrer, Bd. 2, Einsiedeln, Zürich, Köln [1]1967, 151.

53 Deutsch nach: P. Riessler, Altjüdisches Schrifttum außerhalb der Bibel, Heidelberg [2]1966, 151.

54 Deutsch nach: P. Riessler, ebd., 459.

55 „Über Abraham", 121, in: Philo von Alexandrien, Die Werke in deutscher Übersetzung, Bd. I, hrsg. von L. Cohn, I. Heinemann, M. Adler u. W. Theiler u. a., Berlin [2]1962, 121–122; vgl. auch „Leben Mosis" II 97.99.

56 „Über Abraham", 131; deutsch nach: Philo von Alexandrien, Die Werke in deutscher Übersetzung, Bd. I, a. a. O., 124; vgl. auch: Über die Cherubim I, 27–28, in: ebd., Bd. III, Berlin [2]1962, 179.

57 Vgl. Weish 9,1–2; 18,14–16; slaw. Henoch 33,9.

58 R. Schnackenburg, Logos, in: LThK[2] 6, 1124.

59 Allegorische Erklärung des heiligen Gesetzbuches 11, 86; in: Philo von Alexandrien, Die Werke in deutscher Übersetzung, Bd. III, a. a. O., 79.

60 Über die Träume I, 61–70; deutsch nach: Philo von Alexandrien, hrsg. von L. Cohn u. a., Bd. VI, Berlin [2]1962, 185–188.

61 Über die Unveränderlichkeit Gottes, 57; deutsch nach: Philo von Alexandrien, hrsg. von L. Cohn u. a., Bd. IV, Berlin [2]1962, 85.

62 Über die Opfer Abels und Kains, 65; deutsch nach: Philo von Alexandrien, Bd. III, a. a. O., 241.

63 Ebd., 66.

64 F. J. Schierse, Die neutestamentliche Trinitätsoffenbarung, in: Mysterium Salutis, Bd. II, a. a. O., 94.

65 So z. B. F. J. Schierse, ebd., 93.

66 Vgl. hierzu A. Strotmann, Mein Vater bist du (Sir 51,10). Zur Bedeutung der Vaterschaft Gottes in kanonischen und nichtkanonischen frühjüdischen Schriften (Frankfurter Theologische Studien, Bd. 39), Frankfurt/M. 1991.

67 J. Gnilka, Das Matthäusevangelium. I. Teil: Kommentar zu Kap. 1,1–13,58 (Herders Theologischer Kommentar zum Neuen Testament), Freiburg, Basel, Wien 1986, 31.

68 M. Theobald, Gott, Logos und Pneuma. „Trinitarische" Rede von Gott im Johannesevangelium, in: Monotheismus und Christologie, hrsg. von H.-J. Klauck (Quaestiones Disputatae, Bd. 138), Freiburg, Basel, Wien 1992, 42.

69 Vgl. zum Folgenden vom Verf., Fundamentalchristologie, a. a. O., 98–132.

70 Gal 4,4–7: „Als aber die Zeit erfüllt war, sandte Gott seinen Sohn, geboren von einer Frau und dem Gesetz unterstellt, damit er die freikaufe, die unter dem Gesetz stehen, und damit wir die Sohnschaft erlangen. Weil ihr aber Söhne seid, sandte Gott den Geist seines Sohnes in unser

Herz, den Geist, der ruft: Abba, Vater. Daher bist du nicht mehr Sklave, sondern Sohn; bist du aber Sohn, dann auch Erbe, Erbe durch Gott."

71 1 Kor 12,1–8: „Auch über die Gaben des Geistes möchte ich euch nicht in Unkenntnis lassen, meine Brüder. Als ihr noch Heiden wart, zog es euch, wie ihr wisst, mit unwiderstehlicher Gewalt zu den stummen Götzen. Darum erkläre ich euch: Keiner, der aus dem Geist Gottes redet, sagt: Jesus sei verflucht! Und keiner kann sagen: Jesus ist der Herr!, wenn er nicht aus dem Heiligen Geist redet. Es gibt verschiedene Gnadengaben, aber nur den einen Geist. Es gibt verschiedene Dienste, aber nur den einen Herrn. Es gibt verschiedene Kräfte, die wirken, aber nur den einen Gott: Er bewirkt alles in allen. Jedem aber wird die Offenbarung des Geistes geschenkt, damit sie anderen nützt. Dem einen wird vom Geist die Gabe geschenkt, Weisheit mitzuteilen, dem anderen durch den gleichen Geist die Gabe, Erkenntnis zu vermitteln …"

72 2 Kor 13,13: „Die Gnade Jesu Christi, des Herrn, die Liebe Gottes und die Gemeinschaft des Heiligen Geistes sei mit euch allen!"

73 Apg 2,32–36: „Diesen Jesus hat Gott auferweckt, dafür sind wir alle Zeugen. Nachdem er durch die rechte Hand Gottes erhöht worden war und vom Vater den verheißenen Heiligen Geist empfangen hatte, hat er ihn ausgegossen, wie ihr seht und hört. David ist nicht zum Himmel aufgestiegen; vielmehr sagt er selbst: Es sprach der Herr zu meinem Herrn: Setze dich mir zur Rechten, und ich lege dir deine Feinde als Schemel unter die Füße. Mit Gewissheit erkenne also das ganze Haus Israel: Gott hat ihn zum Herrn und Messias gemacht, diesen Jesus, den ihr gekreuzigt habt."

74 1 Petr 1,2: „… von Gott, dem Vater, von jeher ausersehen und durch den Geist geheiligt, um Jesus Christus gehorsam zu sein und mit seinem Blut besprengt zu werden. Gnade sei mit euch und Friede in Fülle."

75 F. J. Schierse, a. a. O., 126.

76 Vgl. F. J. Schierse, a. a. O., 100: Es gehe „um ein Stück Taufkatechese, das über die theologische Bedeutung des christlichen Sakraments belehren will. Der Gläubige wird in der Taufe von Gott als geliebtes Kind angenommen und mit dem Heiligen Geist der Kindschaft begabt."

77 J. Gnilka, Zum Gottesgedanken in der Jesusüberlieferung, in: Monotheismus und Christologie, a. a. O., 151.

78 Vgl. ebd., 157.

79 Vgl. ebd., 159–162

80 Ebd., 162.

81 M. Theobald, a. a. O., 64.

82 Theologik, Bd. II, Einsiedeln [2]1985, 117.

83 G. Greshake, Der dreieine Gott, a. a. O., 48.

84 Ebd., 48–49.

85 Ebd., 49–50.

86 Martyrium des Polykarp 14, I: „Herr, Gott, Allmächtiger, Vater dieses geliebten und gelobten Knechtes Jesus Christus [...], Gott der Engel und Gewalten [...]". Gott wird gepriesen wegen der Teilhabe am Martyrium „zur Auferstehung des ewigen Lebens [...] in der Unvergänglichkeit des Heiligen Geistes" (ed. Andreas Lindemann / Henning Paulsen, Die Apostolischen Väter: griechisch-deutsche Parallelausgabe, Tübingen 1992, 275).

87 Der Text in Didache 10,2 ist Teil des ältesten eucharistischen Hochgebets: „Wir danken dir, heiliger Vater, für deinen heiligen Namen, den du hast Wohnung nehmen lassen in unseren Herzen, und für die Erkenntnis und den Glauben und die Unsterblichkeit, die du uns kundgemacht hast durch Jesus, deinen Knecht; dir (sei/ist) die Herrlichkeit bis in Ewigkeit" (ed. Lindemann/Paulsen, a. a. O., 15).

88 Im Text der Didache z. B. geht es um Gnosis und Unsterblichkeit, Gott wird als Pantokrator, Allherrscher, bezeichnet, die Funktion Jesu liegt in der Vermittlung von Erkenntnis usf.

89 Z. B. Martyrium des Polykarp 14, I (vgl. Anm. 86) und 22, I: „Wir sagen euch Lebewohl, Brüder, die ihr im Wort Jesu Christi lebt, das dem Evangelium gemäß ist; mit ihm sei Ruhm Gott dem Vater und dem heiligen Geist ..." (ebd. Lindemann/Paulsen, a. a. O., 283); vgl. Didache I (mit einem Zitat der matthäischen Taufformel).

90 1 Klem 59,2 (ed. Joseph A. Fischer, Die Apostolischen Väter, eingeleitet, hrsg., übertragen und erläutert von J. A. Fischer, München, Darmstadt 1956, 13).

91 36, 1 (ed. Fischer, a. a. O., 71); vgl. auch 48,4: „Tor der Gerechtigkeit" (ed. Fischer, a. a. O., 85); vgl. 22, 1.

92 36,2 (ebd.).

93 46,6: „Oder haben wir nicht einen Gott und einen Christus und einen Geist der Gnade ...?" (ed. Fischer, a. a. O., 83), und 58,1.2 (vor allem 2: „... Denn es lebt Gott und es lebt der Herr Jesus Christus und der Heilige Geist" (ed. Fischer, a. a. O., 99); vgl. auch 42,3.

94 A. a. O., 13.

95 9,40; vgl. die Zusammenhänge (Christliche Interpolation) 9,1–6: „Und er trug mich in den Luftkreis des siebenten Himmels. [...] Und ich fragte

den Engel, der mit mir war, und sprach: Wer ist jener, der mir verbot, und wer ist dieser, der mir erlaubte aufzusteigen? Und er sprach zu mir: Der [es] dir verbot, ist der, welcher über die Lobgesänge des sechsten Himmels [gesetzt ist], und der dir Erlaubnis gab, ist dein Herr, Gott, der Herr Christus, der auf Erden Jesus genannt werden soll, aber seinen Namen kannst du nicht hören, bis du aussteigen wirst aus diesem Leibe. Und er ließ mich aufsteigen in den siebenten Himmel, und daselbst sah ich ein wunderbares Licht und Engel ohne Zahl" (ed. Hennecke-Schneemelcher, Neutestamentliche Apokryphen in deutscher Übersetzung, Bd. II, Tübingen ^{5}1989, 557–558); 9,27–40: „Und ich sah einen dastehen, dessen Herrlichkeit alles überragte, und seine Herrlichkeit war groß und wunderbar. Und nachdem ich ihn erblickt hatte, kamen alle Gerechten, die ich sah, und alle Engel, die ich sah, zu ihm, und Adam, Abel und Set und alle Gerechten traten zunächst heran, beteten ihn an. [...] Da sprach der Engel, der mich führte, zu mir: Den bete an! Und ich betete an und lobsang. Und der Engel sprach zu mir: Es ist der Herr aller Herrlichkeit, den du gesehen hast. Und während [der Engel] noch redete, sah ich einen andern Herrlichen, der ihm glich, und die Gerechten traten zu ihm heran, beteten an und lobsangen, und auch ich lobsang mit ihnen, aber meine Herrlichkeit wandelte sich nicht nach ihrem Aussehen. Und darnach traten die Engel heran und beteten an. Und ich sah den Herrn und den zweiten Engel, und sie standen, der andere aber, den ich gesehen hatte, war zur Linken meines Herrn. Und ich fragte: Wer ist dieser? Und er sprach zu mir: Bete ihn an, denn dieser ist der Engel des Heiligen Geistes, der durch dich und die andern Gerechten redet [äth.: geredet hat]. [...] Da trat mein Herr zu mir und der Engel des Geistes und sprach: Siehe, wie dir gegeben ist, Gott zu schauen, und um deinetwegen ist dem Engel bei dir Macht gegeben worden. Und ich sah, wie mein Herr anbetete und der Engel des Heiligen Geistes und wie beide zusammen Gott priesen" (ed. Hennecke-Schneemelcher, a. a. O., 558–559).

96 96 XLVI 1–8 (ed. Siegbert Uhlig, Das äthiopische Henochbuch. Jüdische Schriften aus hellenistisch-römischer Zeit; Bd. V, Lfg. 6, Gütersloh 1984, 587); vgl. auch XLVII 1–4; XLVIII, 1–10.

97 XLIX 3 (ed. Uhlig, a. a. O., 592).

98 In einem Fragment nach Hippolyt, ref. 9,13,1–3 (ed. Hennecke-Schneemelcher, Neutestamentliche Apokryphen in deutscher Übersetzung, Bd. II, a. a. O., 621).

99 Sim. IX 12,8 (ed. Norbert Brox, Der Hirt des Hermas [Kommentar zu den Apostolischen Vätern, hrsg. von N. Brox u. a., 7. Bd.], Göttingen 1991, 413).

100 *Der Pädagoge (Paidagogos,* um 203), I 59, I: (Der Herr, Gott selbst, war durch Mose unser Pädagoge) „Wer könnte uns nun mit größerer Liebe als er erziehen? Früher nun hatte das ältere Volk einen älteren Bund […], *und der Logos war ein Engel* (Ex 3,2), dem neuen und jungen Volk dagegen ist ein neuer und junger Bund geschenkt worden, und der Logos ist Fleisch geworden […] und jener geheimnisvolle Engel Jesus wird geboren" (deutsch in: K.-H. Ohlig, Christologie [Texte zur Theologie, Dogmatik, Bd. IV, 1], Graz, Wien, Köln 1989, im Folgenden zitiert: TzT 4, 1, Nr. 79).

101 *Kommentar zum Römerbrief,* in Röm 3,25 (ed. Theresia Heither, Origenes: Commentarii in epistulam ad Romanos / Römerbriefkommentar [lateinisch, deutsch] [Fontes Christiani, Bd. 2/2], Freiburg im Breisgau u. a. 1992, 119–121): „Kerubim bedeutet nämlich, in unsere Sprache übersetzt, ‚Fülle des Wissens'. Von der Fülle des Wissens können wir aber nur bei dem sprechen, von dem der Apostel sagt: ‚In ihm sind alle Schätze der Weisheit und des Wissens verborgen' (Kol 2,3). Sicherlich sagt er das vom Wort Gottes. Das Gleiche schreibt er aber auch vom Heiligen Geist mit den Worten: ‚Uns aber hat es Gott enthüllt durch seinen Geist: Der Geist ergründet nämlich alles, auch die Tiefen Gottes' (1 Kor 2, 10). Meiner Meinung nach wird also darauf hingewiesen, dass auf der Sühneplatte, das heißt in der Seele Jesu, immer Gottes Wort, und das ist sein eingeborener Sohn, und der Heilige Geist wohnen. Genau dies zeigen die zwei Kerubim an, die auf der Sühneplatte abgestellt sind."

102 Otto Zwierlein, Petrus in Rom. Die literarischen Zeugnisse. Mit einer kritischen Edition der Martyrien des Petrus und Paulus auf neuer handschriftlicher Grundlage (Untersuchungen zur antiken Literatur und Geschichte, Bd. 96), Berlin, New York 2009, 237.

103 Ad. Eph. 19,3 (deutsch: TzT 4, 1, Nr. 43).

104 Ebd., 18,2 (deutsch: ebd.).

105 Z. B. ad Magn. 13,1 („im Sohn und im Vater und im Geist"); vgl. auch ebd., 13,2; ad Eph. 18,2.

106 Klaus Wengst in seiner Einleitung zu 2 Klem in: Didache (Apostellehre), Barnabasbrief, Zweiter Klemensbrief, Schrift an Diognet, eingel., hrsg., übertragen u. erläutert von Klaus Wengst (Schriften des Urchristentums, 2. Teil), Darmstadt 1984, 229.

107 Aristides von Athen, Apologie (zwischen 117 und 138, deutsch: TzT 4, 1, Nr. 52).
108 Vgl. weiter oben, S. 35–37.
109 Gen 3,22: „Dann sprach Gott, der Herr: Seht, der Mensch ist geworden wie wir."
110 Dialog mit dem Juden Tryphon CXXIX, 2 (deutsch: TzT 4, 1, Nr. 55).
111 Ebd., CXXIX, 4 (deutsch: ebd.).
112 Gen 18.
113 Gen 18,2.
114 I. Apol. 13 (deutsch: TzT 4, 1, Nr. 53); vgl. ebd., 60.
115 I. Apol. 60.
116 H. Vorgrimler, Gotteslehre I (Texte zur Theologie, Dogmatik, 2, 1; im Folgenden zitiert: TzT 2, 1), Graz, Wien, Köln 1989, Einleitung zu Nr. 84.
117 Dial. LVI, I (TzT 4, 1, Nr. 55).
118 Ebd., LX, 2 (TzT 4, 1, Nr. 55).
119 II. Apol. 5 (6) (deutsch: TzT 4, 1, Nr. 54).
120 Dial. LXI, I (deutsch: TzT 4,1, Nr. 55).
121 Bittschrift 10 (deutsch: TzT 4, 1, Nr. 58).
122 Ebd.
123 Vgl. hierzu unten, S. 80–82.
124 Ad Autol. II, 15.
125 Rede an die Hellenen 5,1 (deutsch: TzT 4, 1, Nr. 59).
126 Rede an die Hellenen, 5,1.2 (deutsch: TzT 4, 1, Nr. 59).
127 Ebd., 5, 1 (deutsch: ebd.).
128 Ad Autol. II 10 (deutsch: TzT 4, 1, Nr. 60).
129 Ebd., II 22 (deutsch: ebd., Hervorhebung vom Verf.).
130 Der Gnostiker Theodot (2. Jh. n. Chr.), überliefert bei Klemens von Alexandrien, Gegen Theodot 78,2 (SCh 23, 1948, 202).
131 In der Nähe der oberägyptischen Kreisstadt Nag Hammadi fanden Bauern 1945/46 einen Tonkrug mit 13 um das Jahr 400 geschriebenen Kodizes aus Papyrus. Sie enthielten Schriften (2. bis 4. Jh.) hermetischer und anderer gnostischer Richtungen, vor allem aber auch christlich-gnostische Schriften, aus denen sich beinahe ein alternatives Neues Testament zusammenstellen ließe.
132 So N. Brox, Einführung. Die Epoche der Gnosis, in: Irenäus von Lyon. Epideixis, Adversus haereses. Darlegung der Apostolischen Verkündigung. Gegen die Häresien I, übers. u. eingeleitet von Norbert Brox (Fontes Christiani, Bd. 8/1), Freiburg, Basel, Wien u. a. 1993, 8.

133 N. Brox, ebd., 9–10.

134 Ode 12, V Y. 3–12 (deutsch in: Oden Salomos, übers. u. eingeleitet von Michael Lattke [Fontes Christiani, Bd. 191], Freiburg, Basel, Wien u. a. 1995,136–138).

135 Ode 19, 1–7 (deutsch: ebd., 153.154).

136 Ode 7, 7–8.11.12 (deutsch: ebd., 110–111); vgl. auch Ode 13,2.

137 Iren., Adv. haer. I 11, 1 (deutsch: a. a. O., 207.209).

138 Zusammenfassung der Bearbeiter, aus: Evangelium der Wahrheit, übers. u. erläutert von Martin Krause u. Kurt Rudolph, in: C. Andresen (Hrsg.), Die Gnosis, 2. Bd.: Koptische und Mandäische Quellen, Zürich, Stuttgart 1971, 64–66.

139 TzT 4, 1, Nr. 67.

140 G. Schneider in: Evangelia infantiae apocrypha. Apocryphe Kindheitsevangelien, übers. u. eingeleitet von Gerhard Schneider (Fontes Christiani, Bd. 18), Freiburg, Basel, Wien u. a. 1995, 84.

141 Barbelo ist in manchen gnostischen Mythen die erste (weibliche) Emanation aus Gott und selbst eine Art gnostischer Muttergottheit (vgl. z. B. lrenäus, Adv. haer. 129, 1).

142 Pistis Sophia (deutsch: a. a. O., 327–329).

143 A. Böhlig, Gnosis und Synkretismus. Gesammelte Aufsätze zur spätantiken Religionsgeschichte, Teil I (Wissenschaftliche Untersuchungen zum Neuen Testament; 47), Tübingen 1989,18.

144 Ebd., 18–20.

145 Ebd., 20; vgl. auch: Ders., Triade und Trinität in den Schriften von Nag Hammadi, in: ders., Gnosis und Synkretismus, a. a. O., 289–311.

146 Adv. haer. I 11,4 (deutsch nach: Fontes Christiani, Bd. 8/1, a. a. O., 211).

147 Adv. haer. I 8,5–9,2.

148 Ebd., 9,2.

149 Ebd., 9,3 (deutsch nach: Fontes Christiani, Bd. 8/ 1, a. a. O., 191–193).

150 Adv. haer. III 17,4 (deutsch nach: Irenäus von Lyon, Adversus haereses. Gegen die Häresien III, übers. u. eingel. von Norbert Brox [Fontes Christiani, Bd. 8/31], Freiburg, Basel, Wien u. a. 1995, 217).

151 M. Werner, Die Entstehung des christlichen Dogmas, Tübingen [2]1941, 561.

152 Vgl. hierzu vom Verf., Die theologische Begründung des neutestamentlichen Kanons in der alten Kirche, Düsseldorf 1972, z. B. 43.

153 Vgl. adv. haer. 11, 13,3 (deutsch nach: Irenäus von Lyon, Adversus haereses. Gegen die Häresien 11, übers. u. eingeleitet von Norbert Brox

(Fontes Christiani, Bd. 8/2), Freiburg. Basel, Wien u. a. 1993, 95–96): „Der Vater aller Dinge [...] ist einfach und nicht zusammengesetzt [...], da er ganz Verstand, ganz Geist, ganz Empfinden ist, ganz Gedanke, ganz Vernunft, ganz Gehör, ganz Auge, ganz Licht und ganz Quelle alles Guten."

154 Adv. haer. II, 1, 1 (deutsch: a. a. O., 21).

155 Adv. haer. IV, 20, 1.

156 Vgl. hierzu auch C. Andresen, Die Anfänge christlicher Lehrentwicklung, in: ders. (Hrsg.), Handbuch der Dogmen- und Theologiegeschichte, Bd. I, Göttingen 1982, 97–98.

157 Grundriß der Dogmengeschichte, Band I: Gott und die Welt (Grundrisse 2), Darmstadt 1982, 179.

158 Norbert Brox ist in seiner ansonsten ausgezeichneten Übersetzung ein Fehler unterlaufen. Den Schlusssatz von Adv. haer. 11, 30, 9 (a. a. O., 267) übersetzt er: „Da der Sohn schon immer mit dem Vater existiert, offenbart er *schon immer und seit Beginn* den Vater den Engeln, Erzengeln, Gewalten und Kräften und allen, denen Gott offenbart werden will" (Hervorhebung vom Verf.). Der Eindruck einer ewigen Offenbarungsfunktion („schon immer") könnte hier entstehen; in der lateinischen Version aber heißt es: „olim et ab initio semper", also: Der Sohn offenbarte *„einst und seit dem Anfang* immer". Die Offenbarung erfolgte also *in der Zeit* („einst") und begann mit dem Anfang; sie ist keineswegs eine ewige, d. h. innergöttliche, sondern eine ökonomische Funktion des Sohnes.

159 A. v. Harnack, Lehrbuch der Dogmengeschichte. Erster Band: Die Entstehung des kirchlichen Dogmas (Unveränd. reprograf. Nachdruck der 4. Auflage, Tübingen 1909), Darmstadt 1964, 584.

160 Adv. haer. III, 18,6 (deutsch: TzT 4, 1, Nr. 61).

161 Vgl. adv. haer. IV, 20, 1.

162 Vgl. oben, S. 35.

163 Vgl. adv. haer. II, 3,2.

164 Adv. haer. II, 30, 9 (deutsch: a. a. O., 265).

165 So auch F. Courth, Trinität in der Schrift und Patristik, Freiburg, Basel, Wien 1980, 70.

166 Epideixis 47 (deutsch: a. a. O., 65–66).

167 Strom. V 12 (deutsch: TzT 2, 1, Nr. 87).

168 Ebd. (deutsch: ebd.).

169 Strom. V 12 (deutsch: TzT 2, 1, Nr. 87).

170 Der Pädagoge I 58, 1; vgl. oben, S. 57.
171 Strom. V 14 (deutsch: TzT 2, 1, Nr. 87).
172 K. Beyschlag, Grundriß der Dogmengeschichte, Bd. I, a. a. O., 195.
173 Ebd.
174 Der Pädagoge I, 57, 1 (deutsch: TzT 4, 1, Nr. 79).
175 K. Beyschlag, a. a. O., 195.
176 Strom. V 14 (deutsch: TzT 2, 1, Nr. 87).
177 Adversus Praxean II 4.
178 Adv. Prax. Vlll, I (deutsch: TzT 2, 1, Nr. 90).
179 Adv. Prax. II 4 (deutsch: TzT 2, 1, Nr. 88).
180 Ebd. (deutsch: ebd.).
181 Adv. Prax. VII 1 (deutsch: TzT 2, 1, Nr. 89).
182 Adv. Prax. IX 2 (deutsch: TzT 2, 1, Nr. 91).
183 Eine knappe Zusammenfassung des Forschungsstands zur etymologischen, philosophie- und theologiegeschichtlichen Herkunft des Begriffs persona bietet *Aloys Grillmeier,* Jesus Christus im Glauben der Kirche, Bd. I: Von der Apostolischen Zeit bis zum Konzil von Chalkedon (451), Freiburg, Basel, Wien 1979, 250–252.
184 Vgl. hierzu vom Verf., Fundamentalchristologie, a. a. O., 294.
185 Vergleichbar ist die „una persona“ in Jesus Christus im Sinne der gemeinsamen Rolle zu verstehen, in der Gottheit und Menschheit in ihr zusammenwirken (Adv. Prax. XXVII, II; vgl. hierzu Verf., Fundamentalchristologie, a. a. O., 193–194).
186 Adv. Prax. VII 9 (deutsch: TzT 2, 1, Nr. 89).
187 Adv. Prax. VIII 7 (deutsch: TzT 2,1, Nr. 90).
188 A. Adam, Lehrbuch der Dogmengeschichte. Bd. I: Die Zeit der Alten Kirche, Gütersloh 1970, 167.
189 Elenchos X 33 (deutsch: TzT 4, 1, Nr. 70).
190 De princ. I 2,2 (deutsch: TzT 4, 1, Nr. 81).
191 Ebd., I 2,4 (deutsch: TzT 2, 1, Nr. 92).
192 K. Beyschlag, a. a. O., 206.
193 Vgl. ebd.
194 Ebd., 207.
195 De princ. I 3,5 (deutsch: TzT 2, 1, Nr. 93).
196 De princ. I 1,6.
197 Adv. Cels. VI 64.
198 De princ. I 3,5 (deutsch: TzT 2, 1, Nr. 93).
199 De princ. I 3,7 (deutsch: TzT 2, 1, Nr. 94).

200 Nach Origenes hatte sich die – wie alle Menschenseelen – präexistente Seele Jesu als Einzige gegen den Abfall von Gott entschieden, sodass sie schon „vorzeitlich" mit dem göttlichen Logos verbunden war; in der „zweiten Stufe" der Schöpfung – nach der Fleischwerdung dieser Seele und deswegen auch des Logos – wurde nur in der Zeit realisiert, was schon vor aller Zeit grundgelegt war. So ist auch die Christologie, wie die Schöpfung, in die Präexistenz rückverlagert.

201 Zu den einzelnen Vertretern der unterschiedlichen Spielarten des Monarchianismus vgl. die theologiegeschichtlichen Standardwerke; einen knappen, aber informativen Überblick bietet K. Baus, Von der Urgemeinde zur frühchristlichen Großkirche (Handbuch der Kirchengeschichte, hrsg. von Hubert Jedin, Bd. I), Freiburg, Basel, Wien [3]1965, 291–298.

202 Vgl. weiter unten, S. 91–92.

203 Nach Hippolyt, Refutatio omnium haeresium IX 11, dachte Zephyrin ähnlich wie die Modalisten Sabellius und Kleomenes, die beide damals in Rom lehrten; vgl. besonders 11,3.

204 Nach Hippolyt, ref. IX 12, 15–19, übernahm Kallistus sabellianische Lehren: „... nicht nämlich sei ein anderes der Vater, ein anderes der Sohn, eines aber und dasselbe sei der Geist. [...] Und der in der Jungfrau fleischgewordene Geist sei nichts anderes als der Vater, sondern ein und dasselbe" (ebd., 12,17, nach: Refutatio omnium haeresium, hrsg. von Miroslav Marcovich [Patristische Texte und Studien, hrsg. von K. Aland und P. Mühlenberg. Bd. 251], Berlin, New York 1986, 353).

205 Vgl. Athanasius, De decretis Nicaenae synodi 26–27.

206 Aus dem Hymenäusbrief 3 (deutsch: TzT 4, 1, Nr. 87); vgl. auch die Fragmente aus dem Synodalbrief: Der Sohn Gottes ist nicht „aus dem Himmel herabgekommen" (Nr. 3 [deutsch: TzT 4, 1 Nr. 88]; Maria gebar „einen Menschen, der uns gleich war, aber besser in jeder Beziehung" wegen der „Gnade, die auf ihm [ruhte]" (Nr. 5; deutsch ebd.).

207 Ebd., 4 (deutsch: ebd.).

208 K. Baus, Von der Urgemeinde zur frühchristlichen Großkirche, a. a. O., 293–294.

209 Das Miteinander von Gott und Geschöpf (Logos) als Subordinatianismus zu bezeichnen, ist unsinnig. Wenn es einerseits nur Gott, andererseits nur Geschöpfe gibt, handelt es sich um einen eindeutigen Monarchianismus.

210 Fragment aus der Thaleia (bei Athanasius, Orationes contra Arianos I, 5; deutsch: TzT 4, 1, Nr. 91).

211 Fragment aus der Thaleia (Athanasius, Or. c. Ar. 1,5; deutsch: TzT 4, 1, Nr. 91).

212 „Die Blasphemien des Arius“ (bei: Athanasius, De decretis Nicaeni synodi 15,3, Nr. 16 [deutsch: TzT 4, 1, Nr. 901]).

213 Ebd., Nr. 17–22 (ebd.).

214 Vgl. hierzu S. J. Beggiani, Early Syriac Theology. With Special Reference to the Maronite Tradition, Lanham, New York, London 1983, 16–17.

215 Aphrahatis Sapientis Persae Demonstrationes Nr. 17. Deutsch in: Aphrahat, Unterweisungen, aus dem Syrischen übersetzt und eingeleitet von Peter Bruns (Fontes Christiani Bd. 5,1 [Unterw. 1–10] und 5,2 [11–23]), Freiburg, Basel, Wien u. a. 1991.

216 Aphrahat, Darlegung 17, Nr. 3.4 (deutsch: Fontes Christiani 5,2, 419–420).

217 Deutsch: TzT 4, 1, Nr. 28.

218 Deutsch: ebd.

219 Nach I. Ortiz de Urbina, Nizäa und Konstantinopel (Geschichte der ökumenischen Konzilien, hrsg. von Gervais Dumeige und Heinrich Bacht, Bd. I), Mainz 1964, 94, wurde *homoúsios* schon in gnostischen Schriften des zweiten Jahrhunderts gebraucht und drang im dritten Jahrhundert „in das Vokabular der theologischen Schule von Alexandrien ein“, wo es eine große Bedeutung erlangen konnte; „dabei aber schloss der Begriff formell keine *numerische* Einheit der Substanz bei den als *homoousioi* qualifizierten Wesen ein.“ Eine sehr detaillierte Genese des Begriffs bietet J. N. D. Kelly, Altchristliche Glaubensbekenntnisse, Geschichte und Theologie (aus dem Englischen übers. von K. Dockhorn), Göttingen [3]1972, 240–251.

220 I. de Urbina, a. a. O., 84; vgl. auch Kelly, a. a. O., 203.

221 Deutsch: TzT 4, 1, Nr. 93. Vgl. auch als Beispiel *Eudoxius* († 369/370), der von 357 bis 359 Bischof von Antiochien, dann von Konstantinopel war. Er schrieb: „Wir glauben an den allein wahren Gott und Vater, die alleinige Physis, der ungezeugt und vaterlos ist […], und an den einen Herrn, den Sohn, der gottesfürchtig war, weil er den Vater heilig hielt. Er ist zwar der Einziggeborene, gewaltiger als die ganze Schöpfung nach ihm, aber [er ist auch] der Erstgeborene, weil er das am meisten herausragende und erste von allen Geschöpfen ist“ (deutsch: TzT 4, 1, Nr. 94).

222 Vgl. Fragmente 1 und 2 (deutsch: TzT 4, 1, Nr. 95).

223 Katechesen 4,4 (deutsch: TzT 4, 1, Nr. 96).

224 Ebd., 4,7 (deutsch: ebd.).

225 Dritte Rede gegen die Arianer 15 (deutsch: TzT 2, 1, Nr. 97).

226 A. v. Harnack, Lehrbuch der Dogmengeschichte, Zweiter Band: Die Entwicklung des kirchlichen Dogmas 1 (unveränderter reprografischer Nachdruck der 4. Auflage, Tübingen 1909), Darmstadt 1964, 242, A. I.

227 R. Seeberg, Lehrbuch der Dogmengeschichte, Zweiter Band: Die Dogmenbildung in der alten Kirche (unveränderter reprografischer Nachdruck der 3. Auflage, Leipzig 1923), Darmstadt ^{6}1965, 97.

228 Vgl. R. Seeberg, ebd., 242–244.

229 Vgl. unten, S. 97–99.

230 Vgl. I. Ortiz de Urbina, a. a. O., 174–175.

231 Die drei wichtigsten Vertreter waren Eustathius von Sebaste, Eleusius von Cyzikus und Marathonius von Nikomedien.

232 Ep. 125,3 (deutsch: BKV 46, München 1925, 147).

233 Ep. 125,3 (deutsch: BKV 46, a. a. O., 148).

234 H. J. Sieben, Einleitung, in: Basilius, De spiritu sancto. Über den heiligen Geist, übers. u. eingeleitet von H. J. Sieben (Fontes Christiani, Bd. 12), Freiburg, Basel, Wien, Barcelona, Rom, New York 1993, 43; vgl. auch ebd., 42–50 zur Diskussion dieser Frage.

235 Ep. 159,2 (deutsch: BKV 46, a. a. O., 175).

236 Basilius, De spiritu sancto, Kap. 9 (23) (deutsch: Fontes Christiani, Bd. 12, a. a. O., 141).

237 Basilius, De spiritu sancto, Kap. 9 (23) (deutsch: Fontes Christ. 12, a. a. O., 141–143 [kursive Hervorhebung vom Verf.]).

238 Basilius, Ep. 159,2 (deutsch: BKV 46, a. a. O., 175).

239 Erster Brief an Serapion von Thmuis 9 (zwischen 358 und 362 verfasst; deutsch: TzT 2, 1, Nr. 98).

240 Vgl. hierzu weiter unten, S. 104–105.

241 Deutsch: TzT 4, 1, Nr. 30.

242 G. N. D. Kelly, a. a. O., 322; vgl. auch zur genaueren Herkunft des Symbols ebd., 294–339, und I. Ortiz de Urbina, a. a. O., 207–232.

243 Vgl. Kelly, a. a. O., 322. Das Symbol ist wahrscheinlich zwei bis drei Jahrzehnte vor dem Konzil entstanden.

244 „Person" ist an dieser Stelle eine für diese Zeit noch unangemessene Übertragung des Begriffs *hypóstasis* von späteren lateinischen Vorstellungen her; besser lässt man im Deutschen „Hypostase" unübersetzt stehen.

245 Ep. 38 (um 370, Brief an seinen Bruder Gregor; deutsch: TzT 4, 1, Nr. 101); vgl. hierzu auch Basilius, ep. 236,6: „Wesenheit und Person

(usía kaì hypóstasis) unterscheiden sich ebenso voneinander wie das Allgemeine vom Besonderen, wie z. B. das Lebewesen von einem individuellen Menschen ..." (deutsch: BKV Bd. 46, München 1925, 294); vgl. auch ep. 210,4: „Denn die Natur des Vaters und des Sohnes und des Hl. Geistes ist dieselbe, und eine die Gottheit" (deutsch: ebd. 238).

246 *Prósopon* bedeutet wörtlich „Antlitz", „Gesicht", und wurde in der syrischen Theologie vor allem für den Einheitspunkt in der Christologie verwendet.

247 De spiritu sancto, 38 (Kap. 16); deutsch nach: Fontes Christiani, Bd. 12, a. a. O., 185–187.

248 Ep. 210,5 (deutsch: BKV Bd. 46, a. a. O., 240).

249 Ebd. (deutsch: ebd.).

250 Ep. 38,4 (deutsch: TzT 4, 1, Nr. 101).

251 Lehramtliche Formulierungen und Dogmengeschichte der Trinität, a. a. O., 179.

252 Vgl. hierzu De spiritu sancto 8 (Kap. 5).

253 De spiritu sancto 37 (Kap. 16); deutsch: Fontes Christiani, Bd. 12, a. a. O., 187.

254 Oratio 31, 10 (Fünfte theologische Rede [380]).

255 Ebd. (deutsch: TzT 2, 1, Nr. 105).

256 Ebd. (deutsch: ebd.).

257 Ebd., Or. 31,10 (deutsch: TzT 2, 1, Nr. 104).

258 Ebd., 31,14 (deutsch: TzT 2, 1, Nr. 105).

259 Or. 31,10 (deutsch: ebd., Nr. 104).

260 Or. 20,6 (deutsch: TzT 4, 1, Nr. 103).

261 Einleitung zu Gregor von Nyssa, in: TzT 2, 1, Nr. 106 (S. 120).

262 Oratio catechetica magna, Große Katechese I, I (deutsch: TzT 4, 1, Nr. 105).

263 Ebd., 1,3 (deutsch: ebd.).

264 Ep. 38,7 (deutsch: TzT 2, 1, Nr. 102).

265 Ebd., 38,8 (deutsch: ebd.).

266 De spir. sancto 46 (Kap. 18), deutsch: Fontes Christiani, Bd. 12, a. a. O., 211–213.

267 Vgl. weiter unten, S. 113–114.

268 Or. 30,18 (deutsch: TzT 2, 1, Nr. 103); der Begriff „Hervorgehen" bezieht sich auf Joh 15,26: „Der Geist der Wahrheit, der vom Vater ausgeht"; vgl. auch Or. 20,7. Bei Johannes ist das „Hervorgehen" allerdings auf die Ökonomie bezogen, bei Gregor aber als ewiger Vorgang aufgefasst.

269 Or. 31,9 (deutsch: ebd., Nr. 104).

270 Das Gebet des Herrn, 3. Rede, V (deutsch: BKV Bd. 56, München 1927, 122).
271 Or. catech. magna. Große Katechese 1,3 (deutsch: TzT 4, 1, Nr. 105).
272 So H. J. Sieben zu Gregor von Nyssa in seiner Einleitung zu *Basilius*, Über den Heiligen Geist, in: Fontes Christiani, Bd. 12, a. a. O., 53.
273 Or. catech. magna. Große Katechese 1,3 (deutsch: TzT 4, 1, Nr. 105).
274 Vgl. hierzu weiter unten, S. 113–117.
275 Deutsch nach: H. Dallmayr, Die großen vier Konzilien. Nizaea, Konstantinopel, Ephesus, Chalkedon, München 1961, 108.
276 Lehramtliche Formulierungen und Dogmengeschichte der Trinität, a. a. O., 182.
277 Heis täs hagías triádos (deutsch: TzT 4, 1, Nr. 35).
278 Vgl. hierzu vom Verf., Fundamentalchristologie. a. a. O., 292–302.
279 Zur Trinitätslehre des Thomas von Aquin, a. a. O., 472.
280 Vgl. hierzu vom Verf., Fundamentalchristologie, a. a. O., 147–150.
281 Vgl. hierzu vom Verf., Fundamentalchristologie, a. a. O., 343–362.
282 Augustinus, Enchir. ad Laurentium sive de fide et spe et caritate 13, 41 (um 423, deutsch: TzT 4, 1, Nr. 149); vgl. auch M. Luther, Brief an Georg Spenlein (1516): „Du, Herr Jesus, bist meine Gerechtigkeit, ich aber bin deine Sünde […], du hast angenommen, was du nicht warst, und mir gegeben, was ich nicht war" (deutsch: TzT 4, 2, Nr. 200).
283 Vgl. Epitome 37: „… Im Anbeginn, vor Grundlegung der Welt, hat Gott aus dem Quell seiner Ewigkeit […] sich selbst einen Sohn erzeugt. […] Dieser ist die Kraft und Vernunft Gottes. […] Und von allen Engeln, die Gott aus seinem Hauche gebildet hat, ist er allein […] Gott benannt worden. […] Über den ersten und zweiten Gott hat auch Plato […] sich ausgesprochen" (deutsch: TzT 4, 1, Nr. 77). Vom zweiten Geist, den Gott aus sich hervorbrachte, sagt er in Div. inst II 8,7, er sei der Teufel.
284 Vgl. weiter oben, S. 72–77.
285 Vgl. hierzu S. 80–82.
286 Referiert von Hippolyt, ref. IX 11,3.
287 L. Scheffczyk, a. a. O., 175.
288 Ref. IX 12,15–19.
289 Brief gegen die Sabellianer (zwischen 259–268?), bei: Athanasius, Ep. de decret. Nic. Syn. 26 (deutsch: TzT 4, 1, Nr. 73).
290 Vgl. Epist. 15 ad Damasum.
291 L. Abramowski, Zur Trinitätslehre des Thomas von Aquin, in: ZThK 92, 1995, 473, mit Verweis auf Augustinus, De trin. VII 4,9.

292 De trin. V 8, 9.10 (deutsch: BKV, 2. Reihe, Bd. XIII, München 1935, 200–201).
293 Vgl. hierzu L. Abramowski, a. a. O., 473.
294 Ebd., 474.
295 TzT 2, 1, Nr. 58.
296 Diese Argumentationsstruktur gilt auch für die Rezeption der östlichen Christologie, weswegen man durchaus die lateinische antike Theologie schon als Beginn des Mittelalters ansehen kann. Vgl. hierzu die Gliederung in: Verf., Fundamentalchristologie, a. a. O., 1986; in ähnlicher Weise rechnet auch Kurt Flasch in seinem im gleichen Jahr erschienenen Buch „Das philosophische Denken im Mittelalter. Von Augustin zu Machiavelli", Stuttgart 1986, Augustinus zum Mittelalter.
297 R. Seeberg, Lehrbuch der Dogmengeschichte. 2. Bd., a. a. O., 154, meint: „Nicht die griechische Theologie und auch nicht eigentlich die nizänische Synode ist für ihn maßgebend, sondern die Autorität der Schrift, die er rational zu begründen sucht." Dies ist lediglich zutreffend, wenn man die Absichten des Augustinus beschreiben will. Der Sache nach aber liest er die Schrift von der späteren griechischen Theologie her, anders hätte er keine Probleme gehabt.
298 De trin. XV 18,51, oratio (CCL XVI, 2, 534).
299 De trin. XV 17 (deutsch: TzT 2, 1, Nr. 111).
300 De trin. I 2.4 (CCLXVI, I,31).
301 De civ. dei XI 10; vgl. De trin. V 7,9; 11,12; VIII 1.
302 De trin. V 8,9 (deutsch: BKV, 2. Reihe, Bd. XIII, 199).
303 R. Seeberg, Lehrbuch der Dogmengeschichte, 2. Bd., a. a. O., 155.
304 Vgl. De trin. V 5,6.
305 De trin. II 5,9: „Sic ergo intelligat illam *incarnationem* et *ex virgine* nativitatem in qua filius intellegitur missus una eademque operatione patris et filii inseparabiliter esse factam, non undique separato spiritu sancto …" (CCL XVI, I, 91): „So möge er [jemand, der Einwände hat, Verf.] folglich einsehen, dass die Inkarnation und die Geburt aus der Jungfrau, in der der Sohn als gesandt erkannt wird, durch ein und dieselbe Handlung von Vater und Sohn auf untrennbare Weise erfolgt ist, und diese nicht vom Heiligen Geist getrennt ist."
306 Ep. 11,2: Alles, was die Trinität tut, ist „als gemeinschaftliches Werk des Vaters, des Sohnes und des Geistes zu betrachten. […] Daraus scheint zu folgen, dass die ganze heilige Dreifaltigkeit Mensch geworden sei" (deutsch: BKV 29, 1917, 22). Im Folgenden erörtert Augustinus dann

die Frage, wie das mit der Zueignung der Menschwerdung an den Sohn zu verbinden sei.

307 Lehrbuch der Dogmengeschichte, 2. Bd., a. a. O., 157.

308 Vgl. weiter oben, S. 103–104.

309 Vgl. De trin.V 9,10; VII 6,11.

310 In den letzten Kapiteln seines Trinitätsbuchs führt Augustinus aus, dass die Ternare des menschlichen Geistes alle auf die eine menschliche Person bezogen sind: „Ich bin es, der sich durch diese drei erinnert, einsieht und liebt. [...] Diese drei können also *von* einer Person ausgesagt werden, welche diese drei hat, nicht diese drei ist. In der Einfachheit jener höchsten Natur hingegen, die Gott ist, sind, wenngleich nur ein Gott ist, doch drei Personen, der Vater, Sohn und Heilige Geist" (De trin. XV 22,42; deutsch BKV, 2. Reihe, Bd. XIV; München 1936, 315; vgl. auch De trin. XV 23,43). Spätestens an dieser Stelle hätte Augustinus die Divergenz zwischen einem auf den Menschen bezogenen und dem trinitarischen Personbegriff reflektieren können, aber er tut es nicht – er lässt die Disparität einfach stehen.

311 Vgl. hierzu weiter unten, S. 121–123.

312 Vgl. Verf., Fundamentalchristologie, a. a. O., 294.

313 Opuscula Sacra: Ob Vater, Sohn und Geist in substanzieller Weise *von* der Gottheit ausgesagt werden (um 520).

314 Deutsch nach: Gotteslehre II. Bearbeitet von Herbert Vorgrimler (Texte zur Theologie, Dogmatik, Bd. 2,2 [zitiert: TzT 2, 2]), Graz, Wien, Köln 1989, Nr. 113.

315 De trin. V 5,5 (deutsch: BKV, 2. Reihe, Bd. XIII, 192–193).

316 Ebd., V 5,6 (deutsch: ebd., 193).

317 Augustinus, De trin. V 7,8 (deutsch: ebd., 196).

318 Ebd., V 11,12 (deutsch: ebd., 203). Für dieses „Verhältnis zur Schöpfung" ist R. Seebergs (a. a. O., 159) Beobachtung zuzustimmen: „Aber diese Seite dient jedenfalls nicht als Orientierungspunkt in der Betrachtung, diese hält sich als Ganze innerhalb der ‚immanenten Trinität'."

319 De trin. V 13,14 (deutsch: a. a. O., 205–206).

320 Ebd., V 11,12 (deutsch: ebd., 203–204).

321 Vgl. De trin. I 2,4.

322 Nach alttestamentlichem Verständnis beruht der Bildcharakter des Menschen darauf, dass er in seiner Geschichtsrolle Jahwe ähnelt: Wie dieser und in seinem Auftrag herrscht er über die Schöpfung und nimmt teil am Königtum Gottes über die Geschichte; er partizipiert an der *kabod Jahwe*.

323 De trin. XV 23,43 (deutsch: BKV, 2. Reihe, Bd. XIV, 316).

324 Vgl. De fide et symb. 9,17: Augustinus spricht von einer *Quelle,* die nicht der *Fluss* oder der *Trank* sei. „Und trotzdem sind es nicht drei Wasser, sondern wir sprechen nur von einem. Nur muss man sich davor hüten, die unaussprechliche Substanz der Majestät Gottes dem sichtbaren und körperlichen Wasser in der Quelle, dem Fluss und dem Trank gleichzusetzen ..." (deutsch aus: Aurelius Augustinus, Drei Bücher über den Glauben. De fide, übertragen von Carl Johann Perl [Aurelius Augustinus' Werke in deutscher Sprache, hrsg. von C. J. Perl], Paderborn 1968, 27).

325 Confessiones XIII 11,12 (Augustinus, Confessiones. Bekenntnisse. Lateinisch und deutsch. Eingeleitet, übersetzt und erläutert von Joseph Bernhart, München 1955, 768).

326 De trin. X 11, 18 (CCL XVI, 1, 330).

327 Ebd., IX 4,4 (CCL XVI, 1, 297).

328 Ebd., X 11,18: *non sunt tres vitae sed una vita* oder *una substantia* (CCL XVI, 1, 330).

329 Ebd., XI 3,6 (CCL XVI, I, 340).

330 Ebd. (deutsch: BKV, 2. Reihe, Bd. XIV, 104).

331 De trin. XV 17,28 (deutsch: BKV, 2. Reihe, Bd. XIV, 297–298).

332 Vgl. weiter unten, S. 121–123.

333 Ich folge hier zwei Beiträgen von Luise Abramowski: (1) Zur Trinitätslehre des Thomas von Aquin, in: Zeitschrift für Theologie und Kirche 92, 1995, 466–480, näherhin dem dort aufgenommenen „Exkurs" (468–477), und: (2) Der Geist als „Band" zwischen Vater und Sohn – ein Theologoumenon der Eusebianer?, in: ZNW 87, 1996, 126–132.

334 Augustinus, De doctr, christ. 15,5: „... im Heiligen Geist ist die Übereinstimmung der Einheit [oder: Verbindung, Vereinigung] und der Gleichheit *[in spiritu sancto unitatis aequalitatisque concordia]*", CCL Bd. 23, 9).

335 De trin. V 11,12 (CCLXVI, 1, 219).

336 Nähere Angaben bei L. Abramowski, Zur Trinitätslehre, a. a. O., 470, Anm. 14.

337 Ebd., 470.

338 Ebd., 471.

339 Athanasius, or. 3 c. Arianos, 24 (deutsch: BKV Bd. 13, 1913, 275).

340 In ihrem zweiten Aufsatz zu diesem Thema, „Der Geist als ‚Band' ...", a. a. O., weist L. Abramowski nach, dass diese eusebianische Version – nach 362 – „neunicänisch" bearbeitet worden sein müsse und man an-

nehmen müsse, dass Augustinus „eine lateinische Übersetzung des postulierten trinitarischen Traktats" vorgelegen habe (131–132).

341 L. Abramowski, Zur Trinitätslehre, a. a. O., 471.

342 De trin. V 14,15 (deutsch: BKV, 2. Reihe, XIII, 208).

343 De trin. V 11,12 (deutsch: BKV, ebd., 204).

344 Ebd. (deutsch: ebd.).

345 De trin. VI 5,7 (deutsch: ebd., 221–222).

346 So in ihrem zweiten o. a. Aufsatz „Der Geist als ‚Band' …", a. a. O.

347 Ebd., 130–131.

348 Ebd., 131.

349 In Contra Eutychen und Nestorium (deutsch: TzT 2, 2, Nr. 112) meint er, die Griechen hätten „mit dem Wort Hypostase die individuelle Subsistenz einer rationalen Natur bezeichnet". Was er sich unter dem von Marius Victorinus (vgl. oben, S. 110) stammenden Begriff Subsistenz – im Unterschied zur Substanz – vorstellt, beschreibt er folgendermaßen: „Die Subsistenzen sind in Wahrheit in den allgemeinen Wesenheiten [in universalibus] enthalten; sie nehmen indes in den Einzelwesen Substanz an. Deshalb heißen Subsistenzen, die durch Individuation Substanz erworben haben, zu Recht Hypostasen. Niemand, der sorgfältig und genau hinsieht, wird Substanz und Subsistenz für Synonyme halten. […] Und in der Tat ist subsistent, was keiner Akzidenzien bedarf, um existieren zu können. […] Individuen hingegen subsistieren nicht nur; sie haben außerdem noch den Seinsmodus der Substanz. […] Der Mensch hat ein Wesen (οὐσία), eine Subsistenz (οὐσίωσις), eine ὑπόστασις *(substantia)*, ein πρόσωπον *(persona)*; eine οὐσία oder *essentia*, weil er ist; eine οὐσίωσις oder subsistentia, weil er nicht an einem Subjekt haftet; eine ὑπόστασις oder *substantia*, weil er Grundlage für das Übrige ist, das nicht *subsistentia* […] ist; πρόσωπον oder Person, weil er ein vernunftbegabtes Individuum ist." Boëthius wendet diese Begriffe nun auf Gott an: „Gott ist οὐσία oder Essenz, denn Gott ist. […] Er ist οὐσίωσις, d. h. Subsistenz, denn er subsistiert, ohne irgendeiner Sache zu bedürfen; […] er ist Substanz. Daher sagen wir auch, dass da nur eine οὐσία oder οὐσίωσις, d. h. nur eine Essenz oder Subsistenz der Gottheit ist, aber drei ὑποστάσεις, d. h. drei Substanzen." Hier wird sichtbar, dass er den Subsistenzbegriff – anders als Marius Victorinus und die spätere lateinische Sprachregelung – nicht auf die Dreiheit, sondern auf den einen Gott bezieht; für die Dreiheit bevorzugt er den Begriff Substanz, den er als gleichbedeutend mit Hypostase ansieht.

Aber er weiß, dass die lateinische Kirche hier Vorbehalte hat. „Aufgrund dieser Betrachtungsweise hat man von der Trinität sagen können: eine Essenz, aber drei Substanzen oder Personen. Wenn uns der Sprachgebrauch der Kirche nicht daran hinderte, Gott drei Substanzen zuzuschreiben, dann wäre es offensichtlich legitim, ihn als Substanz zu bezeichnen …" So greift er zur Charakterisierung der Dreiheit auf den Personbegriff zurück, obwohl „die Griechen" viel treffender von Hypostase sprächen.

350 Ebd. (deutsch: ebd.)

351 Vgl. hierzu vom Verf., Fundamentalchristologie, a. a. O., z. B. 339.

352 Vgl. S. 113–117.

353 Vgl. hierzu oben, S. 111, Anm. 296.

354 Vgl. J. Quasten, Quicumque, in: LThK[2] 8, 937–938.

355 Deutsch nach: Das „Athanasianische" Glaubensbekenntnis, in: Neuner-Roos, Nr. 915 (Hervorhebung vom Verf.).

356 Deutsch: TzT 2, 1, Nr. 59–62.

357 Deutsch: ebd., Nr. 69.

358 „Genaue Darlegung des orthodoxen Glaubens" I, 8 (deutsch: TzT 2, 2, Nr. 117).

359 Ebd. (deutsch: ebd., Nr. 118).

360 Vgl. oben, S. 109–110.

361 Verurteilung von Irrtümern über die Trinität (deutsch: TzT 2, 1, Nr. 58).

362 Monologion 79 (deutsch: TzT 2, 2, Nr. 119, die letzte Hervorhebung vom Verf.).

363 Ebd. (deutsch: ebd.).

364 Libri IV Sententiarum I 2–4.

365 Summa theologiae I q. 29, a. 3 und 4.

366 Vgl. S. 124–125.

367 Summa theologiae I q. 29, a. 4.

368 Ebd.

369 Ebd. (deutsch: TzT 2, 2, Nr. 150).

370 H. Vorgrimler, Einleitung zu den Texten von Thomas von Aquin, in: TzT 2, 2, Nr. 149 (S. 69).

371 Ebd. (deutsch: ebd.).

372 Summa theologiae III q. 2 a. 5, ad I (deutsch: TzT 4, 2, Nr. 181).

373 Vgl. vom Verf., Fundamentalchristologie, a. a. O., Teil III 3; Teil IV 1.

374 Vgl. oben, S. 125.

375 Deutsch: TzT 2, 1, Nr. 66.

376 Deutsch: TzT 4, 1, Nr. 39.
377 Deutsch: TzT 2, 1, Nr. 63–64.
378 Deutsch: ebd., Nr. 62.
379 Deutsch: ebd., Nr. 65.
380 Vgl. hierzu vom Verf., Fundamentalchristologie, a. a. O., 337–338.
381 Gegen die Häresien des Felix (von Urgel); deutsch: TzT 4, 2, Nr. 165.
382 Sieben Bücher gegen Felix von Urgel (deutsch: TzT 4, 2, Nr. 166).
383 Deutsch: TzT 4, 1, Nr. 40.
384 De sacramentis christianae fidei II 1,1 I (MPL 176, 1880, 406 C).
385 Ebd., II 1,9 (deutsch: TzT 4, 2, Nr. 172).
386 De trinitate IV 20 (deutsch: TzT 2, 2, Nr. 131).
387 Ebd., IV 21.
388 Ebd., IV 24 (deutsch: TzT 2, 2, Nr. 135).
389 Summa theologiae I q. 39, a. 1, responsio (deutsch: TzT 4, 2, Nr. 183).
390 Vgl. oben, S. 129.
391 Vgl. oben, S. 119–120.
392 Vgl. oben, S. 124–125.
393 Vgl. oben, S. 125–126 und 131–132.
394 Vgl. hierzu J. Gill, Filioque, in: $LThK^2$ 4, 126.
395 Vgl. oben, S. 104.
396 J. Gill, a. a. O., 126.
397 Vgl. z. B., das Symbolum Quicumque, oben, S. 124–125.
398 Vgl. oben, S. 134–135.
399 De trinitate III 14 (deutsch: TzT 2, 2, Nr. 128; Hervorhebung vom Verf.).
400 H. Vorgrimler, Einleitung zu den Texten Richards von St. Viktor, in: TzT 2, 2, Nr. 128 (S. 44).
401 Pilgerbuch der Seele zu Gott VI (deutsch: TzT 2, 2, Nr. 139 [Zitat in einfachen Anführungszeichen von Dionysius Pseudo-Areopagites, De caelesti hierarchia 41]; Hervorhebung vom Verf.).
402 Ps.-Dionys, vgl. die vorherige Anmerkung.
403 Vgl. hierzu vom Verf., Fundamentalchristologie, a. a. O., 374–384.
404 U. Rudnick, Das System des Johannes Scottus Eriugena. Eine theologisch-philosophische Studie zu seinem Werk (Saarbrücker theologische Forschungen, hrsg. von Gotthold Hasenhüttl und Karl-Heinz Ohlig, Bd. 2), Frankfurt a. M., Bern, New York, Paris 1990, 167.
405 Vgl. A. Dempf, Metaphysik des Mittelalters (Nachdruck von München und Berlin 1934), Darmstadt 1976, 32: „Es kann kaum einen so völligen Szenenwechsel geben als den vom Karthago, Mailand oder Rom Au-

gustins nach dem Irland und Paris Eriugenas [...] zu dem Dunkel der *natura naturans,* in der Eriugena Gott und die Welt suchte."

406 De divisione naturae 2, 28.

407 Ebd., 3, 23 (MPL 122, 689).

408 Ebd., 1, 11 (MPL 122, 451).

409 Ebd., 3, 17 (MPL 122, 678); vgl. auch ebd., 2,2 (MPL 122, 528): „Kannst du etwa bestreiten, dass Gott und Geschöpf eines sind?"

410 T. Gregory, Vom Einen zum Vielen. Zur Metaphysik des Johannes Scotus Eriugena, in: W. Beierwaltes (Hrsg.), Platonismus in der Philosophie des Mittelalters (Wege der Forschung, Bd. CXCVII), Darmstadt 1969, 349.

411 U. Rudnick, a. a. O., 172.

412 De divisione naturae 2, 23 (MPL 122, 568).

413 Ebd., 3, 22 (ebd., 687).

414 U. Rudnick, a. a. O., 161.

415 Th. Steinbüchel, Christliches Mittelalter (Reprograph. Nachdruck von Leipzig 1935), Darmstadt 1968, 68.

416 So die redaktionelle Überschrift zu einem Text Hegels, in: TzT 2, 2, Nr. 166.

417 Or. 31,26 (Fünfte theologische Rede [deutsch: Die fünf theologischen Reden, hrsg., eingel. und übers. von Joseph Barbel. Düsseldorf 1963, 263]).

418 Vgl. weiter oben, S. 146–147.

419 Vgl. hierzu vom Verf., Fundamentalchristologie, a. a. O., 262–265.

420 Sermo 293,7 (MPL 38, 1332).

421 Vgl. oben, S. 105–106.

422 Vgl. oben, S. 119–121.

423 Gregor von Nyssa, Oratio catechetica magna III 2 (deutsch: Gregor von Nyssa, Die große katechetische Rede. Oratio catechetica magna, eingel., übers. u. komment. von Joseph Barbel [Bibliothek der griechischen Literatur, hrsg. von P. Wirth u. Wilh. Gessel, Bd. 1], Stuttgart 1971, 36–37).

424 Denzinger Hünermann (DH) 1501. Das Dekret schreibt den Rückgriff auf die Schrift und die „nicht geschriebenen Überlieferungen", die auf Jesus und die Apostel zurückgehen und „in ungebrochener Sukzession *(continua successione)* in der katholischen Kirche bewahrt worden sind", vor. Dem Zusammenhang nach sind also nur die Traditionen, die aus apostolischer Zeit stammen und kontinuierlich überliefert wurden, normativ. Erst spätere Zeiten weiteten – so z. B. das Zweite Vatikanische Konzil – den Begriff der „apostolischen Tradition" aus auf alle auch nachneutestamentlichen binnenkatholischen Richtigkeiten (Dogmatische Konstitution *Dei Verbum,* z. B. DH 4209; 4211; 4212; 4219; 4228; 4231).

425 Vgl. Die dogmatische Konstitution des Ersten Vatikanischen Konzils, *Pastor aeternus* (DH 3070), oder die dogmatische Konstitution des Zweiten Vatikanischen Konzils über die Kirche, *Lumen Gentium* (DH 4150).

426 So räumt z. B. Gisbert Greshake, Der dreieine Gott. Eine trinitarische Theologie, Freiburg i. Br. 1997, 48, ein, dass man „mittels einer Exegese von neutestamentlichen Einzeltexten" keine trinitarischen Vorstellungen aufzeigen könne.

427 So z. B. ganz pointiert der Neutestamentler Andreas Lindemann in einem Spiegel-Gespräch (Der Spiegel Nr. 50, 13. 12. 1999, 130–136).

428 Bei diesem Symbol lässt sich aber die These vertreten, dass sein „Geburtsfehler" durch seine nachträgliche allgemeine Rezeption – bis in die Liturgie hinein – als salviert gelten kann.

429 Heutige indische katholische Theologen z. B. lehnen gerade solche Vorstellungen als anthropomorph und als Gott nicht angemessen ab.

430 K. Rahner, Einigkeit und Dreifaltigkeit Gottes im Gespräch mit dem Islam, in: ders., Schriften zur Theologie, Bd. 13: Gott und Offenbarung, Einsiedeln 1978, 147; ders., Der dreifaltige Gott als transzendenter Urgrund der Heilsgeschichte, in: Mysterium Salutis. Grundriß heilsgeschichtlicher Dogmatik, hg. von J. Feiner und M. Löhrer, Bd. II: Die Heilsgeschichte vor Christus, Einsiedeln 1967, 319–323.

431 W. Thüsing, Die neutestamentliche Theologie und Jesus Christus. Grundlegung einer Theologie des Neuen Testaments, III. Einzigkeit Gottes und Jesus-Christus-Ereignis (hg. von Thomas Söding), Münster 1999.

432 Dennoch aber bezieht er sich immer wieder auf 1 Kor 8,6 und 1 Joh 4,8.16!

433 In der gegenwärtigen kirchlichen Vermittlung bereitet gerade diese Argumentation gegenteilige Probleme: Was ist das für ein Gott – so wird der Religionslehrer und werden Eltern gefragt –, der seinen eigenen Sohn auf diese grausame Weise opfert? Wozu brauchte Gott die rechtliche Satisfaktion, um vergeben zu können, anders als der Gott Jesu, der ohne Vorleistungen zum Reich Gottes berief? Usf.

434 So ist z. B. auch im Islam, nach der starken Hellenisierung im 9. Jahrhundert, der Koran zum ungeschaffenen Wort Gottes, das in Ewigkeit bei Gott ist, erklärt worden.

435 R. Schnackenburg, Die Johannesbriefe (Herders Theologischer Kommentar zum Neuen Testament, Bd. XIII, Fasz. 3), Freiburg i. Br. 1963.

436 W. Baur, 1., 2. und 3. Johannesbrief (Stuttgarter kleiner Kommentar. Neues Testament, Bd. 17), Stuttgart 1991.

Abkürzungen

BKV O. Bardenhewer, Th. Schermann (ab Bd. 35: J. Jellinger) und C. Weyman, Bibliothek der Kirchenväter, Kempten 1911ff.

CCL Corpus Christianorum, series Latina, Turnhout, Paris 1953ff.

Ed. Fischer Joseph A. Fischer, Die Apostolischen Väter, griechisch und deutsch, München 1965

Fontes Christiani Fontes Christiani. Zweisprachige Neuausgabe christlicher Quellentexte aus Altertum und Mittelalter, hrsg. von Norbert Brox, Wilhelm Geerlings, Gisbert Greshake, Rainer Ilgner, Rudolf Schieffer, Freiburg, Basel, Wien, Barcelona, Rom, New York, ab 1991

LThK² Lexikon für Theologie und Kirche, hrsg. von J. Höfer und Karl Rahner, 2. Aufl., Freiburg ²1957ff.

MPL J. P. Migne, Patrologia Latina, Paris 1878–1890

Neuner-Roos Josef Neuner/Heinrich Roos, Der Glaube der Kirche in den Urkunden der Lehrverkündigung, neu bearbeitet von Karl Rahner und Karl-Heinz Weger, Regensburg ¹⁰1979

SCh Sources Chretiennes, hrsg. von H. de Lubac und J. Daniélou, Paris 1941ff.

TzT 2,1 Gotteslehre I, bearbeitet von Herbert Vorgrimler (Texte zur Theologie. Dogmatik, 2, 1, hrsg. von Wolfgang Beinert), Graz, Wien, Köln 1989

TzT 2,2 Gotteslehre II, bearbeitet von Herbert Vorgrimler (Texte zur Theologie. Dogmatik, 2, 2, hrsg. von Wolfgang Beinert), Graz, Wien, Köln 1989

TzT 4,1 Christologie I. Von den Anfängen bis zur Spätantike, bearbeitet von Karl-Heinz Ohlig (Texte zur Theologie. Dogmatik, 4, 1, hrsg. von Wolfgang Beinert), Graz, Wien, Köln 1989

TzT 4,2 Christologie II. Vom Mittelalter bis zur Gegenwart, bearbeitet von Karl-Heinz Ohlig (Texte zur Theologie.

Dogmatik, 4, 2, hrsg. von Wolfgang Beinert), Graz, Wien, Köln 1989

ZThK Zeitschrift für Theologie und Kirche

Quellen- und Literaturverzeichnis

Benutzte Quellentexte

(Für die Werke, die nach den im Abkürzungsverzeichnis aufgeführten Textausgaben oder Übersetzungen zitiert sind, werden im Folgenden keine Fundorte angegeben.)

Alkuin, Gegen die Häresien des Felix (von Urgel)

Alkuin, Sieben Bücher gegen Felix von Urgel

Anselm von Canterbury, Monologion

Aphrahat, Unterweisungen

Apokalypse des Elchasai, Fragmente (Hennecke-Schneemelcher, Neutestamentliche Apokryphen in deutscher Übersetzung, Bd. II, übers. von Johannes Irmser,Tübingen [5]1989, 619–623)

Apokalypse des Mose (deutsch nach: Riessler, Paul, Altjüdisches Schrifttum außerhalb der Bibel, Heidelberg [2]1966, 138–155)

Aristides von Athen, Apologie

Arius, Fragmente aus der Thaleia

Arius, „Die Blasphemien des Arius"

„Athanasianisches" Glaubensbekenntnis bzw. Symbolum Quicumque

Athanasius, De decretis Nicaenae synodi

Athanasius, Erster Brief an Serapion von Thmuis

Athanasius, Reden gegen die Arianer

Athenagoras von Athen, Bittschrift für die Christen

Äthiopisches Henochbuch (Siegbert Uhlig, Das äthiopische Henochbuch. Jüdische Schriften aus hellenistisch-römischer Zeit; Bd. V, Lfg. 6, Gütersloh 1984, 463–780)

Augustinus, Briefe

Augustinus, Confessiones. Bekenntnisse. Lateinisch und deutsch. Eingeleitet, übersetzt und erläutert von Joseph Bernhart, München 1955

Augustinus, De civitate Dei
Augustinus, De fide et symbolo (Drei Bücher über den Glauben. De fide, übertragen von Carl Johann Perl [Aurelius Augustinus' Werke in deutscher Sprache, hrsg. von C. J. Perl], Paderborn 1968)
Augustinus, De doctrina christiana
Augustinus, De trinitate
Augustinus, Enchiridion ad Laurentium sive de fide et spe et caritate
Augustinus, Sermones
Basilius von Cäsarea, Briefe
Basilius, De spiritu sancto. Über den heiligen Geist, übers. u. eingeleitet von H. J. Sieben (Fontes Christiani, Bd. 12), Freiburg, Basel, Wien, Barcelona, Rom, New York 1993
Boëthius, Contra Eutychen et Nestorium
Boëthius, Opuscula Sacra: Ob Vater, Sohn und Geist in substantieller Weise von der Gottheit ausgesagt werden
Bonaventura, Pilgerbuch der Seele zu Gott
Cyrill von Jerusalem, Katechesen
Didache (Apostellehre), Barnabasbrief, Zweiter Klemensbrief, Schrift an Diognet, eingel., hrsg., übertragen u. erläutert von Klaus Wengst (Schriften des Urchristentums, 2. Teil), Darmstadt 1984
Dionysius Pseudo-Areopagites, De caelesti hierarchia
Dionysius, röm. Bischof, Fragmente aus einem Brief gegen die Sabellianer
Eudoxius, Glaubensbekenntnis
Eusebius von Emesa, Fragmente
Evangelium der Wahrheit, übers. u. erläutert von Martin Krause u. Kurt Rudolph, in: C. Andresen (Hrsg.), Die Gnosis, 2. Bd.: Koptische und Mandäische Quellen, Zürich, Stuttgart 1971, 63–84
Gregor von Nazianz, Reden; bes.: Die fünf theologischen Reden, hrsg., eingel. und übers. von Joseph Barbel, Düsseldorf 1963
Gregor von Nyssa, Das Gebet des Herrn

Gregor von Nyssa, Reden; bes.: Die große katechetische Rede. Oratio catechetica magna, eingel., übers. u. komment. von Joseph Barbel (Bibliothek der griechischen Literatur, hrsg. von P. Wirth u. Wilh. Gessel, Bd. I), Stuttgart 1971

Hieronymus, Epist. 15 ad Damasum

Himmelfahrt des Jesaja (Hennecke-Schneemelcher, Neutestamentliche Apokryphen in deutscher Übersetzung, Bd. II [übers. von C. Detlef, G. Müller] Tübingen [5]1989, 562–578)

Hippolyt, Elenchos

Hippolyt, Refutatio omnium haeresium, hrsg. von Miroslav Marcovich (Patristische Texte und Studien, hrsg. von K. Aland und P. Mühlenberg, Bd. 25), Berlin, New York 1986

Hirt des Hermas (Norbert Brox, Der Hirt des Hermas [Kommentar zu den Apostolischen Vätern, hrsg.von N. Brox u. a., 7. Bd.], Göttingen 1991, 75–180)

Hugo von St. Viktor, De sacramentis christianae fidei

Ignatius von Antiochien, Briefe

Irenäus von Lyon. Epideixis, Adversus haereses. Darlegung der Apostolischen Verkündigung. Gegen die Häresien I, übers. u. eingeleitet von Norbert Brox (Fontes Christiani, Bd. 8/1), Freiburg, Basel, Wien u. a. 1993

Irenäus von Lyon, Adversus haereses. Gegen die Häresien II, übers. u. eingeleitet von Norbert Brox (Fontes Christiani, Bd. 8/2), Freiburg, Basel, Wien u. a. 1993; Adversus haereses, Gegen die Häresien III, übers. u. eingel. von Norbert Brox (Fontes Christiani, Bd. 8/3), Freiburg, Basel, Wien u. a. 1995

Johannes Scottus Eriugena, De divisione naturae

Johannes von Damaskus, Genaue Darlegung des orthodoxen Glaubens

Justin, Dialog mit dem Juden Tryphon

Justin, Erste Apologie

Justin, Zweite Apologie

Kallistus I., röm. Bischof, Fragmente

Klemens von Alexandrien, Der Pädagoge (Paidagogos)

Klemens von Alexandrien, Stromata

Klemensbrief, der Erste (Joseph A. Fischer, Die Apostolischen Väter, eingeleitet, hrsg., übertragen und erläutert von J. A. Fischer, München, Darmstadt 1956, 1–107)

Klemensbrief, der Zweite (Didache [Apostellehre], Barnabasbrief, Zweiter Klemensbrief, Schriften an Diognet, hrsg., übertragen und erläutert von Klaus Wengst [Schriften des Urchristentums, 2. Teil], Darmstadt 1984, 205–282)

Konzil von Frankfurt im Jahr 794

Laktanz, Divinae institutiones

Laktanz, Epitome

Lateransynode von 649, Verurteilung von Irrtümern über die Trinität

Lumen Gentium, Dogmatische Konstitution des Zweiten Vatikanischen Konzils über die Kirche

Luther, Martin, Brief an Georg Spenlein (1516)

Martyrium des Polykarp (Andreas Lindemann, Henning Paulsen, Die Apostolischen Väter: griechisch-deutsche Parallelausgabe, Tübingen 1992)

Oden Salomos, übers. u. eingeleitet von Michael Lattke (Fontes Christiani, Bd. 19), Freiburg, Basel, Wien u. a. 1995

Origenes, Adversus Celsum

Origenes, De principiis

Origenes, Kommentar zum Römerbrief (Theresia Heither, Origenes: Commentarii in epistulam ad Romanos / Römerbriefkommentar, lateinisch, deutsch [Fontes Christiani; Bd. 2/2], Freiburg im Breisgau u. a. 1992, 30–301)

Paul von Samosata, Hymenäusbrief

Paul von Samosata, Synodalbrief

Pastor aeternus, Dogmatische Konstitution des Ersten Vatikanischen Konzils

Petrus Lombardus, Libri IV Sententiarum

Philon von Alexandrien, Allegorische Erklärung des heiligen Gesetzbuches (Philo von Alexandrien, Die Werke in deutscher Übersetzung, hrsg. von L. Cohn, I. Heinemann, M. Adler u. W. Theiler u. a., Bd. III, Berlin [2]1962, 3–166)

Philon von Alexandrien, Leben Mosis (Philo von Alexandrien,

Die Werke in deutscher Übersetzung, hrsg. von L. Cohn u. a., Bd. III, 217–368)

Philon von Alexandrien, Über Abraham (Philo von Alexandrien, Die Werke in deutscher Übersetzung, hrsg. von L. Cohn, I. Heinemann, M. Adler u. W. Theiler u. a., Bd. I, Berlin ^{2}1962, 93–152)

Philon von Alexandrien, Über die Cherubim (Philo von Alexandrien, Die Werke in deutscher Übersetzung, hrsg. von L. Cohn u. a., Bd. III, Berlin ^{2}1962, 167–205)

Philon von Alexandrien, Über die Opfer Abels und Kains, 65 (Philo von Alexandrien, hrsg. von L. Cohn u. a., Bd. III, Berlin ^{2}1962, 207–264)

Philon von Alexandrien, Über die Träume (Philo von Alexandrien, hrsg. von L. Cohn u. a., Bd. VI, Berlin ^{2}1962, 163–277)

Philon von Alexandrien, Über die Unveränderlichkeit Gottes, 57 (Philo von Alexandrien, hrsg. von L. Cohn u. a., Bd. IV, Berlin ^{2}1962, 58–110)

Pistis Sophia (Evangelia infantiae apocrypha. Apocryphe Kindheitsevangelien, übers. u. eingeleitet von Gerhard Schneider (Fontes Christiani, Bd. 18), Freiburg, Basel, Wien u. a. 1995, 325–331)

Quicumque, Symbol, bzw. „Athanansianum“

Richard von St. Victor, De trinitate

Slawisches Henochbuch (Paul Riessler, Altjüdisches Schrifttum außerhalb der Bibel, Heidelberg ^{2}1967, 452–473)

Synode von Toledo, die elfte, im Jahre 675

Tatian der Syrer, Rede an die Hellenen

Tertullian, Adversus Praxean

Theodot (2. Jh. n. Chr.), Fragmente

Theophilos von Antiochien, Ad Autolycum

Thomas von Aquin, Summa theologiae

Zephyrin, röm. Bischof, Fragmente

Sekundärliteratur

Abramowski, Luise, Der Geist als „Band" zwischen Vater und Sohn – ein Theologoumenon der Eusebianer?, in: ZNW 87, 1996, 126–132

Abramowski, Luise, Zur Trinitätslehre des Thomas von Aquin, in: Zeitschrift für Theologie und Kirche 92, 1995, 466–480

Adam, Alfred, Lehrbuch der Dogmengeschichte, Bd. I: Die Zeit der Alten Kirche, Gütersloh 1970

Andresen, Carl, Die Anfänge christlicher Lehrentwicklung, in: ders. (Hrsg.), Handbuch der Dogmen- und Theologiegeschichte, Bd. I, Göttingen 1982, 1–98

Balthasar, Hans Urs von, Theologik, Bd. II, Einsiedeln ²1985

Barbel, Joseph, Zur „Engel-Trinitätslehre" im Urchristentum, in: Theol. Revue 54, 1958, 49–58

Barth, Karl, Kirchliche Dogmatik, Bd. III/1: Die Lehre von der Schöpfung, Zürich ³1957

Baur, W., 1., 2. und 3. Johannesbrief (Stuttgarter kleiner Kommentar zum Neuen Testament, Bd. 17), Stuttgart 1991

Baus, Karl, Von der Urgemeinde zur frühchristlichen Großkirche (Handbuch der Kirchengeschichte, hrsg. von Hubert Jedin, Bd. I), Freiburg, Basel, Wien ³1965

Beck, Heinrich, Triadische Götterordnungen: klassisch-antiker und neuplatonischer Ansatz, in: Theologie und Philosophie 67, 1992, 230–245

Beggiani, Seely, Early Syriac Theology. With Special reference to the Maronite Tradition, Lanham, New York, London 1983

Beyschlag, Karlmann, Grundriß der Dogmengeschichte, Band I: Gott und die Welt (Grundrisse 2), Darmstadt 1982

Bibliotheca Trinitariorum. Internationale Bibliographie trinitarischer Literatur. International Trinitarian Literature, hrsg. von Erwin Schadel, Paris, München, New York, Bd. I: 1984, Bd. 2: 1988

Boff, Leonardo, Kleine Trinitätslehre (Titel der Originalausgabe „A Santissima Trindade e a melhor communidade", 1988, übers. von Horst Goldstein), Düsseldorf 1990

Böhlig, Alexander, Gnosis und Synkretismus. Gesammelte Aufsätze zur spätantiken Religionsgeschichte, Teil I (Wissenschaftliche Untersuchungen zum Neuen Testament, 47), Tübingen 1989

Böhlig, Alexander, Triade und Trinität in den Schriften von Nag Hammadi, in: ders., Gnosis und Synkretismus, a. a. O., 289–311

Bujo, Bénézet, Afrikanische Theologie in ihrem gesellschaftlichen Kontext, Düsseldorf 1986

Courth, Franz, Trinität in der Schrift und Patristik, Freiburg, Basel, Wien 1980

D'Sa, Francis X., Gott – Person oder Prinzip? Gottesbegriff im Werden der indischen Theologie, in: Der eine Gott in vielen Kulturen, a. a. O., 169–200

Dallmayr, Horst, Die großen vier Konzilien. Nizaea, Konstantinopel, Ephesus, Chalkedon, München 1961

Daniélou, Jean, Trinité et Angelologie dans la theologie judeochrétienne, in: Resources de sciences religieuses 45, 1957, 5–41

Dempf, Alois, Metaphysik des Mittelalters (Nachdruck von München und Berlin 1934), Darmstadt 1976

Der eine Gott in vielen Kulturen. Inkulturation und christliche Gottesvorstellung, hrsg. von Konrad Hilpert und Karl-Heinz Ohlig, Zürich 1993

Ebeling, Gerhard, Dogmatik des christlichen Glaubens, Bd. III: Der Glaube an Gott den Vollender der Welt, Tübingen 1979

Ein Gott allein? JHWH-Verehrung und biblischer Monotheismus im Kontext der israelitischen und altorientalischen Religionsgeschichte, hrsg. von Walter Dietrich und Martin A. Klopfenstein (Orbis biblicus et orientalis, 139), Göttingen, Freiburg/Schweiz 1994

Flasch, Kurt, Das philosophische Denken im Mittelalter. Von Augustin zu Machiavelli, Stuttgart 1986

Gerlitz, Peter, Außerchristliche Einflüsse auf die Entwicklung des christlichen Trinitätsdogmas, Leiden 1963

Gill, J., Filioque, in: $LThK^2$, 4, 126–128

Gnilka, Joachim, Das Matthäusevangelium, I. Teil: Kommentar zu Kap. 1,1–13,58 (Herders Theologischer Kommentar zum Neuen Testament), Freiburg, Basel, Wien 1986

Gnilka, Joachim, Zum Gottesgedanken in der Jesusüberlieferung, in: Monotheismus und Christologie. Zur Gottesfrage im hellenistischen Judentum und Urchristentum, hrsg. von Hans-Josef Klauck (Quaestiones Disputatae, Bd. 138), Freiburg, Basel, Wien 1992, 144–162

Gottes ewiger Sohn. Die Präexistenz Christi, hrsg. von Rudolf Laufen, Paderborn, München, Wien, Zürich 1997

Gregory, Tullio, Vom Einen zum Vielen. Zur Metaphysik des Johannes Scotus Eriugena, in: W. Beierwaltes (Hrsg.), Platonismus in der Philosophie des Mittelalters (Wege der Forschung, Bd. CXCVII), Darmstadt 1969

Greshake, Gisbert, Der dreieine Gott. Eine trinitarische Theologie, Freiburg, Basel, Wien 1997

Grillmeier, Aloys, Jesus Christus im Glauben der Kirche, Bd. I: Von der Apostolischen Zeit bis zum Konzil von Chalkedon (451), Freiburg, Basel, Wien 1979

Harnack, Adolf von, Lehrbuch der Dogmengeschichte. Erster Band: Die Entstehung des kirchlichen Dogmas (Unveränd. reprograf. Nachdruck der 4. Auflage, Tübingen 1909), Darmstadt 1964

Harnack, Adolf von, Lehrbuch der Dogmengeschichte, Zweiter Band: Die Entwicklung des kirchlichen Dogmas I (unveränderter reprografischer Nachdruck der 4. Auflage, Tübingen 1909), Darmstadt 1964

Hilberath, Bernd Jochen, Der dreieinige Gott und die Gemeinschaft der Menschen. Orientierungen zur christlichen Rede von Gott, Mainz 1990

Katechismus der Katholischen Kirche, München u. a. 1993

Katholischer Erwachsenen-Katechismus. Das Glaubensbekenntnis der Kirche, hrsg. von der Deutschen Bischofskonferenz, Kevelaer u. a. 1985

Kelly, John Norman Davidson, Altchristliche Glaubensbekenntnisse, Geschichte und Theologie, Göttingen 1972

Koch, Klaus, Monotheismus und Angelologie, in: Ein Gott allein?, a. a. O., 565–581

Kretschmar, Georg, Studien zur frühchristlichen Trinitätstheologie (Beiträge Historische Theologie, Bd. 21), Tübingen 1956

Lang, Bernhard, Der monarchische Monotheismus und die Konstellation zweier Götter im Frühjudentum: Ein neuer Versuch über Menschensohn, Sophia und Christologie, in: Ein Gott allein?, a. a. O., 559–564

Moltmann, Jürgen, In der Geschichte des dreieinigen Gottes. Beiträge zur trinitarischen Theologie, München 1991

Moltmann, Jürgen, Trinität und Reich Gottes, München 1980

Monotheismus und Christologie, hrsg. von Hans-Josef Klauck (Quaestiones Disputatae, Bd. 138), Freiburg, Basel, Wien 1992

Nougier, Louis-René, Die Welt der Höhlenmenschen (franz. Original: „Premiers eveils de l'homrne", Paris 1984, übers. von Verena E. Müller), Zürich, München 1989

Ohlig, Karl-Heinz, Die theologische Begründung des neutestamentlichen Kanons in der alten Kirche, Düsseldorf 1972

Ohlig, Karl-Heinz, Die Weit ist Gottes Schöpfung. Kosmos und Mensch in Religion, Philosophie und Naturwissenschaften, Mainz 1984

Ohlig, Karl-Heinz, Ein Gott in drei Personen. Die griechische Komplizierung des jüdischen Monotheismus, in: Gottes ewiger Sohn. Die Präexistenz Christi, hrsg. von Rudolf Laufen, Paderborn, München, Wien, Zürich 1997, 199–226

Ohlig, Karl-Heinz, Einer oder drei? Vom „Vater Jesu" zur Trinität, in: imprimatur (29, 1996, 285–291; 340–346; 30, 1997,8–13; 55–59; 108–111; 147–152; 199–204; 315–323; 31, 1998, 18–27; 74–80; 126–131; 174–180; 219–226)

Ohlig, Karl-Heinz, Fundamentalchristologie. Im Spannungsfeld von Christentum und Kultur, München 1986

Ohlig, Karl-Heinz, Trinität, in: Lexikon Alte Kulturen, hrsg. von H. Brunner, K. Flessel, F. Hiller u. Meyers Lexikon, Mannheim, Leipzig, Wien, Zürich 1993, 559–560

Pannenberg, Wolfhart, Grundzüge der Christologie, Gütersloh [5]1976

Quasten, J., Quicumque, in: LThk[2] 8, 937–938
Radlbeck-Ossmann, Regina, … in drei Personen. Der trinitarische Schlüsselbegriff „Person" in den Entwürfen Jürgen Moltmanns und Walter Kaspers (Prof. Dr. W. Beinert zum 60. Geburtstag), in: Catholica 47, 1993, 38–51
Rahner Karl, Bemerkungen zum dogmatischen Traktat „De Trinitate", in: Schriften zur Theologie, Bd. IV: Neuere Schriften, Zürich, Einsiedeln, Köln 1960, 103–133
Rahner, Karl, Der dreifaltige Gott als transzendenter Urgrund der Heilsgeschichte, in: Mysterium Salutis. Grundriß heilsgeschichtlicher Dogmatik, hrsg. von J. Feiner u. M. Löhrer, Bd. II: Die Heilsgeschichte vor Christus, Einsiedeln, Zürlich, Köln 1967, 317–401
Rahner, Karl, Einzigkeit und Dreifaltigkeit Gottes im Gespräch mit dem Islam, in: Schriften zur Theologie, Bd. XIII: Gott und Offenbarung, Zürich, Einsiedeln, Köln 1978, 129–147
Riessler, Paul, Altjüdisches Schrifttum außerhalb der Bibel, Heidelberg [2]1966
Rudnick, Ulrich, Das System des Johannes Scottus Eriugena. Eine theologisch-philosophische Studie zu seinem Werk (Saarbrücker theologische Forschungen, hrsg. von Gotthold Hasenhüttl und Karl-Heinz Ohlig, Bd. 2), Frankfurt a. M., Bern, New York, Paris 1990
Scheffczyk, Leo, Lehramtliche Formulierungen und Dogmengeschichte der Trinität, in: Mysterium Salutis, hrsg. von J. Feiner u. M. Löhrer, Bd. II: Die Heilsgeschichte vor Christus, Einsiedeln, Zürich, Köln 1967, 146–220
Schierse, Franz Josef, Die neutestamentliche Trinitätsoffenbarung, in: Mysterium Salutis, Bd. II, a. a. O., 85–131
Schimanowski, Gottfried, Die frühjüdischen Voraussetzungen der urchristlichen Präexistenzchristologie, in: Gottes ewiger Sohn, a. a. O., 31–55
Schnackenburg, Rudolf, Die Johannesbriefe (Herders Theologischer Kommentar zum Neuen Testament, Bd. XIII, Fasz. 3) Freiburg i. Br. 1963
Schnackenburg, Rudolf, Logos, in: LThk[2] 6, 1122–1125

Seeberg, Reinhold, Lehrbuch der Dogmengeschichte, Zweiter Band: Dogmenbildung in der alten Kirche (unveränderter reprografischer Nachdruck der 3. Auflage, Leipzig 1923), Darmstadt [6]1965

Steinbüchel, Theodor, Christliches Mittelalter (Reprograf. Nachdruck von Leipzig 1935), Darmstadt 1968

Strotmann, Angelika, Mein Vater bist du (Sir 51,10). Zur Bedeutung der Vaterschaft Gottes in kanonischen und nichtkanonischen frühjüdischen Schriften (Frankfurter Theologische Studien, Bd. 39), Frankfurt a. M. 1991

Tempels, Placide, Bantu-Philosophie. Ontologie einer Ethik (Titel der belgischen Originalausgabe: Bantou-Filosofie, dt. von Joseph Peters), Heidelberg 1956

Theobald, Michael, Gott, Logos und Pneuma. „Trinitarische" Rede von Gott im Johannesevangelium, in: Monotheismus und Christologie, a. a. O., 41–87

Thüsing, Wilhelm, Die neutestamentliche Theologie und Jesus Christus. Grundlegung einer Theologie die Neuen Testaments, III: Einzigkeit Gottes und Jesus-Christus-Ereignis (hrsg. von Thomas Söding), Münster 1999

Urbina, Ignacio Ortiz de, Nizäa und Konstantinopel (Geschichte der ökumenischen Konzilien, hrsg. von Gervais Dumeige und Heinrich Bacht, Bd. I), Mainz 1964

Werner, Martin, Die Entstehung des christlichen Dogmas, Tübingen [2]1941

Zwierlein, Otto, Petrus in Rom. Die literarischen Zeugnisse. Mit einer kritischen Edition der Martyrien des Petrus und Paulus auf neuer handschriftlicher Grundlage (Untersuchungen zur antiken Literatur und Geschichte, Bd. 96), Berlin, New York 2009

Personenregister

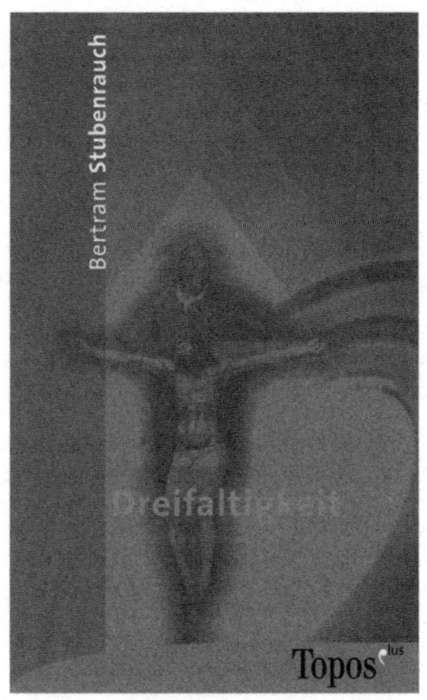
Bertram Stubenrauch
Dreifaltigkeit
Topos plus

Ebenfalls erschienen bei

topos taschenbücher

Thomas Moritz Müller/ Reiner Schlotthauer (hg.)

Gott denkend entdecken

375 Seiten

ISBN 978-3-8367-0801-2

www.topos-taschenbuecher.de